我们的家史

中学生笔下的那些年

李远江 主编

海峡出版发行集团 THE STRAITS PUBLISHING & DISTRIBUTING GROUP | 鹭江出版社 LUJIANG PUBLISHING HOUSE

2015年·厦门

图书在版编目（CIP）数据

我们的家史：中学生笔下的那些年 / 李远江主编.—厦门：鹭江出版社，2015.1

ISBN 978-7-5459-0856-5

Ⅰ. ①我…　Ⅱ. ①李…　Ⅲ. ①作文–中学–选集
Ⅳ. ①H194.5

中国版本图书馆CIP数据核字（2014）第289273号

WOMEN DE JIASHI

我们的家史

——中学生笔下的那些年

李远江　主编

出版发行：海峡出版发行集团
鹭　江　出　版　社

地　　址：厦门市湖明路22号　　**邮政编码**：361004

印　　刷：北京玥实印刷有限公司

地　　址：北京市顺义区北石槽镇南石槽村幸福街20号　　**邮政编码**：101300

开　　本：880mm × 1230mm　1/32

插　　页：2

印　　张：10.5

字　　数：260千字

版　　次：2015年1月第1版　2015年1月第1次印刷

书　　号：ISBN 978-7-5459-0856-5

定　　价：36.00元

目录

时代记忆

家族故事

青春流年

故土故人

序一　捡拾大历史抛下的底层记忆

任志强

历史本应是一面镜子，用来对照和借鉴，让后人可以从中找到一些社会发展的规律，减少制度建设上的错误。但如果这面镜子的本身有许多的凹凸不平，又有许多的污垢，照出来的形象也会是扭曲的。

过去的历史大多是官吏们记录的，这些历史都按统治者的意愿和政治诉求进行了修正，于是多多少少都被染上了许多本来没有的颜色。历史也就失去了真实。

然而，那些真正的历史往往被称为野史而在民间流传。许多真实的故事通过民谣、小调和艺人口中的史诗一代一代地传承着。

从秦统一之后的焚书坑儒，到后来战火中的多次焚烧，以及每朝每代的修史，无论庙堂还是民间都流传着许许多多的不同版本的记录。虽然现在无法用技术去一一证实过去的历史，但研究人员总是能用逻辑分析去佐证真伪。许多民间版本的历史都已被证实。

自“五四”运动之后，中国的传统文化受到了巨大的冲击，打破了皇权之后的历史也被用不同的文化和主义各说各话地记录着，也成了最有争议的一段历史记录。不仅是在官与民之间流传着不同的版本，在两岸之间也流传着不同的版本。这一切也许都有待于统一之后才能找到共识。

“文革”前三十年似乎成了社会讨论的禁区，然而“文革”却影响了不止一代人。每个家庭、每个社会组合中都有许多人是从那个时代的苦难中一步一步成长、走来的，这段岁月无法从他们头脑中消失，这些坎坷也会由这一代人的言行影响着他们的家庭，影响着他们的下一代，甚至再下一代。

历史不仅发生于宫廷变革之中，更多是由民众的生活所积累。最真实反映社会现状的，恰恰是不同阶层民众的生活群像，是不同角度的感受，是血与泪的凝聚，悲欢离合的累积。没有了这些社会的基础，又哪来的上层建筑？

历史就是每个人的生活经历，当每个人真实地记录下身边发生的一切时，当每个人真实地记录下生活的感悟时，就会让社会多一分了解，多一分公正，少一些谣传，少一些扭曲。

任何社会最可怕的就是只有当权者的声音，任何历史最可怕的就是只记载着社会顶层的活动，似乎只有精英才能创造历史，似乎这个世界只为他们而存在。

最可贵的是那一双双童龄人的眼睛和他们用没有被污染的心灵所感受的真诚，从与家庭和长辈的共同生活中，看到、听到、想到的一切。虽然这不是他们的亲身经历，却有着血肉的联系，虽然这不是他们的直接参与，却有着血脉相通的心意。

应感谢中学生写史活动的组织者，感谢资助人让这些“课本上不说的历史”能真实地展现于这个曾经混乱的社会。既能让年轻人重新认识他们的父母，也能增进他们对历史的尊重，以及对家庭的尊重。

当年轻的一代开始关注父母和家庭的传奇时，这一段历史才会再现在社会的现实中，也唤醒了老几代人的沉睡。人们不应只看到眼前，眼前的一切其实都是过去的沉淀。从过去吸取更深的营养会让后几代人更茁壮地成长，不会再迷失方向，不会在历史的长河中彷徨。

不管历史曾经让多少人困惑，写出来就会让更多的人从痛苦中走出来，跨入一个新的天地。让这面历史的镜子，既照亮今天，也照亮未来。

不仅是年轻人，也包括那些曾经从这条长河中蹚过的人都能共同分享过去的记忆。这个世界才会在多元的善爱中清楚地看到明天的光芒。

序二　这是最好的公民实践活动

赵亚夫

从李远江老师来我家讲他的“中学生写史”计划，一晃近四年过去了。“全国中学生历史写作大赛”扎扎实实搞了三届，有数万名学生参与，还有数量可观的教师、教研员、家长和志愿者，形成了稳定的指导和服务团队。当初的计划已结出累累硕果，作为参与者，特别是专门的历史教育研究者，除了充分赞许活动本身的意义外，更是由衷地感佩远江老师的公民实践和社会组织能力。在《我们的家史》付梓之即，远江老师要我作序，禁不住要结合公民教育谈几点对中学生写史活动的认识。

一百年前，各国的学校历史教育，都是围绕着民族主义展开的国家历史，虽说公民教育已立意其中，但多数国家的公民教育则是由集体主义为骨架，用国家意志对等公民意志，流行的做法是将公民捆绑在民族主义的战车上直通国家主义的目的。牺牲公民个体来获得国家的强大，在近代世界各国被看成是理所当然的事。

近代历史教育的旗帜，就是“国家至上”的理念。表面看，“国家利益至上”=“民族利益至上”，成就了近代国家。于发达国家而言，它是国家在世界竞争中的利器，既有充分的政治伦理方面的道义功用，又可直截了当地获得经济红利；于被殖民国家而言，它恰是最好的救亡图存的口号。与近代国家意识相仿，国家至上的历史教育养成的历史意识，常常就是一条由国土、人民和政党构成的爱国主义利益链。对国土的认知，关联一国历史和文化的特殊性，以本国为中心看世界，讲自古以来的光荣和当下的历史使命；对人民的认知，则由民族、种族的特殊性凝成伟大传统，宣扬本民族的优越性，进而教化其他地域的人民。关键是，这种历史教育定义了国家、民族特殊性和优良传统的标准，选择合适的宣教方式，利用宏大的历史叙事彰显执政者的合法性并或明或暗地嵌入其政治意图。因此，以国家至上为理念的历史教育，以历史英雄主义为特点，灌输经久不变的历史逻辑。为了教化的功能，它拒绝个人参与历史、反对心理分析、忽略事实细节。按照指定的历史逻辑推演讲义式的故事，从中抽去了证据意识，“国家至上”的原则不可能全面呈现历史，所谓历史逻辑，不过是作为宣教资料的历史知识线索而已。在近代，各国历史教育普遍存在着片面和不实，只是程度不同罢了。

最为糟糕的情况是，独占政治权力的政党会把这种历史教育推向极端，为了“国家利益”肆意歪曲历史、掩盖真相、裁减事实。希特勒统治的德国如此，军国主义控制下的日本如此。“国家至上”理念的历史教育，在本质上是排斥养成公民素质的、反智的，其宣扬的国家或民族的历史记忆，与公民个体的地位和社会认知，与公民全体的健全的历史意识和理性的社会行动全无关系。没有建立在公民社会基础上的公民教育是政客们的把戏，这样的教育拒绝公民真正进入公共领域、公共关系和公共事业。当然，没有公民行动的公民教育，同样是政客们的把戏。

两次世界大战的惨痛教训本该让国家至上主义彻底破产。但是，因为其内核是“近代性”或“现代性”，民族国家需要它，冷战需要它，各种新殖民主义、新民族主义也需要它，历史教育自然也很难排除它。

历史教育理应产生的力量，恰恰作用于公民个体的觉悟，其中最重要的一个部分便是通过“做历史”达成社会认识、历史认识和自我选择、自我决定的能力。传统的学校历史教育，为什么顽固地将公民压缩在一个庞大的国家机器中，不厌其烦地用伟人和精英的故事构造历史，因为历史教育服务的对象不是公民主体而是政府。虽然在20世纪60年代以后的历史教育中，人性解放的道路不断拓宽，人权诉求在政治、经济、文化各领域得以张扬，但是将公民驯服为盲从政府的工蜂的指导思想，仍没有减弱。和过去一样，今天的人们，处在历史关头时必须做出选择，参与某一社会行动时，需要做出决定。比如，我们知道二战时美国海军的苏利文五兄弟，英勇战斗为国捐躯，给后人留下一段感人的历史故事，与此同时，我们也应当记住一个母亲在墓碑上的留言：“对于世界，你只是一名士兵；对于母亲，你是整个世界。”今天的人们，同过去不一样，一是自己掌握了更多的可能性，二是能够运用批判性思维为自己做出决定。

“中学生写史”张扬的目的是：“家长和孩子共同守护家族的记忆，老师和同学共同探寻国家的历史，找回遗忘的家国记忆。”当然，于可能的选择和批判的力量，都是再实在不过的训练了。它丰富并完善了学校历史教育，是最好的公民实践活动。

中学生写史在乎一点一滴的积累，目标可以是在适宜的条件下恰当地学习“怎样去了解真相”的技能。“课本上不说的历史”比比皆是，而历史写作的意义在于把自己选择的重点尽可能详尽地表达出来。好的历史写作，无论题材大小，无论何人书写，都是人类历史结构体中的一个节点。

当然，中学生写史有其特点。作为在学校接受教育的一分子，既有知识和技能方面的养成要求；更重要的还在于他（她）是一个成长中的人、一个公民，有权利接受真实的教育，不遮掩事实和回避真相。这些，我们在前两部《课本上不说的历史》中看到了！很是欣慰，很是感慨，了不起啊！

我期待第三部的出版，乐意看到中学生笔下林林总总的家族史。其实，我更愿意从中体会中学生投入公民写史活动的独特视角，因为他们表现的不仅仅是一段纪实，还有一个公民对国家和民族历史的真诚。

时代记忆

“四个人抬一个毛”的时代

董烁/北京市一〇一中学　　**张健**　**孙淑松**/指导老师

一

“嘿，小董，主任叫你去一下！”

“好嘞！”

一个年轻人正推着一车的鲜奶往车间去，大声答应了一声。他身材偏瘦，但挺结实。因为卖力，头上的青筋在他黝黑的皮肤上微微突起，沉甸甸的纯白色的鲜牛奶在桶里轻晃。卸完鲜奶，他一边擦着汗，一边往车间主任办公室跑去。

“培良同志，你这几年来干得很好，一直是我们厂的先进代表啊。”主任笑着拍拍他的肩膀说，“这次市里要开大会、大游行，遵从毛主席的指示，要革文化的命啦！厂里要安排人去抬大幅标语，我们车间有一个名额，就给你啦！”

董培良对这个意外的好消息感到格外兴奋。游行一事他早有耳闻。前日《人民日报》上刊登了一篇毛主席的文章《炮打司令部——我的一张大字报》，全国上下都沸腾起来，工友和邻居们都在议论。作为工农一分子，他不清楚“革文化的命”是怎么一回事，更不知道怎么去“革文化的命”，只是感到一定很重要、很有意义，因为敬爱的毛主席都亲自写大字报了。而且，他当然知道，参加游行是一种莫大的殊荣。他惊喜而感激地看着主任，兴奋得有些不知所措，粗糙的手下意识地蹭蹭身上那件溅有鲜牛奶的工装服，双手握住主任的手说：“我……我保证，保证完成任务！”

厂里安排他们几个人脱产一周，集中制作写着“毛泽东思想万岁”的大标语牌。每块标语板长宽各三米，中间是木板，两面盖上白布，布上写着鲜红粗壮的大字，四周再框上厚厚的角钢，安到结实的架子上。制作完成后，宣传科领导亲临指导并组织操练，他们一连在厂区排练了三天，抬起、放下、起步、停步、喊口号、大声高唱……

游行的日子终于到了。董培良起了个大早，仔细扣好他蓝色工装的纽扣，认真戴好毛主席像章。他抽出门闩，准备出门。

“哎，培良，你还没吃馒头呢！先吃点儿再走吧。”妻子在灶台边喊道。

“好嘞。”他蹿过去揣上两个，便疾步出了门，直奔厂区而去。

董培良和其余三个人各执标语牌一角，抬着硕大的“毛”字板，骄傲地站在队伍的最前列，昂首挺胸，一路齐步走到人民广场。只见广场上早已人山人海，红旗招展。“东方红，太阳升……”，“大海航行靠舵手……”，“咱们工人有力量……”，嘹亮的歌声此起彼伏。

夏日里，初升的太阳就已很刺眼。在骄阳的照耀下，台上领导终于到了，高音喇叭上传出领导同志高亢的声音：大会开始了。

领导讲话很大声，拖着长长的尾音，伴着喇叭的回声，董培良也没有听懂什么，只是反复听到“毛主席”、“大字报”、“炮轰司令部”、“打倒走资派”等字眼。每个领导讲完后，人群中总是爆发出欢呼声，并高呼“毛主席万岁”的口号。这些口号耳熟能详，董培良完全能够跟得上，所以也一次一次地高高举起“红宝书”，喊得特别有劲！

如此几番后，动员大会终于结束，队伍依次走出广场。街道两边全是人，男人、女人、老人、孩子、住家的、开店的，楼上的窗户全挤满了人头，楼下的孩子骑上了大人的肩膀，手里还摇着拨浪鼓。处处有人齐声高喊着“将革命进行到底”、“毛主席万岁”的口号。稍有空地的街角，还有很多人伴着欢快的唢呐和锣鼓，跳着“忠”字舞。游行队伍沿着街道，几乎绕城一周。一路上敲锣打鼓，欢呼不断，声振衢路。

快至正午，游行也接近尾声，工友们早已是浑身汗水，声嘶力竭。董培良渐渐感觉到肩上标牌的分量，脚步变得沉重起来。这时他才注意到，早上带来的馒头还在口袋里。突然，他一阵晕眩，眼前一黑，依稀听到旁边那嘈杂的呐喊声一下子变成了工友们急切的叫唤：“小董！小董！……”

二

迷迷糊糊地睁开眼，虚弱的董培良发现自己躺在病床上。

“小董，你终于醒啦。”工友急切的脸上露出了笑容，立即倒了杯热水递给他。“哎，小董，你说你早上怎么不吃饭就匆匆去参加游行了？你本来胃就不好，不吃早饭怎么扛得住呢。何必那么拼命啊！”

“嗬，何必那么拼命？”小董心底里觉得这个问题简直无须回答。因为毛主席给他带来了新生活，他只能用拼命的方式表达自己对毛主席的感激。他默默地接过水，凝视着病房墙壁上那张边角略微泛黄的毛主席画像，陷入了回忆。

三

1950年，这个出生于贫农家庭的叫董培良的男孩刚满13岁。

那一天傍晚打完猪草回家，他察觉到父母心情特别激动。“培良，回来啦，来吃饭吧。”妈妈不似以往那样给他一碗稀粥，而是给他盛了一大碗米饭。他有些惊讶，一边瞪大眼睛看着父母，一边听着父母的谈话。“乡里工作组召集干部开会了，村里的广播也说啦，毛主席要搞土地改革，要给我们贫下中农分土地了，我们马上就可以种自己的地了！”“是啊，我们以后不愁吃不饱饭了，伢儿们也不用跑那么远去打猪草了。”

董培良默默地听着，心里想着毛主席。虽然生活在远离京城的闭塞小山村，但也不断地听到毛主席的威名，看到毛主席的画像，就像大家都知道庙里的菩萨，广施恩德，救苦救难。乡里工作组的领导开会说，在距离这儿好远好远，有一个叫北京的地方，那儿有个很大的广场，毛主席就站在主席台上，面对整个广场，向全世界宣布“中华人民共和国中央人民政府，今天成立了”。他托着腮帮子，思绪不断飘远：那时燃放的礼炮声一定比新年时整个村里所有的鞭炮声加起来还要响亮。

如果说去年的礼炮声比较遥远，听不真切，那这次的土改简直是平地一声雷，使山坳里董培良一家的生活发生了翻天覆地的变化。他们家有了自己的土地，董培良也更加忙碌起来，除了打猪草外，还帮着父母到田间做农活——播种、插秧、耕耘、除草、收割、晒谷——生活丰富而充实。面对香喷喷的米饭，他幼小的心灵充满了对毛主席的敬仰和感激。

四

转眼间，七年田间的劳作时光已流逝。董培良也已长成了一个能干的小伙子。

1955 年的一天，如往常一样，他在田间耕作完毕后回家吃饭，听着父母的唠叨。

“听说老李家的大儿子进城了，人家现在是工人了。”

“‘工人’？那就是公家的人了，捧铁饭碗了，真是好福气。”

“听说城里办了好多工厂，都在招工呢。”

“听说招成工人后，老了干不动还能办退休拿工资呢！”

……

董培良心里也萌生了进城的想法。

他与父母商议后，决定将田地留给父亲耕种，自己卷起铺盖进了城。在城里转悠了一周后，最终进了一家牛奶厂，做了个搬运工人，因为这单位对文化没要求。他就这样抓住了国家工业化的机遇，从农民转变为工人。

这牛奶厂虽小，但也算是国营企业，一天上班八小时，星期天还能休息一天；厂里还有一个医务室，据说病了还给药，不花钱；听说将来退休后还能有退休工资，不用干活。这是他原来种田时从未想到过的优待。

一个月后，勤劳的他获得了第一笔工资。他心里默默地感激伟大领袖毛主席，让他有进城的机会，逐步迈向美好的生活。

五

“董同志，你再住两天，就可以出院了。”护士走进病房，帮他拔掉手背上的针，收起空吊瓶，微笑着对他说。“好，好。”董培良从刚刚的回忆中醒来，感激地点点头。

墙上的画像中，毛主席穿着墨绿色的军装，戴着军帽，帽子上那颗红色的五角星熠熠生辉。这颗红星正在指引着全国人民，将全国各地的“文化大革命”运动引向深处……

六

1969 年，春。

初春的早晨还是挺冷的。凛冽的北风灌进董培良单薄的外衣，他缩了缩脖子，加快脚步往厂区里走去，一如既往地准备开始新一天的工作。

但他刚一进门，便发现一群工友围在墙边，热议着什么。他在掌心哈了口气，搓了搓冰冷的手掌，也凑近去看。原来，墙上糊着一张白底黑字的大字报：打倒反革命走资派陶某某！

怎么了，主任也成了反革命、走资派？多好的老同志啊，兢兢业业、埋头苦干、身先士卒、吃苦在前，从来没看到主任休息过一天，因为他说，奶牛不会休息，所以牛奶厂也一天都不能停产，工人可以轮班，但领导要带头坚守岗位！

工友们悄悄地告诉他说，大字报控告主任的正是：只抓生产，不重视政治学习，走的是资本主义路线！这就是反革命！

大字报满天飞，游行、大会接踵而来，越来越多的职工都参加各种各样的革命活动去了。终于，生产线停了。

纯白色的生牛乳因为没有及时加工，变黄了、结块了、变质了，被不断倒入了废水沟……

董培良觉得无比心疼，却又无能为力。他呆呆地望着这一切，喃喃道："怎么了，这一切怎么了？"他隐隐地觉得，社会氛围渐渐改变。街上的游行越来越频繁，各种口号声也越来越高涨，大会的高音喇叭天天在回响。

"革命"成了生活的代名词，"批斗某某某"成了工作的主要内容，先是各个车间的主任，后来是厂长、书记。"当权派"都陆续倒下来后，新生派又开始了你争我斗……

"三年前，可不是这样的啊。"他喃喃道。他又想起那件他引以为傲的抬标语的事。

在特殊的年代里，有些现代人看来轻如鸿毛的小事，对亲历过的人来说都重如泰山。对董培良来说如此，对一起抬那块"毛"字板的其他三个人来说亦是如此，对当时的亿万同胞来说更是如此。

后　记

他时常讲起抬标语这故事，而且每次讲起时一定会强调："当时我走在队伍的最前列。我们四个人，"然后举起右手皴裂的手掌，伸出四个指头，继续说，"抬一个毛。"听他不厌其烦地重复讲述，我心底里暗暗把这个故事冠名为："四个人抬一个毛"。我认为这是"文革"时期一个比较典型的故事，因而以此为切入点。

这个故事发生在"文革"初期，他有幸或是不幸地参与了这场历史浩劫。之所以这么说，是因为客观地看，他所经历的"文革"是中国的倒退，但他一直认为自己经历了"好时代"。

实际上，对于我爷爷这样没有知识的体力工人，直到现在他也还不知道当年那场大游行乃至后来的“文革”，会给自己的工厂带来什么，对这个国家、民族意味着什么。后来开大会、大游行越来越频繁了，工厂还一度停工了，纯白的鲜牛奶白白地被倒掉了，最后被他视为恩人、好人的车间老主任也被批斗、关牛棚了。

改革开放后，在他退休那年，这个工厂也倒闭了（改制了）。他对此也迷惘过，质疑过。但直到现在，他也从来不许我们说当年毛主席犯错了。他坚决地认为，后来的一些变化，即使有错，也绝对不是毛主席的错。所以，我感到，当年不管发动者真正的动因是什么，也无论最终的结果可能会是什么，他都会以满腔的热血、虔诚的疯狂投入进去——因为是毛主席带给他焕然一新的生活，他对毛主席怀有由衷的爱戴与忠诚。为了表达感激，他对于毛主席的指示与号召会无条件地服从和支持——虽然他根本不明白政治运动的内涵。

我在文中写了他对毛主席发自内心的感激，并用倒叙的手法写明了他如此虔诚的原因，当然不是为了鼓吹个人崇拜这种行为。我只是觉得，“文革”中，政治集团利用了工农群众对毛主席的诚挚感情。我的爷爷只是那个大历史背景下的一个小缩影。正是有成千上万像他一样的普通工农分子的响应，“文革”之火才会发展为燎原之势。

也许，如《一九八四》里所说，“无知即力量”——他们太过于淳朴，所以他们对肮脏的政治斗争是“无知”的。而千万场如此这般的游行所掀起的动荡，是类似我爷爷这样的工农分子万万不曾想到的。

这也让我想到了狄更斯《双城记》的开头：“这是最美好的时代，这是最糟糕的时代；这是智慧的年头，这是愚昧的年头；这是信仰的时期，这是怀疑的时期；这是光明的季节，这是黑暗的季节……”也如王开岭所说：“每个人都结实地拥抱了他所处的时代，都完成了对时代的认领。”我们无法逃脱所处的时代，像蚯蚓淹没在土里。

饥饿岁月里的那些人，那些事

邬欣颐/江苏省锡山高级中学　　**孙震**/指导老师

当一个黄蜡蜡的青糠饼放在你面前，你一定无法想象该如何下咽；50 多年前的人们，同样无法想象，这是何等幸福的一件事。

1958 年，一场轰轰烈烈的运动在祖国大地拉开序幕，全国各地纷纷成立人民公社，农民化小家为大家，集体劳作，“吃大锅饭”成为时代新词。那时我的外公还在上初中，如今说起人民公社化，“大概那时候大家都觉得很新奇”，就在这股新奇的引导下，农民热火朝天地耕作，学校组织学生帮忙种植，外公就有一次去锡北某公社秋种的经历。同时，一股异样的风在人群中悄悄飘散开来。

到了 1959 年，一些类似“放开肚子吃饭，想尽办法偷懒”的话已经暗中流传起来，然而某地粮食产量翻番的新闻遍地开花。少年时的外公眉头紧锁了起来，这年，人们开始饿肚子了。

“其实 1959 年是丰收的一年，但大呼隆的生产让粮食不能及时丰收。”外公回忆道，“什么叫大呼隆？都是些没实效的事，队里频繁调动大批劳动力，误了农时。到了 1959 年年底，食堂都散了，其实之前食堂的伙食就只有稀粥了。”

村上的悲剧

“1960年确实是灾年，土地盐碱化，庄稼种不出来。土地是百姓的命，真正的灾难啊！”外公沉重地说道。江南虽是富庶之地，但饥饿的镰刀还是砍到了无锡的土地上，一时间，哀声四起。那时外公村上有一个残疾人，家境贫寒又不能下地干活。

“他的家人一点点压缩他的口粮，最后，饿死了。”

我诧异道：“这么说是家人害死了他？”

“不，那个残疾人不是劳动力，口粮自然应该少，如果大家都吃一样的，那干活的人吃不够，哪有力气去种田呢？”

“那他就这么死了，你当时是怎么想的呢？”

“爱莫能助。”

“仅此而已？”

“那时就算想也没法帮他，自己的处境也不怎么好，只能叹口气了。”

我正想问怎么没有其他人帮他时，又不自觉住了口。外公露出复杂的神色，良久，才幽幽地说：“那时肚子真是饿啊，那个残疾人经常饿得大叫，整个村都听得见。”我点了点头，没有再问下去。

我想象着外公说的那个惨痛情景：那个残疾人躺在床上，一边敲着床一边哭，与其说是哭，不如说是悲号吧。号叫声就如一把利剑，在整个村里横冲直撞，所有人都皱起了眉，妇女匆忙拉走了懵懂的孩子，老人也无声地低下头，有人躲进了墙角，趁没人注意偷偷抹了一两把眼泪，谁也不知道他在想什么。少年时的外公，在某个地方，听见了这凄惨的声音，他曾逃跑过，但发现无论逃到哪里都摆脱不了这嘶喊，因为哪里都有饥饿，而这声音早已深深印刻在心。或许，这就是自己内心的声音罢。

据说，村里以后再也没饿死过人。

“爸爸很坏”

我问外公：“当时家里的情况怎么样？”

“老实说，我们家的情况确实比其他人好。”外公清晰地说道。

“祖上几辈一向富有吗？”

“哪有，那时的农民都不富，况且我们一家子十口人。说到这个，就要说我的父亲，就是你太祖父。我现在想来确实挺佩服父亲的，他有一个原则：精细搭配。每顿饭规定只能那么多米，如果不够再用蔬菜杂粮等来补。所以我们家的饭菜质量永远比别人差一点，但量总是足的。几年饥荒，兄弟姐妹们也都撑下来了。”

在我的印象里，太祖父确实是个勤俭有计划的人。每次回去，都可以看见他把前院后院收拾得井井有条。他的生活也十分节俭，总是尽可能利用所有的资源。这是否是那时养成的习惯呢？也或许是当了父亲后，他就自动变成了这样？

我又好奇追问：“杂粮就够吃了吗？”

“也不多，那时广泛种植丝瓜，长得快嘛，丝瓜确实吃了不少。尽管这样，还是吃不饱啊。所以我那时候挺恨我父亲的，多坏啊，老叫我们吃不饱。”爷爷又似回到当年，带着孩子气的口吻说道。

可以想象得到那样的场景：少年的外公，半夜里饿醒，难以入睡，还要倔强地埋头强迫自己睡着，即便腹中空空，胃一阵阵抗议着。他嘟起嘴，皱起眉头，在心里一遍又一遍地说：“爸爸，我要吃饭，爸爸好坏啊。”

“现在想来他的做法是明智之举。可惜我那时候还是个孩子，哪里会理解父母的苦处，只想着自己罢了。”说罢，外公低下了头，像一个做错事的孩子一样等待着父母的教诲，不过很快又抬起了头。

一首小曲

外公说：“我们那时上学，早上去时就带上中饭，在学校里热一下吃。我的一个初中同学，中午总是不吃饭。不是因为他不带中饭，而是上学路走到一半已饿得眼冒金星，他就把中饭全吃光了。”一次外公正走在上学的路上，手里提着自己的中饭，正巧碰到了那个同学。同学看着外公的中饭，像饿狼看见小羊似的，狠狠地吞了几口口水，两人便又一同上学去。一路上，同学总低着头一声不响，快到学校时，却开始紧张地东张西望。两人走到一座桥时，同学兀自往桥洞里一坐，打发走了外公。那天中午，他果然又没吃中饭。

我惊讶地“啊”了一声，外公不以为意地说：“你说他那只有几粒米的早饭能填饱肚子吗？”

“那他中午干什么？”

“到处溜达，笑着哼几个小曲，或者找个地方睡一觉。”这时外公情不自禁地摸了下肚子，脑子里尽是他哼着曲儿的笑脸，和那蹦蹦跳跳的模糊身影。

都吃不上饭了，居然还有笑有唱，这是怎样的一种心态？那张笑脸，正经受着长期饥饿的折磨，那首小曲儿，不会有人记得是什么调子。饿着哼出的歌，是什么味道呢？强装出的笑脸，背后又有怎样的苦涩呢？歌者似乎不想引起他人的注意，那种时候，真的有人会注意他吗？

“这件事我印象特别深。”外公轻轻地说。

山芋水，山芋饼

后来，饥荒越发严重，人们连大米都吃不上了。外公曾跟着太祖父到以前的无锡溶剂厂买一种叫山芋水的东西。它是山芋经过发酵，再将山芋渣用水冲开制成的，说白了，是一种工业废水。然而就是这种水，引得当时的人们争相购买，并一船一船地运回家。“我看着父亲将山芋水沉淀后取出山芋渣，再干燥，经过筛选后取最细的那一层，一吨水最终沉淀下来也就那么一小盆渣，剩下粗糙的就喂猪了。”当时的外公愣愣地看着那一盆珍贵的山芋渣，内心风起云涌。他用手捻了一点，经过多次筛选的细渣，依旧是粗糙不堪，这堆灰白色的颗粒，任谁看了也不会有食欲。他却轻轻拍去留在手上的渣，一点也不肯浪费。“你们就吃那渣，那东西怎么吃啊？”我纳闷。“做成饼。”外公回答。我满脑子都是现代的山芋饼，色香味俱全，想象不出被那一代人视作美味的山芋渣制成的饼。

山芋饼不久就做好了，和渣的颜色相差无几，一群兄弟姐妹立马围了上来，人人脸上都似过年一般喜悦，目光全部聚集在那几个还冒着热气却没什么香味的饼子上——这就是那个饥饿频发的年代里我的祖辈们的美好一刻。

“一口咬下去淡而无味，以前都是喂猪的，可是那是活命的东西，必须得吃啊。”外公感慨道。

我狠狠地掐断了刚才的念头。那时候有的吃就不错了，还讲究什么味道？我惭愧地偏过头，心想，如果是我，在那时会吃这种饼吗？也许不会。就算是现在，那些香喷喷的麦饼、月饼，我也不屑一顾，更不用说苦涩粗糙的山芋饼了。当然也说不准，到了那种时候，我还真就有滋有味地吃掉了。

一块青糠饼

“听说过青糠吗？”我点了点头。青糠就是糙米的那层外皮，脱掉这层外皮才是我们平时吃的大米。

“我的叔叔原本是生产大队的大队长，有一次，他弄来了一些青糠。”那一瞬间，我看见外公的眸子里闪出喜悦来，如历经久旱的人们捧着雨水欢呼一般，亦如辛劳的农人终于等来丰收一样，这是一种发自内心的喜悦。我怔怔不语。

听外公回忆，有一次他饿得发慌，头昏脑胀地走到灶台旁，可哪会有什么吃的？于是他就来到附近婶婶家，正巧碰到婶婶点火烧饭，一时呆呆地忘记走了，嘴里却不自觉呢喃：“婶婶，好饿啊。”婶婶开始不睬外公，但她到底是心软，四周一望没什么人，右手藏在左袖子里，低着头迈着小碎步径直朝外公走去。婶婶弯下腰，又左右看看，迅速往外公手里塞了一个东西，小声说：“千万别被发现了。”

外公只觉手心暖烘烘的，张手一看：哎呀，一块青糠饼！

“我三口两口就吃掉了，真好吃啊！”外公微微抬起头，不知在看什么。嘿，我能想象当年的外公，用一种幸福喜悦的眼神，望着婶婶，望着那个意义非凡的饼。

“青糠饼真有这么好吃？”

“有啥好吃的，现在谁还要吃那玩意儿，只是在当时，真是觉得好吃啊。”

“如果现在再叫您吃，您会吃吗？”

外公停顿了一会儿，郑重地说道：“会。”

我仔细一看，外公的手微微收拢，那姿势，就像拿着一个青糠饼一样，50 多年前的小手已经变得苍老，那份心情，却是一样的，下一个动作，不知是不是……

若眼前也有这么一个青糠饼，我也真想尝尝呢。我本想问外公他的叔叔是怎么弄来青糠的，但这已经不重要了吧。一份珍贵的青糠，一块珍贵的青糠饼，经过最亲的亲人的手与心，不知会变成何种难以言述的美味与温暖。

五十五年之后

“外公，现在再让您看当年的话，有没有什么新的看法呢？”

“现在我们自然知道，所谓三年自然灾难实为人祸，先前和你说的大呼隆生产和人群中流传的口号，其实就揭示出运动失败了。”

的确，大家都知道，大饥荒实质上是“三分天灾，七分人祸”。中央提出的以工业为重的经济建设方针违背客观规律，同时农民公社的生产关系已经超越了当时的生产力水平，两大错误导致生产资源遭遇巨大破坏，全国生产率急剧下降。某地农业增收的新闻已经掩盖不住饥荒的事实。

“当时您是怎么想的啊？”

“我只是个农村的中学生，除了饿肚子，还会想什么？”

“这……”

“那时的教育水平哪能和现在比，人民百姓自顾不暇，哪有闲情关心国家大事，更何况我只是一个小小的初中生。再者政府多是正面宣传，大多数人都被蒙在鼓里，一心认为是老天爷不高兴在作祟。”

“那有没有啥对现在影响特别大的事？”

“这个，没什么特别的，就是刚才我给你讲的几件事印象较深。”

不可能啊，经历了如此艰难的时期，多年后却只有短短数语。影响，我想自然是有的，外公沉稳的性格、认真负责的态度和节俭的作风，我都看在眼里了。影响的极致表现，便是一个人在生活中的所作所为。这些已不须过多言语。

红卫兵

汪苑菁/东莞市东城初级中学　　**周培**/指导老师

大喜事

1966年，全国各地都汹涌着大字报、大辩论的惊涛骇浪。英德市的百姓也渐渐有所耳闻。

这日清晨，微风阵阵，连带着树枝轻轻颤抖，台下一排排简陋的课椅上，学生们正襟危坐。一张张稚嫩的脸带着显而易见的紧张，仿佛讲台上穿中山装的人即将说出的话将会牵动他们一生的命运。

陈翠姬坐在前排的学生中央，身旁竟有同学穿着黄绿色的军装，异常正式。不知怎的，她心里有种奇妙的预感，似乎将有喜事来临。而她在这猜想中，心情越发地愉快起来了。刘老师站在讲台上，满面愁容。他皱着眉头，似乎思索了几秒，最后翻开了讲义，清了声说道："咳，同学们，我们这就上课……"可这不是个天大的笑话吗？眼见台下的学生少有人带着课本来校，谁还有心思听课呢？

"老师，为什么还要上课？"有个大胆的学生猛地站了起来，振振有词，"毛主席已发出了大字报，号召所有大好青年组织成红卫兵干革命。我们怎么还能在这待着呢！"

“你这……”刘老师一时呆愣在原地，手握紧了讲义说不出话来。

“就是如此！我们应响应号召！”另一个学生激动地站了起来。两位学生一带动，台下立即变得躁动不安。

“可不是，我们作为祖国的花朵，要响应毛主席的号召！”

“为革命奋斗！为共产主义无产阶级奋斗！”

……

越来越多的同学坐在座位上起哄，陈翠姬也被带动得情绪激昂，跟着同学一声声冲着讲台上脸已煞白的刘老师吼，隔壁班也传出了同样的起哄声。没过一会儿，这样的声音仿佛从校园的四面八方都传来了。刘老师似乎使尽了全身气力拍着讲台，颤抖着张口说了几句话，却终是湮没在了更大的吼声中。他显得无可奈何。拿起了讲义，默默地走出了教室。在他踏出教室的一瞬间，全班发出了惊天动地的欢呼声，少数同学带来的课本被撕烂了扔向天花板。陈翠姬看着漫天飞舞的纸张，与同学们一起大声欢呼起来。她想：真好，终于摆脱了枯燥无味的学习生活，可以尽情地玩耍了。这真是一件大喜事。

大串联

从那日开始，陈翠姬每天都能从窗外看到有同校的学生穿着军装，三五成群地出发，追随毛主席的思想，到北京去。她好玩的心开始蠢蠢欲动，说服了姐姐与同学在内共五个人，准备前往另一个革命意义颇深的地方——井冈山。

“哦，我们是很支持的。”校文革工作组的同志一听她们的来意，从小山似的文案堆里抬起头，小眼睛从厚厚的镜片里盯着她们，像是要看个究竟。“我还以为是谁又来举报来着。不过我们这里这么偏僻，奇事怪事还是不会有的啦。听过进牛棚吗，别说上海，凡是大城市，批斗之风……哎哎我跟你们说什么。不对，你们来干吗来着？”他皱起眉头，苦恼地揪了把鬓边的白发，又打量着眼前几人。

“我们是来拿袖章和传单的。”陈翠姬连忙说，觉得不妥，补上一句，“听说学校这里有派发的。”

“啊……是的、是的，这倒是的。这几日宣布了学校为无序状态，我这却是忙起来了。你们像是最后一批了……嗯，我想想，大概还是有剩的。”那人将他桌子里的抽屉一个个拉出来，口上不闲着，仍是絮絮叨叨地：“我跟你们说，我们的毛主席多么伟大啊。你们将要遇见的苦难也许多了去了，这时候你们想想毛主席的建国之举。哎哟，什么都值了！”

几人却是笑着，倒也没将他的话放在心上，仅是觉得稀奇。说话间，他抽出一沓红色的袖章和传单，仔细地点了她们的人数，又数出了六个袖章，每人30来份的传单，极为宝贝似的说：“别不当个宝。路上见着了同仁，发几张，就是在传承着伟大的思想。我说，你们有旗帜不？”

“那是什么？”其中一人好奇地问。

这一提问立即遭到他的白眼：“怎么连这也不知道呢？到底还是娃娃，不过就是要有人教了才懂得不是？”他似在对她们说，又似在自言自语，忽然又醒过来似的：“你们组队好歹有个队名吧？叫啥子？”

“毛主席思想长征处！”陈翠姬脱口而出，隐隐地兴奋起来，突然觉得神气极了。

“听着挺响亮，不错。旗帜就是将队名弄在红旗上的。”讲到这，他翻翻白眼，“是这么个意思？我口才不好……这倒是解释不过来……”

“就是队旗。您说是吧？”姐姐似乎有点不耐烦，搓搓手。

“对、对的，就是这个意思……”

几人走远了。渐渐有人笑道：“你说这同志怎么这样唠叨呢？”

“可不是，解释个旗帜也要半天。”

“怕是学校都没啥人了，人有些寂寞了，话也多了。”

“管这么多作甚，反正我们终于要开始长征之路了。”

陈翠姬前面听得懵懵懂懂，一听到“长征”二字像是遇到了知音，又立即热血沸腾起来。

这日，一行人背着大棉被，担着书本，意气风发地上路了。街上人山人海，英德这座城市似乎被红色包围了，随处可见耀眼、醒目的大红色彩：红色的大字报张贴满了街旁的专栏，红卫兵三五成群，红色的旗帜飘扬在人海的上方、红色的袖章在人群中闪现……陈翠姬心中涌起一股豪情，她想起放在担子内亲手制作的旗帜，连忙抽出来。红色的底面衬托着“毛主席思想长征处”几个黄色的大字，与川流不息的人海融为一体。

“翠姬，你就不能走慢点吗？”几个女生在人群里毫不起眼。姐姐气喘吁吁地冲着前面担着书卷的人儿嚷着。

“你们可以走快点的嘛。”陈翠姬肩上扛着重重的担子，里面全是那日领的传单和几十卷的《毛泽东选集》，但她却没什么感觉，脚下生风，走得飞快。

离家也有三五天了，她竟是完全不觉得悲伤与害怕。毕竟到处都是人，到处都有红卫兵，既然哪里都有她们的同胞，想家的念头还是淡了。有这么多与自己相似的人在，还怕啥呢？即使街上到处都是红卫兵，大家也不怎么讲话，好省些气力赶路。尽管如此，陈翠姬也不会感觉太沉闷。

“卖陶瓷咯！五分一个咯！”有小贩见缝插针地摆了地摊，正大声地招揽顾客。

“姐！有陶瓷咧，我去看看！”陈翠姬立马兴奋起来，穿过人潮间的缝隙，担子在两臂旁晃来晃去。姐姐本想喝止，见她这样，也只能无奈地跟了上去。

“你这妹妹，倒是很贪玩哪。”身旁的同学笑着。陈翠姬因为钱不够，无奈地被姐姐牵扯着走开了。

过了晌午，几个人终于找到镇上的一家饭店。饭店很小，看起来惨败破旧。她们早已饥肠辘辘，自然不管那么多，将东倒西歪的凳子集中在一张缺了腿的桌子旁，将就坐下。等了一会儿，仍然没人过来招呼。她们大声叫唤了几声，才惊觉这里只有她们几人。周围的秋蚊子闹得厉害，嗡嗡声不绝。一张大字报贴在了最里面，墙上有明显张贴过的痕迹，很是斑驳。她们忽然明白了什么，沉默了下来。不是没有看过批斗的景象，站在批斗台上的人把姿态放得很低很低，低下的头颅似乎蕴含着无法述说的苦闷。“打倒国民党反动派！”“打倒反动地主！”不管过了多久这样的声音还是会萦绕在耳畔。不知是谁首先叹了口气。陈翠姬觉得似乎有无尽的哀愁缠绕于心中，久久挥之不去。

她们只得离开了饭店，饿着肚子继续走路。村庄炊烟袅袅，几个穿着厚棉袄的孩童站在自家的门口，好奇地看着路过的红卫兵。六个女孩走得极累了，陈翠姬倒是还有心思对着那些小脑瓜做了个鬼脸，逗得他们咯咯笑。

走到了红卫兵接待站，同志招呼着她们进去，房子里满满的都是人。接待站的饭菜说不上好吃，陈翠姬却是狼吞虎咽，什么滋味也没尝到，饭便落到肚里了。人群的拥挤程度也是让人很无奈，她们在屋内勉强找了块地方，铺开草席，盖上自带的棉被，就席地而眠了。

陈翠姬睡到半夜突然醒了，大概是因为已经接近江西省的缘故，潜意识里异常兴奋。她躺在被子里，过了不久觉着冷风丝丝从脚底往上猛灌上来，打了个寒战。这时渐渐听见周围微弱的呼噜声了，她在心里暗笑，闭了闭眼，想进梦乡里去，却怎么也睡不着了。她只好爬起来穿上棉袄，想去外面溜达一圈。像姐姐说的，她好玩的心是怎么也停不下来的。冬日的凌晨是极冷的，陈翠姬走在光秃秃的地上，两手恨不得缩进棉袄里。她戴上了厚棉帽，还是清晰地听见牙齿打战的声音。这时她才感觉脚是钻心地疼，日日赶路该是超过她的负荷了。想到这里，她只觉身体一软，一下子就坐在了土地上。冰凉的触感刺激着神经，她像是突然惊醒了过来，又改成了蹲着的姿势。她就在原地愣了一会儿，突感呼吸不通，哈了几口气，看着白色的气体在眼前迅速地消散，眼眶却是不知不觉地热了。她在黑暗中就这么盯着土地发呆，有液体流转在眼眶中终是没有落下来。过了许久，她颤颤巍巍地伸出手指，在地上一笔一画地写着“毛泽东思想长征处”、“毛泽东思想长征处”，连续写了十几遍，像是要坚持什么似的。她写着写着，仿佛眼前就是她想象中那种连绵的山脉，她在山上唱着歌谣，红旗高高地飘扬。在黑夜中，她握住冻得火辣辣疼的手指，露出了憧憬的笑容。

大瘟疫

转眼到了一月，井冈山的雪下得纷纷扬扬。这里的红卫兵没有多少。山路结了坚硬的冰，是意料之中的难走。陈翠姬仍担着担子，没几步就跑到前面去了。同行的人惊奇着，姐姐只能无奈地笑：“目标就在前面了，她怎么会被一点点困难打倒？”话是说的没错，她从前几天开始，不知为何有些头疼，怕是那天夜里着凉感冒了，却仍是一鼓作气地向着目标冲去。

“哎——伟大领袖毛主席，就是我们心中的红太阳……”她到了山顶，冲着下面的人大声地唱起了歌来。五星红旗就在她身后，高高地飘扬着。

“你还真有心情啊。你看到那边桥下的人了吗？”没唱几句就被一个红卫兵打断了。

“什么？”她按着指示看去——一副副担架就在桥下摆着，白布在雪的衬托下，却是让人触目惊心。

显而易见。是死亡。

“这……”她吓得说不出话来，惊恐地看着那人。

“这里有人得了脑膜炎，赶来的红卫兵大部分被感染了。轻的高烧不断，重的……”他往桥下的方向努了努嘴，“我们也是才知道的。要是早知道谁还敢来啊？”

随后知道的姐姐却是有些歇斯底里，她紧紧抓住陈翠姬的手臂，不安地说：“你不是头疼吗？所以我们还是赶快下山坐火车回家去吧。感染了怎么办啊？”她对死亡的认知是很懵懂的，任由姐姐拉扯着，回头最后看了一眼红旗，下山了。

一行人徒步到了湖南长沙，准备坐火车回到英德。火车站里人满为患，陈翠姬她们没钱买票，站在火车站的门口不知所措。

姐姐咬咬牙关，硬着头皮对火车站的工作人员说：“我们是湖南英德师范的，现在没钱，所以你能先让我们上车，然后再写张欠条寄给学校吗？”

工作人员感到好笑：“湖南还有英德师范啊？我怎么没听说过。”

看到她们因谎话被揭穿而满脸窘迫的样子，他大手一挥：“好啦，给你们坐吧！”

女孩们一听这话，欣喜地向着火车跑去。车上大多都是红卫兵，吵吵闹闹。不少红卫兵硬是要从窗户爬入。车座下边躺着人，过道上坐着人，甚至行李架上也有人。陈翠姬坐在过道旁，看着少年们手中抱着的红色皮装的《毛主席语录》，手中挥舞的鲜艳的红旗，臂上戴着的鲜红的袖章。

红色、红色，到处都是红色……

一时间也竟感觉眼睛疲惫。这几个月来的赶路，记忆中似乎也只有红通通的事物。她一时不知这到底是为了什么。这个时候，火车剧烈地震动了几下，响起一串鸣笛声，缓慢地启动了。在黄昏的余晖下，一列火车载着满车的人们，向着南方行驶。

土改

——我家的故事

叶晓彤/东莞市大朗一中　　**张仑**/指导老师

茶余饭后，奶奶总爱给我们讲起她小时候的故事；我也总会用手撑着下巴，目不转睛地望着奶奶，津津有味地听着，让奶奶的故事把我带入那时那景……

我认为，不一定只有革命战士才有曲折的人生，普通人也会拥有一段段坎坷的人生插曲，使人生不再平淡无味。

土改时期　批斗“地主”

很早以前，奶奶的娘家人就已拥有属于自己的田地。他们很勤劳，不管炎炎酷暑还是刮风下雨，每天都下田忙活；只是在农忙的时候，会请福记（临时工）、长工等来帮忙。土改时期，奶奶的家人经历了一场血雨腥风的运动，它给奶奶的家人带来严重的伤害。

奶奶的爷爷为人很善良，平时很照顾生活贫苦的人，逢年过节都会给贫苦的乡亲派发一些米粮。一次，奶奶的爸爸“漂洋过海”去了一趟香港，看到当时香港已经有“风雨欲来”的趋势，他猜想家乡今后也将不再平静，便劝父亲不要再派米给穷人，以免惹来麻烦。奶奶的爷爷不知是固执、不相信，还是过于善良，不听取儿子的话，继续派米给穷人。结果，灾难真的来临了。

1951 年，东莞开始了土地改革。在“分田地”之前，先给农村各家各户定“阶级成分”。奶奶家因为总是给穷人派米，显得很有钱，结果不由分说被定了个“地主”成分，成了“专政”的对象。

奶奶抿了抿嘴巴，闭了闭眼睛，给我们娓娓道来：

“那时候可惨了，当时首先批斗的就是我们家。那些批斗的人其实都是村里的人，有很多还曾经接受过我们家的救济，不知道为什么，这些人突然变得那么残忍、可恨。

“一天，那些人来到我家，二话不说，就拉了我爷爷、我父亲和我叔叔去到鱼塘边批斗。我爷爷被打得昏死在鱼塘边，那些人就从鱼塘里舀水上来泼醒他。昏一次，泼一次，醒一次，又被打得昏死过去。我记得很深刻，当时我爷爷是被我父亲和叔叔抬着回来的。”

“你有见过烧鹅皮吗？”我连连点头。

“当我第一眼看到爷爷时，我被眼前的一幕吓傻了，全身上下的衣服被打得稀巴烂，就跟什么都没有穿一样，全身的皮就像烧鹅皮一样，人已奄奄一息。我父亲和叔叔也被打得衣服上只剩下纽扣那丁点布条了，那脸青一块、紫一块的，走路也不是很稳。”

奶奶轻轻地叹了一口气。

“我婶婶赶紧从屋里跑出来，一步一步小心翼翼地搀扶叔叔到床边，让他轻轻躺下。婶婶连忙打来一盆温水，把毛巾放在水中湿一湿，轻轻为他抹去身上血迹。叔叔已被打得有气无力，连痛都无法大声地叫，婶婶是个多愁善感的人，面对如此悲惨的事情，怎能不落泪呢？她一边为叔叔清理伤口，一边哭泣道：‘那些人真是坏透了。’”

说到这儿，奶奶的眼眶里有些湿润了，虽然没有哭出来，但是不难看出这次批斗给她家带来的伤害是多么的惨痛。

其实，按照奶奶家里当时的条件，最多只能算“富农”，根本不符合“地主”的条件。那些家中有大量田地，全部田地让别人去耕种，自己在家享清福，有钱、有权势，剥削贫苦百姓的人，才算是“地主”。而奶奶家人每天都去田里干农活，仅仅是请了一个福记。后来，政府发现了评定“阶级成分”中的错误，进行纠正，奶奶家经过重新划分“阶级成分”，被评定为“中农”。

错误批斗　后患无穷

本以为被批斗过，这件事就这样过去了。不，不，事情并非如此简单，灾难接踵而来；那些批斗地主的群众要求每天交一定的钱，否则就要打人。因为奶奶家算是有点钱，开始几天，还是可以熬过去。

几天后，邻居跑来拍门，用沙哑的声音喊：“大哥，开开门呀！”奶奶的叔叔连忙打开了门，邻居气喘吁吁地在外屋问：“你家是否还有一些钱，我家的钱都交完了。借我一点行吗？”“这个……”奶奶的叔叔搓搓手，支吾地答道，“其实我家也没有多少了，交得了今天就交不了明天。唉！”邻居着急得“咚”的一声跪在了奶奶的叔叔面前，紧紧握住他的手，说：“求求你啦，今天他们就会来拉我家老爷子去打啦！昨天在村口的那家人因为没钱交，他们家的老爷子被打得奄奄一息而归。他们说，今天再不交钱还是要继续拉人去打呀！呜呜！我真的求求你了。”邻居一把鼻涕一把泪地乞求着他。善良的他二话不说从房间拿出了一点钱，交到了邻居手上说道：“不好意思，我现在的家境也不是很好了，只能帮到这么多啦。”邻居多次鞠躬后转身迅速地跑回家中。

其实，大家都明白：无论你家多有钱，天天交钱换不挨打，钱在只出不入的情况下，不用多长时间必定用光。奶奶家再一次交了钱不久后，家里的钱都快见底了，大家就只好变卖金银首饰来换取钱财，但是这也顶不了多少天啊！

老话说：天无绝人之路。在穷途末路的时候奶奶的家人最后选择铤而走险：奶奶的妈妈把自己家做的一个鸦片饼，偷偷地放到裤兜里运到大塘去卖。俗话说："有头发，哪个想做秃头。"大家都是没有办法，才会去做这个冒险的事情。

鸦片是害人的东西，大家都很清楚；但是为了生活，大家不得不——制作鸦片饼。

解放前，鸦片在大朗也有种植。鸦片是因为有药用价值才被引进的，后来却成了祸国殃民的毒品。鸦片长得非常诱人，仿佛使人置身于神仙的世界。鸦片花是全株粉绿色，叶长椭圆形，抱茎而生；夏季开花，单生枝头，大而艳丽。跟莲花相比，它们的样子是不分伯仲。鸦片花的颜色是又红又蓝的，充满了魔幻的色彩。鸦片花的中间有一个花籽，鸦片是从这个花籽的胶液提炼而成。在作业过程中要两个人分工明确地进行着。人们拿着那种专门收取花籽胶液的小刀在花籽上割一刀，它就会流出来类似树胶液的鸦片汁。它非常的奇怪，因为胶液流到一半的时候，就会停止流动，人们只能用手指将胶液弄出来，再刮到蜡油盒里。此时，后面紧跟着的那个人就会用一块湿布把花籽擦一擦，把擦过的布放在水中洗一洗，擦布上的胶液就会被洗出来。

新中国成立后，曾经明令禁种鸦片，更不能制造鸦片饼。但是，为了能够交钱避免挨打，很多人家又开始偷偷地种鸦片，偷偷地采来鸦片果实，躲在隐蔽密封的小屋子里偷偷进行加工。鸦片这玩意煮起来呀，别提有多香、多诱人。奇怪的是鸦片煮起来是不粘锅的，一边煮，还要一边放莲花花瓣，直到它变得厚厚的，成型一般就是鸭蛋那么大。

每当讲起这些故事，奶奶总是有些惭愧地说："当时害死了不少人啊！”

制作鸦片这么危险的事情，从种植到售卖的过程，任何环节都要小心、谨慎，不允许有丝毫的差错。

但是，不幸的事还是发生了。

权叔是奶奶的叔叔，是一个普普通通的自耕自足的农民。他每天都会到田地里干农活，然后去荔枝园巡视，一刻也不停歇。

当时有一个“坏分子”，受到那些人的监视和软禁，他想获得自由，就必须要揭发别人，才能证明他已经得到改造；他要去抓获别人的“痛脚”（把柄），也就是要找一个“替死鬼”（替罪羊），来换取自己的自由。忽然，他灵机一动，想起了以前经常“帮衬”（买东西）的权叔家。

傍晚，他趁着暮色降临，三步并作两步地来到了权叔家。他轻轻地敲门，小声地呼喊：“大嫂，大嫂，开开门。”大嫂连忙跑到门口，打开门，问道：“干什么呀？”他拉着大嫂到里屋，轻声问：“大嫂，你还有鸦片卖吗？”大嫂抿了抿嘴巴想了想，又望了望他（因为之前他来买过鸦片），答道：“嗯，阿权那似乎还有些。”（当时是备在家里做止痛药用）接着，大嫂连忙叫出了权叔，权叔警戒地望望他，表情有些犹豫不决，不过最终还是答应卖给他。他突然又说：“哎呀，不好意思，我忘记带厘吨（当时的称具）。我明早再来吧。”

次日清晨，他顶着雾气，匆匆忙忙地来了，拿好了厘吨，同时也不忘记带上一个人。带来的那个人躲在门边，耳朵紧紧贴着门缝，眼睛死死地盯着屋子里的一举一动，手里拿着一捆又粗又大的绳子。他礼貌地打了个招呼，就催促着：“早上好！我今天带来了厘吨，快把它（鸦片）拿出来。”权叔听到是他来了，就连忙拿着鸦片从屋里走出来。权叔刚把鸦片放到厘吨上，门外的那个人就急忙拿着绳子冲了进来，迅速绑住了权叔，然后押运往村口的大榕树下，绑在一条木桩上。村民纷纷问道：“阿权，你怎么啦？”“阿权，你没事吧？”权叔在村子是出了名的好脾气，平易近人。尽管他胆子不大，人也比较怕事，但是此时此刻他非常淡定地说：“没事，没事。”

后来权叔被押送到长塘村下巷祠堂后面的小屋子里，与其说是小屋子，不如说是监狱，因为当时那个地方是专门用来关犯人的。几天后，亲戚告诉已嫁到这村的奶奶：“阿好，你去买一张席子给阿权，不要让他就这样睡在地板上。”“什么事啊？”奶奶非常着急地问道。亲戚详细地回答：“没什么，只是你爷爷留下的那个鸦片惹的祸。”顿时，奶奶一边啜泣，一边念道：“权叔啊！权叔！”接着她越哭越厉害，因为她是新媳妇，买菜做饭的事是由家婆（婆婆）来打理的，而自己如果没什么事，是不会出家门的，更不用说去市场了。她正苦恼着不知道去哪买席子，突然想起了村口好像有一家杂货铺。她用衣服抹干了眼泪后，连洗脸都顾不上，就飞快地往杂货铺跑去。

正当奶奶买好席子从杂货铺出来，刚好又遇到那个亲戚，亲戚气喘吁吁地跑来告诉她：“不……不用了，阿权被转押送到东莞（城区中心的地方）去了。”她抱着席子，发了疯似的向大马路狂奔，希望能见权叔一面，可惜车早已开走了。她只好抱着刚买的席子失魂落魄、泪流满面地回家了。

牢狱艰苦

权叔被押送到东莞后，过的简直是非人的生活。

奶奶望了眼荔枝树，回过头来说：“权叔脱困后曾经对我们介绍过当时关他的木笼。他说刚一到那儿，就被人赶入那个仅有 0.5 立方米的木笼，一个成年人在里面只能够蜷缩着身体，弯曲着膝盖，下巴顶着膝盖，木笼还是‘长刺’的，刺得人疼痛难忍；更不可思议的是吃喝拉撒都在木笼里进行，那是一个特制、‘精致’的木笼。”大家可能认为除了环境恶劣了一些，这样子坐着也没有什么大问题。不错，一个小时是没问题，一天也是没问题，但是半个月，甚至是一个月都必须这样蜷缩着身体来坐，那又会是怎么样呢?

奶奶揉了揉眼睛，再次说道：“一个多月过去后，一次偶然的特赦机会，可以放一些人出去劳动。他双手紧合，心中默念：菩萨保佑，保佑一定要念到我的名字啊！可以出去劳动，起码不至于会屈死在木笼里面；能出去劳动就一定会有生存的机会。保佑啊！保佑啊！真的就这么幸运，念到了他的名字。打开笼门的那一刻，他真是欣喜若狂。当他一点一点、小心翼翼地爬出来时，连简单的站立都成问题。因为长时间地蜷缩着身体，肌肉逐渐开始萎缩，他的膝盖明显地突了出来，小腿比大腿还要粗，整个人瘦得只是皮包住骨头罢了，皮肤毫无弹性可言，眼睛充满了一条条血丝，变得混浊，一点精神也没有，皱纹爬满了他的眼角、额头，脸皮开始有些下垂，有点像沙皮狗。他所经历的沧桑毫无保留地刻在了他的脸上。”

非常幸运的是，所谓的劳动只是拿着锄头到打靶场里锄了几下地，那个看管的人就说：“你们可以走了。”这是一句多么普通的话呀，却可以拯救多少人的生命，令多少人重新获得自由，让多少人可以与家人相聚。

终于，权叔重新回到了家中。

“土改”岁月，奶奶和她的一家经历了太多的磨难。在当时的中国，这只是一个小小的缩影。“阶级斗争”的扩大化，让许多家庭受到影响，被迫害这段荒唐的岁月，已经离奶奶远去了，然而伤痕依然存在。奶奶说，希望永远不再有“批斗”，永远不再被迫害。我相信，讲民主与法制的中国，这种事情不会再发生了。

146 号之死

冯羿凯/无锡市大桥实验学校　　**邱亮**/指导老师

（为保护当事人信息，本文出现人名皆为化名）

“既然这是个阶级社会，就应当有人当贱民，我和老伴落到今天这个境地，这叫万劫不复，何必抱怨呢……”还未说完，他便闭上了眼睛……

他们来了

1957 年，兴凯湖劳动农场。

那年 12 月，全国各地的大批“右派”就一拨一拨地到了。“右派”是个啥玩意儿？在那个年代没多少人能够说清。给人的感觉就像是国家跟文化人有了仇，文化越高仇越大，好像是一声枪响，文化人都落入了早就为他们准备好的万丈深渊……

劳动农场本来关押着一批刑事犯，偷抢嫖赌、吃喝玩乐他们样样精通。管教干部平时总是看刑事犯不顺眼，说他们是败类、人渣。自打右派们来了，刑事犯们就兴奋了，任命的班组长都是刑事犯，没文化的管着有文化的，总算不是最卑贱的了。不过话又说回来，在那种鸟不生蛋的地方，文化人屁用都没有，一个个细胳膊细腿儿的，戴个眼镜，干起活来连女人都不如。

当然这还不算，劳动队就数他们“右派”事儿最多，别看干活儿不行，打小报告的可不少，一写就是20来张纸，把自己和别人骂得王八蛋不如，开起批斗会一个比一个积极，看得刑事犯们一愣一愣的。唉！谁叫他们比咱有文化呢，谁不想表现得好一点从而得到宽大处理呢？

东北的天有如无辜人的心，越来越冷，越来越暗……

文化人里的斗士

“老张！去把146号那条老‘米虫’给老子叫进来，我就不信了，当了走资派的人还能这么嚣张，快去快去！”管教部干部刚吃完早饭就在那里嚷嚷。“知道啦！”助手附和着。在那个混乱的年代，党的忠诚干部们都称右派们为“米虫”，意思很明了：坐享其成、没有价值的人渣、老混蛋。说老实话，管教部门的人顶看不起这些文化人，被捕前还义正词严地为自己的思想、观点辩护，为他们所谓的“真民主”张目，到了这儿一个个低三下四，温顺得像条和气的狗似的。管教干部前些年土地改革的时候亲手毙了几个地主，觉得心里畅快得很，此时他正咬着牙想，为什么不能直接毙了这帮“右派”犯人。

文化人里也有坚强勇敢的人，146号就算是个斗士。“右派”队200来号人，拒不低头认罪的只有七个，他就算一个。他叫刘墨吟，自从进劳改队就不承认自己有罪，对指导员说，他到死都不会向他们低头，更不会为了保全自己陷害他人。管教干部当即就给他扣上了“死不悔改的大右派”的帽子，一顿毒打以后派人把他抬了出去。说也奇怪，几次三番，三番几次，管教部的人找老先生谈话，他都是那“四不”：不承认有罪、不低三下四、不落井下石，并且表示永远不改变自己的观点。老先生那股子倔劲儿连管教干部都佩服。就为这，刘老先生受到了非人的待遇，大会批小会斗，干活定额加倍，不许与外界联系，老先生一句软话没说，旁人倒是看得心惊肉跳。

刘墨吟老先生毕业于燕京大学，早年参加过著名的“一二·九”运动，是民盟成员。新中国成立后一直担任某大学历史系教授兼地方人大代表，因为在1957年闹得轰轰烈烈的反右运动中说了几句公道话，被定性为“反对无产阶级专政、反对民主集中制”，二话不说就被捕了。老伴也是知识分子，毕业于金陵女子大学，自愿追随丈夫一起来到了劳动农场，两个人在不同的分区，管教干部特意将他们俩分开。老太太天天以泪洗面，繁重的农活和饥饿摧残着她的身体，再加上对丈夫的思念，老太太在1959年年底撒手人寰。刘老先生闻讯没说什么，默默地低着头干自己的活……命运的不公也许让他麻木了……

“不投降就让他灭亡”

队上的口粮的确是不多，仅能勉强维持每个人的身体机能。

正当大家盘算着靠这点粮食能熬一天是一天的时候，时间的车轮慢慢碾过1960年，这片古老的土地陷入了饥荒的恐怖。队里那二两粮食说老实话也就只能塞塞牙缝，别说干活，就算是躺着也够呛。“右派”们和刑事犯都晓得这个道理，所以干活的时候大嗓门一个赛过一个，手上的劲却一个小过一个。那些互相打小报告的“右派”也不干了，打了两年小报告，他们总算知道自己在这里不算是个人，你表现再好也没人把你放在眼里。就这么点粮食，干农活把体力搭进去，犯不着晚上再把脑力搭进去，上上策还是节省体力，能活一天……唉……就是一天吧。管教干部对此也故意睁一只眼闭一只眼，他们也饿着呢，去他的国家政策，你得先让老子们吃饱饭才行。

可是刘老先生不一样，对于他这种“死不悔改的大右派”、“党和国家以及人民的大敌人”，管教部也没办法，当然不能给他喘气的机会。二两粮食不白给你，你得给我干活。别人少干的你要补上，而且要加倍地补，谁让你反对国家和人民呢。刘老先生本就不是偷奸耍滑的人，该怎么干活还是怎么干活，尽管活干得不怎么样，可也真不惜力，你要让他躺倒装死，比杀了他还让他难受。旁人都劝他别犯傻，管教干部在欺负他呢。刘先生笑笑：“这活总得有人干啊，这两年承蒙大家的关心，老朽才活到今日，应当感激！”说完便谁也不理独自干活去了。旁人咂舌，天底下还真有这样实在的人。

工友们看不过，去为老先生求情，管教干部眼睛都没睁，用鼻子哼了一下：“你们为 146 号求情？我就一句话，阶级敌人不投降就让他灭亡，你们也想死？”工友们无奈，只好纷纷离开办公室。

六月的雪

艰难、困苦、饥饿和寒冷摧残着每一个人的身体和心灵，眼看着刘老先生的身体一天不如一天，脚浮肿得连鞋都穿不上，走道儿就像踩着一堆棉花。工友们心里和明镜似的：老爷子没几天活头了。他们来到刘老先生身旁：“老爷子，说句您不爱听的话，您可快不行啦，看都肿成啥样了……您的家里还有什么亲人没有？要不要我们帮您带个信？”

老先生凄然地笑了：“呵呵，我有个老伴，当时和我一起下放到这个农场，不在同一个分区，听说去年过世了。”大伙心里挺不是滋味。“我还有个儿子，在南京军区当兵，现在也失去了联系……唉，你们……算了，你们的好意我心领了。人嘛，从哪儿来到哪儿去，都有定数，生者如过客，死者如归人，赤条条来，赤条条去，人生应该坦坦荡荡。活到这把岁数，也知足了……”大伙儿听着，又想起自己那不公的命运，纷纷流下了辛酸的眼泪。两个六尺高的汉子愣是哭成一团。一时间，茅屋里只有哭声。

老先生迟疑了一会儿，闭上眼睛，用一种奇怪的语气打破了这可怕的寂静。这语气里，有不解、有悲哀，也有一种不太清晰的愤怒：“既然这是个阶级社会，就应当有人当贱民，我和老伴落到今天这个境地，这叫万劫不复，何必抱怨呢……”还未说完，他便闭上了眼睛……

大伙估计得没错，1960 年 6 月，刘老先生去世了。他走的时候很安详。大伙儿用草席把老先生裹了起来，草草埋了，大家眼里都含着泪。管教部门闻讯，赶走了坟头上的人，轻蔑地说了句：“这种渣滓、人民的叛徒还用得着埋吗？”说完便回到办公室，泡了杯茶叶末子，认真地读起了“毛选”……

活在当下

据 1978 年“右派”平反过程中的统计，在 1957 年的“反右运动”和 1958 年的“反右补课”中，全中国抓出 55 万名“右派”。接下来的将近 20 年，中国又淹没在“赤色的海洋”中，陷入了可怕的“文革”危机。没有知识分子的社会无疑将被历史淘汰……好在多年以后，我们党终于意识到这场运动与“文革”运动错误的严重性，及时拨乱反正，使国家和社会走上了民主与法治并进的正轨。

随着时光的流逝，这件在当时看来不起眼的小事终于淹没在历史的长河中，再也无人提起。也许现在提起刘墨吟这个名字没人会记得，我之前也没听说过。直到有一天从外公那里听到这个故事，不怕人笑话，听完我就流泪了。像刘老先生这样的知识分子应该在一个民主自由的环境中好好做学问，并且一定会在他所擅长的领域取得不菲的成就。可是他没有这个机会，他倒在了疯狂的政治运动中，倒在了自己的同胞手里。活在当下，我们是不是应该好好反思历史，不再让这种近乎疯狂的悲剧再次上演呢?

后　记

外公是军队退休干部，1957 年他刚入伍三年，正值意气风发的年纪。1957 年的“反右运动”使得大批知识分子与民主人士纷纷落马，被押送到各个劳动农场进行劳改。外公所在的部队派遣了一批战士一同前往兴凯湖劳动农场协助当地管教人员开展工作，外公就是其中之一。那年月，“右派”是什么还真的没多少人清楚，用现在的话讲，很多“右派”都是被“炒作”起来的。反正只要是有文化，为人直来直去不喜欢隐瞒观点的，那就是“右派”无疑了。

兴凯湖劳动农场是北京市公安局管辖的一个最偏远和最辽阔的劳改农场，于 1955 年建场，位于我国黑龙江省。东北的冬天零下 30 几摄氏度，连当兵的人见了这种天都要抖上三抖，更别说那些平日里生活安逸的知识分子了。照外公的话说，“右派”们身上的衣服很快就因为繁重的劳动而磨破，严重的冻疮是家常便饭，经常有人冻死，那景象真是惨不忍睹。

外公说这些“右派”里有一个人至今令他印象深刻，是一个五六十岁的老人，蓄着长长的胡须，戴个圆圆的黑眼镜，有人还以为他是以前的私塾先生。虽为阶下囚，但整天吃饭、做事乃至走路都保持着一种贵族式的高傲，每天独来独往，不跟身边的任何人多说一句话。有一天，外公在他干活儿的时候走上前和老先生聊天。老先生说自己姓周，和老伴都是大学教授，不知为什么就到这儿来了……外公越听越迷糊，这不像是个坏蛋啊，不是坏蛋那就是诬陷了好人。这时周老先生说了一句让外公终生难忘的话：“既然这是个阶级社会，就应当有人当贱民，我和老伴都是贱民了，这叫万劫不复……”没过两年，老先生就病死了。

也许你已经看出来了，周老先生就是146号的原型。我想，以第三人称叙述这整件事更像是在讲述一个故事，能够给人以最真实的内心感受，而不是平淡无味地揭露一段历史。并且，出于保护当事人的想法，我在文中用了化名。

我写这篇文章，不是为了批判某个人、某项政策。说句老实话，我不太喜欢“批判”这个词。群众和干部的盲目性是时代与政策的错误性所造就的，也就是说，历史的发展有一个必然的阶段，犯下这些错误也是不可避免的，问题就在于我们应当怎样面对历史中的错误以及今后怎样避免这样的错误。我听说80年代国家给相当一批“右派”平反了，但为时已晚，许多无辜人的命运就这样被残酷地改变了。他们的梦想、他们有生之年希望自己达成的愿望只能靠后辈来实现，这是多么令人痛心的事啊！然而还有一批人，国家就此不提，没有经济上的补偿，更没有精神上的安慰，仅仅是让他们回归正常人的行列。我想，“捂”总是行不通的，一个国家若是想要强大，必须直面自己的错误。

个体的命运总是和时代的命运紧密相连的。在那个颠倒黑白的年代，稍有良知的知识分子都是无法独善其身的。周老先生只是他们中的一员。苦难虽已成为过往，但不能被遗忘。90后的我们有义务去做个真实的记录者，记住上代人和我们的国家所付出的沉重代价，只为“146号式”的悲剧永远不再重演！

改革浪潮中的爷爷

袁楚政/东莞市第二高级中学　　**罗少华**/指导老师

小时候，我常与爷爷下象棋，我名字中有楚字，自比项羽，爷爷的名字中有汉字，经常被我认为是刘邦。知道他那一段奋斗事业之后，在我心目中，他与刘邦的形象更加神似了。他有谋略，有远见，做事谨慎。

第一章

1962 年，爷爷从东莞中学初中毕业。刚刚毕业的爷爷站在学校门口思考着未来。他拒绝上高中，原因是他在初二时已经对繁荣的香港有着美好的憧憬。在那个“教育要与劳动生产相结合”的时代，他想尽早进入社会，大展拳脚。

几个月前，他曾与几个小伙伴相约偷渡去香港。那天晚上，由于母亲没有叫醒他，伙伴们只好弃他而去。其实爷爷也明白他母亲的苦衷，家里五个儿子，一个在外当兵，两个已经偷渡到香港去了，而爷爷是唯一的劳动力。如果他也走了，弟弟和母亲就没有人照顾了。

爷爷托在食品公司工作的姐姐帮忙找到了一份工作。由于当时食品公司的油鸭站正好缺人，爷爷顺利地进入了公司当临时工。爷爷觉

爷爷在林场

得在这里工作待遇好，希望转正，但事与愿违，由于户籍问题，他只好在合同期满后回到村里。

我们这房人在温塘有个好声名，而且爷爷读书成绩优异，写得一手好文章，待人和善，大队部把他安排到林场去。当时东莞只有五六个林场，我们村里是其中一个。林场工作量不大，是技术活，工分高，不但为爷爷带来较好的生活条件，而且为他日后开办农场奠定了基础。

第二章

1976 年春节刚过，东莞糖酒公司组织各大林场去黑龙江买奶牛，有意愿的大队将组织一同前往。那时爷爷是林场的饲养员，随场长一起去了黑龙江。

这是他第一次出远门，路过北京，亲眼看到他梦寐以求的天安门。天安门在人民心中是无比崇高的，对每个中国人来说这就等于是去朝圣。

爷爷那个采购团里，不知谁听到消息说天安门的人民英雄纪念碑有人献花纪念周总理，可爷爷是那种谨慎的人，他先是踌躇了一下，出于对周总理的敬意和缅怀还是答应了，并约定在4月6日早上前往。

4月5日晚，那个最初提出去天安门的团员匆匆忙忙地跑进来并把门关上。他压低了声音说："天安门出事了，计划要取消！"大家一听都躁动起来了。后来才知道，是群众对于警察搬动花朵不满，双方引起了冲突。

6日，天安门开始戒严，五步一哨十步一岗。等事件平息后，爷爷也参观完天安门了，提心吊胆地离开了北京。

这件事在爷爷的一生中是难以抹去的，"文化大革命"对人的压抑和摧残，让每个人都屏住呼吸。身为那时代的一分子，难免为自己的处境感到不安。一方面，群众借这件事表达不满，另一方面，也为后来粉碎四人帮奠定了群众基础。这一次虽然有惊无险，但是爷爷似乎在这件事中嗅到中国的新气息。果然，10月"四人帮"就被推翻了。

1976年　爷爷在北京

1976 年是转折之年，是被民间神化得最厉害的一年。朱德、周总理、毛主席相继逝世，唐山大地震、东北陨石雨，验证了中国人一句话“祸，福之所依”。

第三章

爷爷责任心强，业绩优良，被调到毛织厂当出口报关员。当时的毛织厂多生产香港的衣服，而爷爷的工作是把货物运送到深圳文锦道交给海关。这里是离爷爷梦想最近的地方。

1979 年秋，爷爷从深圳回来听到一个消息：东莞有个体户了。那时风气始开，大家都不敢抢先吃这只“螃蟹”。爷爷当晚就和奶奶讨论，让奶奶辞去老师的工作，帮忙一起开商店，奶奶起初很担心，但是听说是自己工资好几倍，也就同意了。第二天，爷爷就去领了个体户的执照，商店就此开业了。

当时，爷爷在深圳，看到文锦道附近聚集了成百上千的走水客，他们手上有着从香港走私的香烟、洋酒、牛奶和药酒，物美价廉。爷爷把货物运到海关后载一些回来，就开了我们村的第一家港货店。

爷爷自豪地告诉我，他是全区的第二家个体户。经过“文革”十年的压抑，爷爷这一代人通过自己的能力和才华，终于获得新生活。

第四章

1983 年，爷爷的杂货店开得如火如荼，顾客络绎不绝。爷爷凭借销路对、需求紧缺两大优势成为我们村最早的万元户。

后来，爷爷三哥的一封来信打破了这种幸福与宁静。三哥早已偷渡去香港，在香港从事蔬菜贸易，有着丰富的经验以及广阔的人脉，但三哥和供应商的合约到期，由于价格问题续约失败。三哥思前想后，找到了一条如今三星公司极度推崇的方法——产业链整合。三哥纵向整合，开辟了一条从源头到货架的产业链，降低成本，提高竞争力。香港寸土寸金，三哥希望得到爷爷的帮忙，利用村里廉价的劳动力和土地，让自己的产业越做越大。

那一夜，爷爷和奶奶没有合眼，这次爷爷并不像当个体户那样坚定，开农场可是需要本钱的，万一失败了，可能破产。但这是百年难得的好机会，他不想错过。爷爷的顾忌让他坐立不安，但是他的远见和胆识又一次让他坚信自己一定能办好，创造出一片新天地。

爷爷给三哥回了信答应帮忙。当时农业政策是家庭联产承包责任制。爷爷一天之内走遍全村，劝好友和干部们入股；向个人租地，到大队部报告。功夫不负有心人，爷爷招了十个人入股，他们之后成了农场的元老。接着，爷爷以公司的名义向农村信用社贷款，农场项目终于正常启动。

之前十多年来林场的磨炼，让爷爷成为农业能手。据奶奶回忆，他早出晚归，把农场看得比生命还重要，恨不得把家搬到田里。大家生产积极性高，按照一年12石谷的租金，一亩地纯利润一千多元。农场有二三百亩地，一年纯利润高达30万。

爷爷说，那是他们有生以来见过的最大笔钱，分红的时候大家手都颤抖了。从此，股东们就更相信爷爷的实力了。爷爷告诉我，这一刻不是钱让他更自信，而是尊重，别人肯定的眼神让他从此更加坚定，并迈向成功。

爷爷在开辟农场时，有一个被股东们广为传颂的雅号——“开荒牛”。当我提起时，爷爷也就不由自主地点了点头，嘴角上扬，掠过一丝笑容。他似乎很喜欢这个称号，他并不认为开荒是一种苦，那是他常常静静回忆的一壶美酒。

经过一年的努力，信用社的贷款基本还清，扩大再生产成为每一个股东的愿望。这是自信，是对光明前途的期盼。不久，爷爷带着那一份期盼来到了深圳。我请教爷爷，为什么第二个农场建在深圳呢？爷爷说，深圳离香港近，可以减少从村里到通商口岸的运输费，而且当地人迫于生计，大部分已经偷渡到香港，土地也成为无主荒地。这样一来，低运输费，低地价，让爷爷如获至宝。公司需要资本，爷爷就用股权换资金，从最初的十多个股东到最高峰40多个股东，还从银行先后贷款300多万。随着深圳农场开张，和接下来在塘尾、玉立、甲子塘等八个农场的开张，爷爷作为公司法人代表，手上掌握一万多亩土地，以及100多名员工。那是爷爷事业的第一个高峰。

五年来，爷爷辗转于八个农场，把公司拉上了正轨。由于成本低，负责销售的三哥不愁没有销路。爷爷当时没回过神来，他觉得这一切来得太快了，从集资、生产到做大不过五年时间。他有着一种危机感，感觉到这可能是暴风来临之前的平静。不久，一场狂风暴雨真的来临——合同很快就要到期了，随着农场所在地的开发，政府拒绝续约，同时随着同行竞争的出现、市场体制的完善以及配额不够，爷爷的生意从高峰坠下。他一下子被压得喘不过气，只能深深地反思自己的不足，像狮子一样舔干净伤口，继续战斗。

几个月里，爷爷都在策划新的项目，但急功不能近利。有一天，他和林场的几个朋友吃饭，突然间想起来林场后面的湖……

第五章

当年爷爷还在林场当饲养员，农闲时候经常到湖边闲逛，那里湖光山色，一个新的计划在爷爷心中升起。爷爷找来那些在农场的元老，商讨这个计划。元老们与爷爷有着充分的互信，这次会议很成功，顺利集资过后新公司又成立了。

其实爷爷承担的压力更大了。他告诉我，在湖边建设度假村的计划启动资金大，大家都没有经验，害怕没有顾客。

当时，度假村在外国很流行，聚餐饮、娱乐于一身。爷爷只是希望把自己的想法本土化。接着他想起一个人——他的二哥。

二哥早年在卖蔬菜，后来转行开茶楼，对饮食业颇有经验。爷爷把计划告诉了二哥。二哥早年也想投资大陆，但找不到机会，听了爷爷的计划后立即拍案叫好。二哥负责香港方面集资，爷爷负责当地的筹办，他们和港资成立合营公司，双方各占 50% 的股份。不久后基建动工，画舫、KTV、游乐场、酒店、射击场逐渐出现在这美丽的湖边。

由于新奇，以及 90 年代人民生活水平的提高，爷爷的度假村生意兴隆。爷爷成功东山再起。

第六章

“三来一补”政策（来料加工、来样加工、来件装配和补偿贸易，是中国大陆在改革开放初期尝试性地创立的一种企业贸易形式）成功实施，东莞成了有名的纺织加工贸易基地，太平手袋厂是那个年代的标杆。南中国的成功，吸引了不少中央领导前来调研。

那时候，领导说李鹏总理要来东莞，要求各镇街提交考察项目，让中央安排路线。附城区领导陷入了沉思，附城区在当时相对落后，没有什么突出的优势。曾经来度假村吃过饭的一名领导建议把度假村项目送上去，项目顺利通过了审批。等待了好些天的爷爷，心里的石头终于放了下来，决定好好布置，把接待活动安排得妥妥帖帖。

那一天，度假村封了场，李鹏总理的车队开进会场。按照规定，爷爷不能直接见到李总理，只能在家干等着，祈求现场不要出错。

他后来跟我说，这一次的接待工作让他有了更深的体会——期待与现实并不一致。不到一小时，他接到电话说总理的车队离开了，赶忙问：“度假村那么大，就参观完了？”对方说：“总理日理万机，在我们生活区逛了一圈就走了。”他本以为这一次接待会很大规模，有点失落。

他告诉我，现实其实是很奇特的东西，你越想逃避，就越喘不过气来。爷爷一路走来，大起大落，什么状况都见过。他们那一代人心中充满的不单单是热血，更是脱离穷苦的冲劲。他们看到改革开放，就好像在黑暗中看到一丝丝亮光。他们只有坚强才能熬下去并走向富裕。

爷爷说，很多国家、省部级官员都来过度假村，连新上任的江主席也来了。

我很佩服爷爷的淡定与从容，他有那种在大风大雨中依旧正襟危坐的魄力。这说起来容易，做起来却很难。

如果把度假村比作爬山，90 年代初是爬坡期，公司快速发展。而总理和主席的考察，让度假村声名在外，华侨同胞和很多市民慕名而来，度假村的风头一时无两。

爷爷是一个优秀的创业家，但不是一个优秀的实业家。这一次爷爷还是躲不过高峰之后的危机。90 年代后期，二哥走了，港资部分数易其主，资金链出现了严重问题。借贷利率从最初的六厘升到十厘，最高峰达到让人窒息的 12 厘。爷爷勉强还了利息，不得不把度假村承包给他人，这样才勉强维持了公司的运营。他认为单凭借魄力还不能成功，就好像学习，勤劳的总是比不上方法对的，而他就是那个缺少方法的人。

爷爷的度假村自从出了名，同行竞争更加激烈，营销策略的落伍以及缺乏前瞻性战略眼光使得公司运营更加困难。爷爷说："打江山易，坐江山难。"如果想要创业，一定要多读书，爷爷说他就是读书少了。

21 世纪初，债务问题一波未平一波又起，爷爷心有余而力不足，承认岁月不饶人。公司有一些与自己同甘共苦的兄弟熬出了一身病痛。爷爷萌生退休的念头。

对着夕阳仰天长啸，一句"廉颇老矣，尚能饭否"让爷爷慢慢接受了事实。几个月后，爷爷找到了一名企业家接手，以 1000 多万的价格把度假村卖掉。他还了债，安心地退休了。

爷爷说，难得有现在的光景。没有 700 万的债务，真的一身轻。前些年，在公司累出来的病痛，这几年坚持晨运、种花，都治好了。

他总感叹夕阳无限好，却有一个心病——没能让跟随自己打拼多年的兄弟过上富裕生活。这是他至今都没有放下的枷锁。

家书串联的征途

张敏男/山东师范大学附属中学　　**田雪莲**/指导老师

第一封家书：没有寄出的家书

“爸妈，我已经到了格尔木，一切都安顿好了，你们不用担心我。家里的一切都好吧，走的时候四妹刚学会说话，还没听她叫声哥。代我向大家问好。”落款是 1961 年 11 月 5 日，是姥爷到青海省格尔木市当汽车兵的那一年。这封短短的家书被姥爷锁在木质匣子的最下面，这也是这么多信中唯一一封没有寄出去的。从此，这一封封饱含深情的家书成了雪域高原上最温暖人心的火苗。

好男儿当兵援藏离家乡

1961 年，正值我国三年自然灾害时期，刚刚萌出枝丫的新中国遭遇了一次浩劫。此时，在陕西省大荔县，新中国成立后规模宏大、人数最多、条件最艰苦的一场征兵工作正在如火如荼地展开。这次征兵工作，主要是为了援助西藏、青海等高寒地区。

陕西省，这个自古以来历代王朝都在此建都的风水宝地，有着得天独厚的优质资源，养育了一代又一代的王侯将相，受自然灾害影响导致贫困的状况相对较轻。

我的姥爷——张学智就在此出生，并且在这次征兵中，他顺利地通过了一系列考核，成为一名军人。一人当兵，全家光荣。姥爷当兵的消息很快就传遍全村。当时姥爷只有 18 岁。可他心中牵挂的却是一大家子弟弟妹妹，作为家中的长子，他这一走无疑是让家中缺少了一个壮劳力。但他的父亲，也就是我的曾外祖父还是很支持他当兵。终于，姥爷为了新中国的建设，离开了家乡，来到青海省格尔木市，成为一名光荣的汽车兵。与他一同前往的基本上都是陕西老乡，但其中也不乏来自湖南、广东等南方地区的战友，他们为了同一个援助青海的目标，开始了当兵生涯。

到了青海以后，由于记挂家人，姥爷开始用家书的方式与家人进行沟通，第一封家书由于种种原因没有寄出去，就保留在了姥爷手中。它成为那个年代最珍贵的记忆。

环境恶劣铸就铁血真男人

“智娃，你寄来的信我已经收到了，我也不识字，只好让邻居代写，家里一切都好，你在那儿照顾好自己就行，听说格尔木很冷，出门多穿点儿。”这是所有回信中最早的一封，时间是 1963 年 5 月 23 日，想必一定是姥爷把第二封信寄出之后，内容也跟第一封差不多。大字不识的曾外祖父做梦也不会知道他的儿子去了一个条件多么艰苦的地方，只能在脑海中勾勒一个蓝本。

事实上，1961 年的青海，真正是个人迹罕至、万物枯败的不毛之地，姥爷跟着军队来到这里后，没来得及休息就开始了紧张的训练任务。平均零下 20 多摄氏度的气温，已经不是出门多穿点儿就可以的问题。天空中经常是太阳高挂却飘着鹅毛大雪，地上都是常年不化的积雪。军人们穿着厚厚的大棉裤依然无法抵御刺骨的寒风。训练时，在外面一站就是五六个小时，腿都冻得青迹斑斑，已经没有了知觉；吃饭时，原本热乎乎的馒头米饭一端出来就成了冰疙瘩，战士们只好舀一勺冰米饭，再进去舀一勺热菜浇在上面吃，菜也只是白菜、土豆这些，那滋味真是难以下咽。部队上的供应不充足时，姥爷和他的战友们只好自己开垦荒地种粮食。长达 17 年的高原生活，姥爷回忆起来也是满满酸楚。他在叙述这段训练的故事时，时常望着屋顶的天花板发呆，泪水在他的眼眶中不停地打转，但最终都被这个经历艰难困苦磨炼的铁血真男人给忍了回去。此刻，我心中好像也被什么东西给揪了一下，硬生生地疼。

这些艰苦的经历想必一定没有在家书中出现过，因为 1964 年 3 月的一封家书中这样写道：“智娃，看见你说训练任务一切都好我也就放心了，家中的情况好些了，你二弟也能下地干活了……”看到这些宽慰人的字眼，姥爷在高原上的心情也就轻松了许多。

执行任务艰难险阻困境重重

“智娃，你最近一切都好吗？村里的一切手续也都办好了，过两天你媳妇就要去找你了，家里一切都好，不用惦记我们。”这是 1967 年发生的故事。姥姥在这一年来到格尔木随军，被安排在部队上一个副食店当售货员。

姥爷的新兵训练于 1964 年结束，从那以后他就开始为西藏地区运送物资。每一次执行任务车队都要去大半个月，每天蓬头垢面，夜以继日地奔向祖国的西大门。他们都是用刚刚融化的雪水当作饮用水，随身的干粮吃完了只好用雪充饥，碰上休息站还好，碰不上就要在车里过夜。最艰险的一次任务要属翻越5700米的唐古拉山，那时还没有修好道路，山路弯弯曲曲，汽车只能在湿滑的石头上前行，不到四米宽的小路只允许一辆卡车慢慢通过，这就极其考验驾驶员的技术和经验。姥爷那次驾驶的恰好是头车，本来就十分紧张又被老天爷弄得差点崩溃——天空阴沉沉的，马上就要下大雨，那样路就会更加湿滑，一不小心车就会翻下山谷。姥爷的头上冒出了豆粒大的汗珠，两手紧紧地握着方向盘，他知道，如果他不快点儿走，那么后面的车就有可能冒雨过山，那样风险实在太大了。于是，他一脚油门踩下去，方向盘死死地回打，这可把同车的战友吓得不轻，他也不敢说话，只是用手牢牢抓住车门，用信任的目光盯着姥爷给他力量。幸好有姥爷的快速驾车，车队终于在下雨前全部通过了唐古拉山，没有造成损失。

任务结束回到青海以后，他没有向任何人提起这段经历。在家待了一个星期左右，就又开始下一个任务。1969年我的妈妈出生了，1972年，我的舅舅也出生了。这些喜悦时刻都未能与家人分享的姥爷，依旧奔波在执行任务的途中。

工作如此繁忙的姥爷，根本没有时间去照顾孩子。那年舅舅只有四岁，高原上频频开始刮沙尘暴，而且是黑色的沙土，有时能把房顶掀起来。那天沙尘暴来临时，姥姥去上班了，姥爷为了去看营队的设施，把舅舅一个人扔在外面。舅舅无处躲藏，只好躲在柴火堆下，黑色的沙尘暴呼啸而来把所有人都吓呆了，沙尘暴过后，到处都找不到舅舅，姥姥差点儿崩溃，一个劲儿地责怪姥爷，幸好最后在柴火堆下发现他，要不然姥爷也会自责一辈子。

“智娃，让焕娃（我姥姥）带着两个孩子回来吧，你工作忙，没有时间照顾他们。家里现在宽裕了，他们回来过得能更好些。”1977年，曾外祖父来信让姥姥和妈妈、舅舅回陕西老家，还没来得及考虑的姥爷，就被紧急调去了山东。

定居山东却依旧路漫漫

1978 年，姥爷所在的汽车 5 营和 6 营被紧急调往山东省军区，都还没有来得及给老家人说一声，从大西北高原到华北平原，姥爷一家新的生活就这样开始了。

姥爷先是被安排在泰安，两年后部队在济南安顿下来。

“智娃，你在济南安顿下来就好了，听你说工作不会再东奔西跑，能安定一点儿就好了，好好照顾孩子。家里一切都好，不用惦记。”1982 年，曾外祖父给济南寄的第一封信这样写道。到了济南，姥爷成为汽车营的营长，当然，再也没有了像唐古拉山那样的惊险任务，但东奔西跑这个词用在姥爷身上一点儿也不为过。山东、上海、江苏、湖南好几个省区市的奔走，开会、学习、交流的工作一点儿也没停止。姥姥被安排在灯泡厂上班，妈妈和舅舅只能是自己照顾自己。

1987 年，姥爷转业了，成为济南市历下区纪律检查委员会的书记。本来以为到了地方生活就可安定，可是已经养成了奔走性格的姥爷哪是闲得住的人。香港、澳门、泰国、新加坡，一次又一次的出发已经成了家常便饭。后来，姥爷又被安排到济南市历下区房屋管理局任党委书记。

“智娃，家里安了电话了，这是给你写的最后一封信了，你转业了，就要好好工作，为国家出力。现在家里富裕了，你弟弟妹妹们都有个工作，我和你妈也能歇班了，如果你有时间就多回来看看，大家都很想你。”1989 年的信，是所有家书中的最后一封，姥爷 20 多年的当兵生涯中，这来自家的温暖是他前进的动力，一次次的奔波过后，看到这令人欣慰的文字，让他觉得所有的艰苦都值得。

家书，其实是那个年代游子在外唯一的依靠。我的姥爷张学智，这个经历风霜雨雪、艰难困苦磨炼的陕西汉子，在家书的陪伴下，度过了最艰难的日子。现在科技发达了，电话、QQ、MSN 等可以让你随时看到远方亲人的面容，听到远方亲人的问候。但我们不能忘记，在那艰苦的岁月中，纸笔表达的真挚情感，是最温暖人心、最令人潸然泪下的力量。

七六记忆

——姥爷唐山抗震回忆

陈龙玄/江苏省锡山高级中学　　**张雪亚　刘强**/指导老师

1976 年 7 月 28 日，地动山摇。第二天，卡车驶上了开往唐山的路……这一个月，是汗水交织、血泪交融的 30 天。一支医疗队，在震区中穿梭，在生死中游走……

紧急待命

1976 年 7 月 28 日清晨，在辽西小城兴城的一个医院中，全院正在睡梦中。忽然一阵摇晃，持续不断，姥姥姥爷被惊醒。前几天各种异常情况的预兆成真了，是地震！匆忙之中，只见家属院中一片混乱，人们都慌忙奔向地震棚（这是一种在地震时为了避震所建的低矮棚屋），有的连衣服都来不及穿好。当时姥姥怀有五个月的身孕，跑步已多有不便，姥爷只好一起陪着待在屋子里，提心吊胆，不知道会发生什么。

幸运的是，除了稍微剧烈地摇晃，一切都安然无恙。姥姥和姥爷松了一口气。

但是事情还在继续。数小时之后，全院紧急动员。姥爷匆匆忙忙赶向部队的集合地点。集合过程中，又是一阵摇晃袭来，程度大大轻于昨晚，却让大家又着实紧张了一把。姥爷说，在那次摇晃之后，他就明白是要去救灾了，但是目的地还是不清晰。这也难怪，就连北京也是在六点多才得知唐山地震的消息的。不过，不管怎样，救灾是一定的了，于是一个简单的动员会随后进行。会后，基建工程兵 201 师 810 医院抗震救灾医疗队成立。全院也随即进入紧急准备（当时叫战备待命）状态，大量的医疗物资被搬上了卡车。一场特殊的“战斗”，摆在了这些从来没有紧急出动过的年轻军医们面前。

出发路上

29 日凌晨，在一个紧急准备的不眠夜后，载着医疗队的卡车驶上了前往唐山的路，一个月在生死前线游走的历程自此开启。

离唐山越来越近，姥爷也越来越忐忑，毕竟作为工程兵医院的医生，并不是真正的战地军医，这种接近战备等级的出动也是第一次。另外，怀有身孕的姥姥也让姥爷担心。不过，既然已经走上抗震救灾的路，那就不能回头。作为部队的一员，救灾命令高于一切。

去唐山的路，愈来愈难走，卡车在裂缝上颠簸，但毕竟还能走通。可是，到了滦县，麻烦来了。

远远望去，滦河水似乎刚刚平静下来，而滦县公路大桥已经在地震中塌入河中，随队的工兵紧急在滦河上搭建临时浮桥，卡车才能勉勉强强过了滦河。

“不要说桥了，就连铁路，都成麻花了。”姥爷着重强调。“天哪，这么厉害！”我惊叹。“那可是大地震啊！”姥爷补充道。

姥爷在车上晃晃荡荡，本来刚刚稳定下来的胃病有再犯之势，幸好有救急的药，才又一次好转。

除了道路艰难，愈近唐山，震后景象也愈明晰。过了滦县，随处可见的废墟，已经颇显震后惨烈的景象，哭号之声也声声入耳。听着阵阵哭声，姥爷心里也一阵阵的酸楚。而此时的医疗队成员，对于唐山的景象，心中都已经有了一个不太乐观的预计。卡车驶过开滦煤矿，看着开滦矿务局医院半塌的楼房，医疗队成员对唐山的医疗状况也有一种隐隐的悲观。“开滦的医院都已经这样了，唐山就更别提了。”姥爷的这番话，在那时可以算是对艰苦的一种预见吧。

出师苦战

五个多小时的艰难车程在颠簸中过去，唐山已在眼前。相比于唐山，路上的景象已经不算什么。虽然已经有了一定的心理准备，但景象仍然超出了姥爷的想象。整个唐山，满目疮痍，曾经的工业城市，现在已经见不到一栋完完整整的楼。而仍然立着的几栋残楼，也摇摇欲坠，苍凉无比。地上残留的地缝诉说着强震来袭时的惨烈与恐怖。电线杆与树木横卧于地，见证着 28 日凌晨大地的咆哮。此时，已有救援部队进入唐山，救援工作已经展开。时不时有满身鲜血身受重伤的被埋人员被救出，也有不幸遇难者的遗体。在卡车缓慢地前进过程中，姥爷见到扒废墟扒得满手是血的解放军战士，也见到了满地的瓦砾，伴着鲜血、死尸……一幕幕残酷的场景让第一次参加紧急救援的姥爷感到震惊。姥爷说，在众多的情形中，最让他们感伤的，就是那些或坐在或趴在地上的孩子，他们的号哭，撕心裂肺。医疗队的很多成员，都黯然神伤，默然不语，甚至有些在救灾的解放军战士也忍不住落泪。谁都知道，这样的孩子，大都是失去了几乎所有的亲人。

走过了一片又一片的废墟，扶老携幼的，拄着拐棍儿的，鲜血覆面的，都跟着卡车走。多少次卡车都想停下来，苦于空地太小，医疗

姥爷是照片左侧着白大褂者

帐篷无法撑开。

眼见到了预定地点，唐山医院已经里三层外三层被伤员包围了。“这不奇怪，当时唐山医院已经是一片废墟了，哪还有什么救治伤员的能力？那些人，看到这样，也就没办法了，只能待在那儿。”姥爷一番话，说的随意，却可见条件之差，更可见那个悲情的唐山，与那些几近绝望的灾民。

在这些伤员中，有满面鲜血的，有少了一条胳膊或一条腿的，有肠子流出来奄奄一息的。见此景象，姥爷和同行的同事心里一震，不仅是为他们感叹，更是预想到了接下来救治工作的艰难。为了这些伤员，医疗队没等简易帐篷搭好，就带着便携器械冲下车，开始紧急的包扎手术。

伤员人群不断蜂拥而至，几个人轮班倒也忙不过来，只好一起上阵，一干就是 12 小时。期间，不仅伤员不断被抬出简易医院，还时有医生因为体力不支被搀扶出来，他们头上是豆大的汗珠，双手颤抖着。这不仅是因为劳累，更是因为一种发自内心的莫名的恐惧，谁都没有见过这样的惨烈景象。

不过，患有胃病的姥爷面对这样高强度的工作却坚持了下来。说到头，还是因为姥爷太专注了。当时在唐山，为了能多救治一个病人，很多医疗队的成员在体力不支后，只是休息了一会儿就再次站上了手术台。

灾情的惨不忍睹已经是不容置疑了。鲜血与白骨，在之后几天很快就司空见惯。抱着肢体进进出出，把已经不忍再看的尸体抬出去，这些也都成了常规工作。只是，伤员实在太多，姥爷他们实在是应接不暇。当看着一个个生命在痛苦中呻吟，然后在渐渐变弱的呻吟声中逝去时，姥爷与医疗队的成员的心中是一阵阵酸痛。

意外发生

时间过去了五天（8 月 2 日），五天之中，前来接受治疗的伤员已经数以千计。姥爷说，就在这一天，意外出现——当时已经接近中午，很多医生都在着急地四处奔走，想法子解决这致命的棘手难题。如果这个情况被传出去，将会使唐山医院附近的伤员们人心不稳，大批伤员可能将不治而亡——到底怎么了？

“那可是整整大半卡车的医疗物资啊，在唐山，不到一礼拜就用完了。那伤员‘呼呼’地来啊！”时至今日在回忆这件事时，姥爷都显出惊讶的表情，但不久又恢复了平静。不过从这样的情绪转变中，还透着一种不能忘却的心痛的回忆。

医疗物资没了，这就是那个意外。短短五天，从医院带来的大半卡车的医疗物资已经消耗殆尽，这种棘手的经历也是这群军医第一次碰到。医疗队驻地附近伤员仍被救援部队源源不断地送来。另外，由于物资实在紧张，后援物资暂时调配不过来。“当时那种情况，跟在冲锋时坏了枪没什么区别。”姥爷这么说道。情况十分紧急，所以有命令下来，让医疗队尽最大努力，务必保证伤员的治疗。这让姥爷他们犯愁了，这不是难为人吗？巧妇还难为无米之炊呢！

天无绝人之路。正在为难之时，情况峰回路转。有人瞟见了医院的废墟，提出了“挖医院废墟，找医疗用品”的提议。其实，在当时，这个提议引起不小的争议，有的队员指出这太冒险了。直到最后，也只是勉强通过。“但这也是没办法中的办法啊。”回忆这一段经历时，姥爷摇摇头，说道。

就这样，整个医疗队在边挖边救人的过程中度过了医疗用品紧缺的一天半，直到后援物资到达。医疗队磕磕绊绊地迈过了这道坎，但这还远不是终点，震后余威正在一点点侵袭着唐山这座饱经磨难的城市，同时向医疗队发起进攻。

艰难坚守

地震发生在 7 月底，之后就是华北地区最热的 8 月。因此，难耐的酷暑成为救援人员的挑战。作为医护人员，姥爷他们一天工作下来，衣服都是能拧出小半盆水来，身上黏糊糊湿答答的，精疲力竭，浑身不舒服。更糟的是，在那时的唐山，水源都是很宝贵的，连喝的水都不够，更别说用来洗澡的水了。这可让在唐山的救援人员吃够了苦头。姥爷讲了一个有关洗澡的故事：一日晚上，姥爷一行人趁轮休到外面乘凉，借着光亮忽见一处亮晶晶的“水洼”。对那时渴望洗澡的几个人来说，见到这个水洼真是欣喜若狂，不管三七二十一便跳了进去，洗得还酣畅淋漓。可是第二天一看，那水洼里全是死去的动物尸体，肮脏不堪，这让姥爷他们恶心了好几天。说的时候，姥爷把它当笑话讲，可是背后的无奈与艰苦却是怎么也抹不掉的。

自一场大雨后，震后唐山就一直是高温，在医疗队到达数日后，高温导致尸体腐烂，整个城市中，到处都弥漫着硫化氢的臭味，就如同炼狱一般。在这样的日子里，随伤员一起来的，还有很多解放军战士，有的是中暑，有的甚至是被熏晕的。很多没有身体问题的战士也都来医疗队驻地索要酒精棉。一开始医疗队员还丈二和尚摸不到头脑，直到后来姥爷看见战士们把酒精棉球塞进鼻子里掩盖恶臭！就算是这样，还是有战士夹杂在伤员中被送到那几顶小小的医疗帐篷里。有生疮的，有呕吐的，有晕倒的，有硫化氢中毒的……虽然说当时有规定、有指示，让战士们做好卫生防护，但在那样的环境中，资源的调配时常出现混乱，并不如今天一样，有一整套比较完善的应急响应机制。就这样，战士们不得不空着手，甚至赤膊上阵。面对高度腐烂的尸体，很多战士只能上手去拉、去刨，再简单地包一包，便进行防疫的掩埋。而在这过程中，没有防护服，没有隔菌手套，没有高筒靴，没有救援器械，甚至连简单的口罩都没有！姥爷一行人有几次看不下去了，赶紧送去医疗队中多余的防护用具，但第二天，还是见到无数空手赤膊的战士，很多倒在医疗帐篷前的战士。

俗话说“大灾之后必有大疫”，流行病的爆发成为唐山地震灾区最大的隐患。震后五六天，医疗帐篷中开始出现危险的征兆。为了消除疫情隐患，医疗队每天在负责范围内喷洒各种混杂的药水（包括敌敌畏，幸运的话还有少量更有效果的福尔马林）。为了防止痢疾一类的疾病，整个医疗队的成员也不得不每天吞下至少 12 片黄连素。姥爷由于胃病，本来不能乱吃，但为了防止更有危害的痢疾，也只能吃下药片，只不过把量减到每天七八片。

不知不觉中，在唐山已经过了一周多的时间，震后的景象也让医疗队的成员们心中的震撼更加强烈。

十天，医疗队已经到达唐山十天。持续的高温，在这时更加显示它的威力。遇难者遗体已经高度腐烂，不仅散发出刺鼻的臭味，而且已经难于辨认。当救援战士要把遗体拉出来时，只觉得轻飘飘的，回头一看，只有一只难以看出轮廓的手被拉了出来，随后，又是一连串的碎尸……看到这一幕的人，心中总有说不出的滋味。姥爷说，他们一直不愿意面对这样的景象，但是作为医疗人员，又不得不处理遇难者遗体。所以直到他们从唐山回来，直至现在，都不愿谈及这一段经历。

唐山人民的情绪也在悄然变化。前几天，无论在哪里，都能听到此起彼伏的哭声。但是时间过去了一周多，唐山的哭声渐息。唐山人的脸上，似有平静之状，有的人认为是麻木了，其实并非如此。姥爷说，见证了太多的生命逝去，情况已经容不得唐山人哭泣了，他们只能继续生活，或者帮助幸存的邻居甚至同城的陌生人重建生活。这也就是为什么当年在唐山地震后能见到两家门上贴喜字的原因：他们在震后为了重建生活，两家联姻。在将近一个月的救援中，姥爷见到的，还有无数唐山人的自救与互助。当他们在运送伤员的时候，总有当地人凑过来，说什么也要帮着抬，拦都拦不住。“当时能让他们平安就是任务，但是人家来了，咱也不好意思太强硬地阻拦了。”姥爷最后补充了一句。

灾后回归

在唐山的工作持续了一个月。抢救伤员、消毒防疫、清理废墟、搜寻被埋人员……医疗队的成员在高强度工作中坚守了一个月。这期间，医疗队的成员经历了两重的艰难。生理上的可以克服，而这心理上的冲击却是让他们久久难忘的。作为医生，固然不可避免地要面对生死。但在这一个月中，他们所见的一次次的生离死别真的太多了，在手术台上、在救援车上、在废墟旁……当时他们心中的“地震”，绝对不亚于一个月前的那场真正的地震。但是他们仍然坚守了一个月。据医疗队统计，整个队伍在唐山，救治伤员将近1200例。他们的坚持，换来了生命，换来了希望。

离开的时候，唐山依然是一片废墟。当时姥爷既觉着松了一口气，又有些沉重，因为那些景象、那些气味、那些话语、那些哭泣，都留在了他，不，应该是所有医疗队成员的心里。

回到兴城，医院在 9 月 9 日举行了一次医疗队的会餐，算是一次庆功会餐。而次年 3 月赴京的庆功大会，以及姥爷的个人二等功，为姥爷所在的这支医疗队唐山抗震的全过程画上了句号。

图为 1977 年从北京回来时拍摄的医疗队“全家福”，姥爷为第二排左数第六个。

精彩
片段

爷爷的“右派”岁月

陈运策/广东省清远市第三中学

规定的会议时间已到，所有的教师也陆续到齐了。一个穿戴整齐、干部模样的人就出现在中央的讲台上，大声地喊道：“大家静一静！”台下的老师们这才渐渐收起了话匣子，整个会场一下子鸦雀无声。

“会议现在开始，有请黎科长（1957年的清远县并没有设教育局，学校是归县政府的一个科管理的）讲话，大家鼓掌欢迎。”伴着掌声，黎科长快步走出，站到讲台上，清了清嗓子，然后一脸严肃地说：“各位老师，最近有人检举我们教师队伍出现了很多不满现实、反对共产党的‘右派’分子。作为教师，我们自身的思想素养影响着祖国未来接班人的素质，所以我们一定要纯洁教师队伍。今天我们专门召开这个重要会议，检举自己身边的‘右派’分子。”

老师们对“右派”分子的概念并不清晰，但也知道并不是什么好事，黎科长的话一说完，台下立即骚动起来，场面有点混乱。

“安静，安静！”刚刚宣布开会的干部模样的人走上讲台，努力压制会场气氛，然后中气十足地说：“我们要发扬毛主席的批评与自我批评的作风，大家在自我检讨的同时，也要检讨别人，绝对不能徇私，徇私就是跟党对着干！”

“现在开始分组检讨！”主席台一声令下，台下就一阵骚动——

“怎么会这样？”“果然是要整顿我们呢。”惊讶得不能接受的老师低声地发着牢骚，但每个人还是赶紧跟随指令到达自己所在的组别。

爷爷跟浸潭、石潭、石坎、白湾、龙颈等学校的老师分在一组。由石潭小学的黄成熙校长主持。开始的时候，会场一直保持静默，黄校长看情况不对，就搬出了最高指示：“检讨别人就是帮助同志改正错误，要是徇私不说，就是跟党和人民作对。”老师们迫于领导的压力，于是胆怯地开了口：

老师 A：“朱老师曾经说过合作社的不好。”

老师 B：“黎老师曾说过谁家亩产五万斤是假的。”

……

我爷爷为人正直老实，不愿意说别人的坏话，所以在整个讨论过程中，他不发一言，只是安静地坐着、听着别人的议论。

十几分钟后，讨论结束。在小组讨论中被点名的老师惴惴不安，爷爷并没被点名，所以心中还是有点笃定的。再次回到主会场，黎科长有力地走到中央的讲台上，大声地说：“很好，同志们的发言都很踊跃，但是——”黎科长声音顿了一下，然后特意拉长声音说：“也有个别老师表现消极，没有发言，这肯定是对党和社会主义不满意！”听到这里，爷爷的心不禁颤抖了一下，接着又听到，“根据刚才的发言和平时的调查所得，以下的八名老师存在‘右倾’思想，分别是丘可书、朱永适、叶瑞贞、温立刚、丘可书、黎明昆、罗盛萼以及陈成耀。”

“我是‘右派’分子？开什么玩笑，我不过平时说话直了一点而已，难道这也有错？难道刚才我没有发言所以就判定我是‘右派’了吗？”爷爷听到公布的名单中居然有自己名字的时候，真的愣住了，他又气愤又委屈，腾地站起来：“为什么——”话没说完，黎科长就大声喊道："陈成耀，你要攻击党和社会主义吗？"爷爷不敢说下去，不甘心地坐回位置。其他几个被点名的老师也不敢出声替自己辩护，更不敢站起来予以反驳，整个会场静悄悄的，没有一个老师批斗爷爷他们，但也没有一个老师敢站出来替爷爷他们说一句公道话，有的只是沉默。就这样，这次会议在一片压抑的气氛中结束。一个会议，爷爷就被划为"右派"分子。

拐杖撑起的人生

张冲/江苏省扬州中学

如果没有地主、富农，那么斗争的枪杆子指向谁？

他的父亲是国民党，这是他永远甩不掉的重负。

一个平静的下午，太阳洒出万丈金光，田里的玉米摇曳着丰收的喜悦，整个村庄都显得那么祥和。

一群人突然闯进他家那个用石头围成的院子里。

"孙智元，快出来！"

他在屋里听到沙哑的喊叫声和锄头互相碰撞的声音。他的心猛地沉了下去。他拄着拐杖一步一顿地走到门口，只听到一声大喝：

"快和你国民党的爹一起去接受批斗！"说着一群人向他拥了上来。

他拄着拐杖无力反抗，却忽听得一声怒吼。

"我是贫农，谁敢抓我？！"是她的声音。她回来了！这一刻，她与生俱来的火暴与泼辣倏地爆发出来，像过年时燃放的炮仗，一个接一个迅速地爆炸，让人没有丝毫喘息的时间，整颗心都好像要被炸开，但那种安宁和放心却也在这冲天的响声中缓缓地沉淀下来。

那群人都怔在了原地。她赶紧跑到了他面前，将想要抓他的人都推开，然后将他扶到了屋里。边走还不忘用她那不算有神的小眼睛狠狠地瞪了那些人一眼。

他的成分不好，而她却有着一个“光荣”的成分：贫农！

“躲得了一次，躲得了一辈子吗？”他暗叹。

果然，没过多久，他还是和他刚从青海回来的父亲一起被带走了。

人民公社里。

“孙宝恕，你作为国民党县团级军官，到底做过哪些坏事，赶快从实招来！”

他的父亲听到了这话，肩膀簌簌地颤抖着，不敢回话。他跪在父亲旁边，头上戴着白色的高帽子，兀自低着头。

“赶快从实招来！”

“斗！斗！斗死国民党反动派！”“斗！”“斗！”……

台下群众的呼声几乎要将屋顶掀翻。他听得出这里面还有不少是曾经接受过他医治的。

他依然低着头，不说话。他的父亲已近花甲之年，好不容易获得一次从劳改地青海回乡的机会，结果竟成了这样……父亲低着头，嘴唇翕动着，却什么声音都没有发出。他静静地跪着，就那么跪着。

不知过了多久，人群渐渐地散了，批斗会总算是告一段落了。他长吁了一口气。这时候，她悄悄从门口探出小半个头，看了看四下已无人，便迅速地冲了进来，先将他父亲搀扶起来，然后小心翼翼地把他扶了起来，他站起时一个趔趄，没站稳，竟又摔了下去。

国企变革中的父亲

兰善敏/广东省清远市第三中学

事实上，在爸爸进入造纸厂的时候，全国城市经济体制改革（1985 年）早已经在进行中。1988 年，是连州造纸厂实行厂长负责制的第一年，这是爸爸能顺利进入的原因。但新厂长不学无术，不但没“负责”好，还把厂子管理更加混乱，表面看来依然休闲舒适，实际上已经危机四伏了。这时的爸爸还是上进的，看到厂里的工资不高，为了多赚钱，休息时间还去贩点水果来卖。也因为这个，同在一个工厂年轻貌美的妈妈才被他吸引，嫁给了他。

好景不长。危机四伏的造纸厂不死不活地拖延了几年之后，终于在 1995 年正式宣告停工。工人们一下子跌到谷底，大批工人失业，但下岗补贴犹如杯水车薪，无法满足家庭生活的需要。为了生存，工人们八仙过海各显神通，有本事的跑出去自己闯荡了，次点的就在连州市摆起了地摊，再没本事的，回乡下耕田种地去。

停工对爸爸的打击尤为严重，他和妈妈是双职工，一下子丢掉了两份收入，家里还有嗷嗷待哺的幼儿（那时我刚刚满月），加上爷爷和爸爸都对造纸厂寄予很高的期望，买户口的两万块，可是爷爷凑了很久才存下的，连给爸爸读高中也不舍得。妈妈的老家在韶关，从来没干过农村的活计，要是一直待在农村，我相信妈妈会有生不如死的感觉。

工厂停工，爸爸的希望破灭，他已经看不到光明，只是感到暗无天日。这是爸爸最颓废的一段，整整半个月，他不知自己应该干些什么？能干些什么？很烦躁，却又无可奈何。

这天晚上爸爸半夜睡不着，蹑手蹑脚地走出去坐在门口的石阶上，一个劲地猛吸烟，望着远方漆黑的夜空，就好像他的未来一片迷惘。爸爸轻轻地吐了一口烟，缕缕轻烟在苍白的灯光下打着旋，消失在苍凉的夜空中。不知过了多久，满地都是抽完的烟头和烟灰，一片狼藉。妈妈不知什么时候来到爸爸身旁，一把抽掉爸爸正准备吸的半根烟卷。

“吸烟有什么用？赶紧想办法才是正理，难道我们要一辈子待在这里耕田种地一辈子。”妈妈见爸爸吸烟就心烦，不仅浪费钱又伤身子。

“唉。”爸爸长叹了一口气，“能有什么办法？明天我在到镇子上看看能不能找到什么活，明天还要帮爸下田干活呢，早点休息。”爸爸虽是这么说，可妈妈好像没有离开的意思。

妈妈突然生气了，一跺脚，骂道：“什么世道呀！好好的改什么政策，害得我们又下岗又没饭吃，简直就不想让人活！”妈妈心里还不解气，往地上多踩了几脚。“好了好了，你怨也没用，还怄坏了自己的身子。”爸爸心里也挺烦的，听妈妈埋怨就更烦了，索性拉她去睡觉算了。

一段小商贩的奋斗史

陈丽丽/东莞市光明中学

又到了另一个陌生的城市，德庆。还是一样的热闹，但这热闹没有一点是属于自己的。他像一粒沙子被抛入大海，无声无息却已窒息在这排山倒海的汹涌人潮中。还是他，还是那破旧的担子，还是刺目炎热的阳光，依旧不变的是陌生的街市，来来往往的人群。他寻得一处地方，便卸下一身沉重，脱下一脚的鞋子，垫在屁股下，整个人结结实实地坐了下去。但是烈日的炽热仍不断煎熬着他，汗水顺着脸颊、脖颈、脊梁滑落地板，浇灌着这火炉般的大地。实在无法忍受时，也只能撇下担子，躲在别人家的屋檐之下避避阳，但又不能走太远，因为担子不能离开他的视线。正当他靠在别家墙根之时，一阵急促的催赶扑面而来："走走走，谁让你在这儿的，走走走……"一个衣着光鲜的中年男人朝着建茂摆动着手臂，紧锁着的是他那粗粗的眉毛。建茂也只下意思地走出了几步，看见那中年男人走进屋里，便又缩了回来，只不过这次仅敢站在侧边，还要时不时注意屋主人。这是最好的避阳地了，因为他那担子可以清楚地暴露在眼底。他又觉得累了，便席地而坐，还没坐热那地板，那中年老板粗重的脚步声就噼里啪啦地向他袭来，他赶紧起身撒腿便跑。骂声、喘息声、吆喝声汇聚一盘，形成这热闹的街市。建茂就是要在这样的地方拼出自己的一片天地。

夜幕降临之时，也是他寻找最便宜的落脚点的时候。躺在被来来往往不知名的人群的汗渍与唾沫浸润的枕头上，他矛盾的情绪开始纠集，是留还是离呢？留下至少现在已有点收入，但是微乎其微，还十分不稳定；但是再往下走，可能会有更丰厚的收入，也可能得到的更少，一切都未知。但是建茂还是决定闯下去，否则当初为什么要背井离乡，不就是外面有更多的机会吗？他奋力地一扭头便扎进了枕头里，咬紧牙关，一股破釜沉舟之势，暗下决心——离！

漂泊在外的游子，永无定所，也不知要流往何处。这回改走陆路吧，还是挑起担子，往南走，一定会有容他之处……

红菜汤飘香

——回味·传承

王苇婧/清华大学附属中学

姥爷出生在 1931 年，曾是清华大学水利系的一名教授，年轻时作为中国官派的留学生赴苏联留学。那时是在 60 年代，中国正处于困难时期，一系列严重的自然灾害来袭，“大跃进”运动以及牺牲农业发展工业的政策造成全国性粮食短缺和饥荒。当时中国和苏联的关系也比较紧张，正处于中苏对抗的时期。留学期间姥爷常与红菜汤打交道，为了更加了解红菜汤为何来到我家，我对姥爷进行了采访。

“我们去的时候人数并不多，国内的情况当时比较困难，吃的用的都比较紧张。我们是坐火车去的，在火车上呢我们是四个人一间房，吃饭都是用饭票订的，一天三餐多少钱都包好了。我第一次吃红菜汤就是在火车上。当时并不知道它叫什么，就知道挺好吃的，”他顿了一下，可爱地咂了咂嘴，“有土豆、圆白菜、胡萝卜，葱头（洋葱），还有点牛肉，再搁点西红柿沙司，看着挺好看的，吃着味道也挺不错，所以我们给它起名字叫苏联红菜汤。”

原来姥爷第一次喝这种汤并不是在什么西餐厅，而是在这么普普通通的火车上。

“在火车上待了六天，吃了不少东西，但是觉得好吃的还就是这红菜汤，印象比较深刻。虽然也有鸡，有肉，但那些都是凉的，吃着没什么味儿。红菜汤热乎乎的，各种菜料都放在一起熬成浓稠的汤，我这个‘中国胃’吃着习惯。大家也都挺爱吃这个菜的，觉得能在火车上吃到这样的东西很不错了。正餐一般上三道菜，汤菜都是第一道菜，第二道是肉菜，第三道是一杯咖啡之类的，我们当时因为特别喜欢红菜汤，所以这第一道菜来了以后大家都抢着拿面包沾着吃。当时的面包也不限量，随便吃，我们第一道菜就基本上都吃饱了，到后来第二道菜上了，就没滋没味的了……”讲到这里姥爷笑了，“当时就觉得这种吃法好吃解饱又省钱啊。就这么喜欢上这道菜了。”

火车上这样“普通”的食物，在当时姥爷和其他留学生们看来都是“好东西”。可不是嘛，与当时国内的食物紧缺比起来，确实是便宜又美味了。

岁月漫秋池

钟晓滢/东莞中学

欲问坦途何处是，越过万水有千山。

俗话说“寡妇门前是非多”，这句话一点儿没错。伯公死后，太奶奶独自一人抚养着三个孩子。农妇们干农活时有意无意地嚼舌根，说她“克夫”、“命短”……每当听到这些话，太奶奶也不好说什么，只能任由泪珠顺着鼻尖滑到地里，蒸发成云……

那时候，村里办起了人民公社，家里的猪啊鸡啊都交给了大队。为了赚多点钱好拉扯大三个孩子，太奶奶到人民公社饭堂里当起了煮饭工，看着大锅大锅白花花散着热气的米饭，她总能露出满意的笑容。

刚开始没多久，村民都围坐在一起吃吃喝喝，觥筹交错，人影散乱，都在高唱“中国共产党好”。可令她郁闷的是，过了几个星期后，大队吩咐她煮饭的斤数少了，扣肉也越切越薄，油也换成了最便宜的植物油，还会限制每人分发的饭量……当她跟自己的孩子坐在一起吃饭时，笑容化作紧锁的眉头。

叔公那时正处在发育期，吃得特别多，吃完自己那份加太奶奶那份还不够饱，邻座的男人见他可怜就把自己那份捡一半给他，才算勉强填饱叔公的肚子。再到后来，大队只提供些粉条、白菜，饭也是少得可怜，大伙儿个个面黄肌瘦，脸上不见一丝血色，家里的牲畜都上交了，哪还有东西宰来补身体啊？后来就不知怎的，村长说了声“人民公社饭堂散伙了啊，大伙儿各归各家各吃各的吧”……

没过几年，“文革”开始了。村里的人都能从大队那里听取政府的最新声音：国家主席刘少奇是“大反派”、“斗私反修”，诸如此类，数不胜数。更让人忍俊不禁的是，每天下田干活之前大家都要集聚在村口，由领导领唱《爹亲娘亲不如毛主席亲》、《毛泽东思想放光芒》、《草原上的红卫兵见到了毛主席》等，唱不好还要重唱几遍，这么折腾几番，下田的时候已经烈日当头照。最神奇的是，抡锄头正起劲的时候，喇叭会突然爆出一声“全体集合”，然后大家就会急急忙忙地跑到田坝上集合，再掏出一本《毛泽东语录》，大声读出来，随后再一起高唱红歌……除此之外，最让人紧张的莫过于批斗地主，“并不是拥有大片大片土地的就叫地主，并不是穿花衬衫吃好点就叫走资派，”太奶奶说，“是他们认为你是什么，你就是什么。”

那些年，家里很是惨淡，伯公又不在，只能靠稍年长的爷爷和太奶奶挣几工分补贴家用。再后来，奶奶嫁进我们家，姑婆出嫁，叔婆也嫁了进来，就这么进进出出，农活也多了人分担，生活也渐渐好了起来。

可是我说过，在这个光怪陆离的世界上，没有人能过得如行云流水。

一生缘系那杆秤

李慧清/东莞市常平中学

爷爷的豆腐梦从来都没有改变，他坚持着，终于得到了回报。

在抗战八年间，爷爷和曾祖母从大乡镇逃到穷乡僻壤，从富裕人家到穷困人家这种种的不习惯都困扰着爷爷。但爷爷一直坚持着他的豆腐梦，宁愿挨饿也不肯把秤当掉。虽然爷爷每天都在脑海中重复着做豆腐的动作，但是实践贵于理论，因实践不足，他做出的豆腐表面不光滑很容易破。即使如此，爷爷还是每天天没亮就将泡好的大豆用石磨磨，宁愿将质量不好的豆腐自己吃掉或倒掉也绝不拿去出卖。果然皇天不负有心人，爷爷做出了表面光滑又不易破的豆腐，开始摆摊卖豆腐。

爷爷将珍藏已久的豆腐秤拿出，虽然那不是什么值钱的东西，可是爷爷对这秤视如珍宝——因为这是曾曾祖父留给他的。爷爷拿出豆腐秤来做买卖，每一次都小心翼翼地操作着这秤，每天做完买卖都用干净的布小心翼翼地擦拭。他虽然是摆小摊，但始终坚守曾曾祖父买卖的宗旨："诚实、守信"。所以不久爷爷的豆腐摊生意就很好。

但爷爷摊子的生意并非一帆风顺。当时日本兵经常会到村里打中国人，而且还会把市场上卖的东西拿走。所以每次有日本兵过来搜村的时候，爷爷会和其他在市场卖东西的人躲起来。可爷爷并不弱，他把做豆腐剩下的有馊味的豆腐水倒在豆腐周围，弄得那些日本兵都害怕闻到那股馊味。后来市场上的人都效仿爷爷的做法，让那些日本兵不敢拿他们卖的东西，日本兵进村渐渐少了，爷爷因此受到了周围人的赞赏，生意也因此好了起来。

1945 年，抗日战争胜利。

爷爷开始想将“豆腐”这门家族生意发扬光大，可是当时抗战胜利没多久，人们的生活水平并不高，而且内战又爆发了，爷爷的计划泡汤了。随着生意的好转，爷爷也挣了一点钱，开始买来一间小店铺专门卖豆腐。一开始生意还可以，但是随着时局再次的动荡，爷爷的豆腐店受到了打击，物价飞涨，买东西的人越来越少，最终豆腐店坚持不下去，关门了。因为内战——这一场中国人打中国人的战争，使爷爷本想从开一间店铺赚到足够的钱再开到两间，再有自己独立的豆腐作坊的计划泡汤。爷爷只好在农村继续摆着这豆腐摊，和奶奶两人过着自给自足的生活。但总算上天不薄待爷爷，内战结束后爷爷的豆腐生意做了起来。爷爷的豆腐梦，在他的坚持下，终于实现了。

逐梦风华，浮世蛹蝶

雷鸣/郑州外国语学校

1987 年是个双喜临门的年份，母亲从郑纺机职高以第一名的身份风光地分配进了号称“铁饭碗”的郑纺机，在当时这可是比政府机关还要热门的地方，而姨夫则从郑纺机工大进修专科毕业回到郑纺机继续工作。

“开心？”外祖母哽咽地嗔怪，显然一个“开心”难以传达出她当时的喜悦。“那天你妈不知道和谁商量好要去玻璃厂应聘，大早上骑着车可走了。下午你姥爷喊着我一起去学校看成绩，问‘李爱华’，那老师说：‘噫，李爱华第一名，肯定分到纺机了。’你姥爷一激动出门可摔了一跤（哽咽），工友扶起来让他走走，你姥爷说没事没事，骑着车可去找你妈了。那玻璃厂离纺机还可远哩，足有十几里地，结果骑到那你妈都回来了，也没照上面。你姥爷啊不知道是激动还是给摔迷糊了，往北骑也不知道拐啦，一下骑到现在的农业路才发现。”外祖母抹起了眼泪，一时让我不知所措，然而我可以想象，因为当时根本没有农业路，有的只是一片荒野。“那时候家里有你表姐，备考的时候每天我给你妈煎个鸡蛋，给你姐煎个鸡蛋，你姥爷都不舍得吃。后来快考试了，你妈说：‘妈，别给我做鸡蛋了，我怕我考不好。’”

那天，外祖母兴奋不已，奔走相告，回家给母亲做了碗鸡蛋番茄捞面条，那是当时家里最奢侈的美食了。外祖母抹着眼泪哽咽地回忆着，我不清楚她的激动是因为母亲的成绩，还是外祖父摔倒后的迷惘，抑或是对那段美好时光的怀念，总之这段记忆已深深地刻在外祖母的心中，难以忘怀了。

好景不长，80 年代末经济改革，价格闯关，郑纺机感受到了危机。1992 年十四大决定建立社会主义市场经济体制，鼓励发展多种所有制。而失去了计划指令的郑纺机一下子乱了阵脚，由于缺乏市场经验，在仓促地卷入市场经济后，郑纺机的订单大幅萎缩，大量产品堆积，郑纺机和纺机人面临了空前的生存危机。1992 年到 1998 年的六年，郑纺机经历了改革调整的阵痛期，配额 7000 人的纺机一度只有 1500 人上岗。

轰然倒塌的不只有纺机，还有那座承载着辉煌的跃进门。

对于纺机人来说一系列新鲜名词出现在茶余饭后的谈话中——“买断”、“停薪留职”、“房改”……相信经历过的人对这些名词记忆尤深。在这次风波中失业的大多是 40 岁上下，没有高级技术、学历的普通工人，对于他们而言，“铁饭碗”的突然破碎同再就业一样难以接受，对于姨夫来说更是这样。姨夫在 1995 年办理了停薪留职，离厂干起了早出晚归的出租车生意，艰难地维持着生计，像他这样办理买断或是停薪留职而离厂谋生的占到了大多数。而当时的母亲凭借着新生代独特的活力，在 1991 年顶着父母的压力从郑纺机调动去了一家金融机构，避过了郑纺机的衰退。

是的，就是那年夏天。在痛与恨的折磨，血与泪的洗礼中，郑纺机连同着纺机人的美梦惊醒了。

惊梦之时，或似注定。

永远的追忆

廖泽威/深圳中学

在潮汕地区也发生饥荒和鼠疫，不少农民饿死或病死，我父亲也不幸被疫病夺去了年轻的生命。当年母亲只有 35 岁，姐姐 17 岁，哥哥 9 岁，我才 6 岁。在得不到娘家和夫家任何经济支持的情况下，成为年轻寡妇的母亲从此便要独自撑起这个子女未长成的贫穷家庭。在旧社会，虽然有“一女不二嫁”的封建礼教，但死了丈夫的妇女改嫁再婚的也不乏其人。可母亲为了我们姐弟，毅然鼓起生活勇气，走自尊自立之路，带着我们姐弟三人挑起生活重担。

外公“小黑屋”的经历

张钰涵/江苏省锡山高级中学

“那时是 1973 年，在城中小学（江苏省靖江市城中小学，现称靖江外国语学校）大厅里排着一个个大地铺，人多啊！都是需要改造世界观的‘资产阶级知识分子’，那是莫须有的罪名……”

外公回忆说，大厅始终充溢着阴郁的气氛，不时有人被带入带出，有人窃窃私语，有人默默流泪，在此期间甚至还出过自杀事件。大厅门口有警卫把守，在出了自杀事件后吃饭、上厕所都有专人跟随。大厅像一个密不透风的铁桶，但关不住念家情切的人们的心。

“文革”中的爷爷

张贤贤/东莞市第一中学

11 月 2 日的早晨，老师代表告诉红卫兵代表们，毛主席马上就要检阅我们了，我们要特别重视啊，要认真训练。午饭后，操场上的高音喇叭响起——是林彪！是林彪元帅的声音！当红卫兵代表们听到林彪元帅在给红卫兵们做指示的时候，红卫兵小将们都士气大振，更加认真刻苦地训练。当天傍晚，老师代表交代本班学生说：“今晚我们饭堂关门了，你们不能吃稀饭，更不能喝水！这样做就是为了防止你们明天老去解手。我们准备了鸡蛋和香肠。”没错，就是明天了！明天毛主席就要第六次检阅红卫兵小将了。红卫兵们都齐刷刷地吃起了发下来的四个鸡蛋和两根香肠。

“万里”寻梦路

张洁莹/东莞中学松山湖学校

停止。他转念一想已经是凌晨三四点了，及腰的草轻抚着这几个幸运儿，也为这紧张的场面增添了几分不安的气息。叔公努力抑制心中的恐惧，突然一句“站住”如闪电一般击中耳膜，叔公马上停止了脚步，在那一瞬间，他仿佛感受到心脏的停顿，仿佛整个世界只剩下他一个人，独自面对这一困境。他深呼吸，想要使自己冷静下来，但是命令声依旧没有停止。他转念一想，一个让他窃喜的念头在脑海中回荡——这个士兵并不是在叫唤自己，而是别的偷渡客。他看到同伴做手势示意继续前进，顿时松了一口气，掏出口袋里的荔枝树叶紧握在手中。这一步，走得真是险。

无法忘却的记忆

邱玉婷/江西萍乡芦溪中学

半天后，满儿便死在了自家床上，人们草草安葬了她。那老婆子自是害怕，整天躲在屋里，一步也不曾迈出。满儿的妈妈提了两袋子米和油回来，见家中庭院无人打扫，走进屋来，竟越发的安静慑人，她隔着微弱的光线往里屋瞧，却也无人，只听得几声窸窣的声音，向里间寻去，那老婆子正伸出舌头舔着一个盆子——空的，见有人来，忙欲起身，才知道是家里人，盆子不小心跌落在地上哐当作响。那老婆子只支吾道：“你才回来，满儿都饿死了。”

山山金达莱，村村纪念碑

朴毅烘/东莞中学松山湖学校

怀着忐忑不安的心情，太外婆写信寄到了这个地址，回信的内容却让她大吃一惊——一枚革命烈士纪念勋章。事情的真相是这样的——抗美援朝时，当太外公那支部队即将攻打到南朝鲜的釜山时，上级突然下令撤军。在他们返回北朝鲜时，途中经过了一个山谷，很不巧的是，南朝鲜的主力就在这里。因此，这个部队没有一个人生还，包括太外公……

大历史下的隐藏者

陈俊鹏/东莞市常平中学

爷爷捕到了几条小鱼，可这分量，两人一起吃，还是杯水车薪。于是爷爷再次出去，没想到，这次出去，却让两兄弟分离了。爷爷第二次出去，遇上巡逻的民兵，爷爷被抓住了，然后被遣送了回去。六公知道出事了，把那几条小鱼生咽下肚后撑到晚上，找到一户人家，那户人家说着客家话，想必也是偷渡来的，见到六公，便知是同路人，很好心地收留了六公。之后，三人偷渡，只有六公一个成功在香港留了下来……

姥爷的一生与新中国的发展历程

徐延康/清华大学附属中学

当时，每家每户都希望自己家里有一个知识分子，但受制于昂贵的学费，同时也意味着会失去一个劳动力，几乎没有人可以送家人去读书。然而姥爷的大哥非常支持他读书，于是把自己的八亩地到当铺当了七亩半，还当了仅有的一头牛。一家人一下子就转入贫困的阶段，只好做佃农，承包地主的土地，在地主的剥削中求生存。姥爷则把握住这个机会，成了一个在当地为数不多的知识分子。

外婆的往事

张叶/贵州省桐梓县第一中学

还没等她家想到应对的方法时，一群农民便直闯进她家中，他们一个个都手持木棒、扁担，像抢劫一般。陈仕美的一家人（也包括她自己）都被赶到了院子里，他们面目狰狞地告诉她：不能任意扭动。尽管庭院里拥挤着许多人，在那时也是静无声息。陈仕美自然是吓得不轻，只有瑟瑟地躲在母亲的身后，两只小手紧紧地拉住母亲的裤腿。

岁月无歌

田华鑫/黑龙江省齐齐哈尔市克山县第一中学

“西北风呼呼地刮，吹在脸上就像是刀子在割肉。我那时候穿的破棉袄四下漏风，风吹在身上就像是用鞭子抽打的感觉，牙齿都直打战。因为没有鞋，只能赤脚走在雪地里，脚被冻得都没有知觉了。这时候最让我高兴的是什么？你猜猜。”我摇了摇头，根本想不出那时还有能让人高兴的事。“牛拉粪！我最高兴的就是看见牛拉粪！要是牛拉了粪，我就赶紧把脚插在冒着热气的牛粪里面，让脚在里面捂一下。那时候温暖是最重要的，至于用什么取暖，是无所谓的。”

照片的故事

莫栩敏/东莞市第一中学

1966年，外公当上了黄埔地区“捍卫毛泽东思想红色造反司令部”的副政委，不久后，黄埔“红旗”、“东风”两派筹备大联合，外公当上了大联合的总部主任。“那时候我是不赞成批斗的。都是人民群众，有什么好斗？所以，我那时抑制批斗，谁要批斗的，都要我批准！”外公说道。

那一段尘封的往事

梁芷晴/东莞高级中学

接下来的日子，在田里总可以看见一些偷懒的人，或撑着锄头休息，或借着上茅房一去就是半天，或慢吞吞地磨时间等放饭……梁鉴深一开始就是抱着“干多干少一样分，干好干坏同样吃”的心态进公社的，现在看着别人偷懒，他也有样学样起来。

为了饱肚子，梁鉴深半夜偷偷带着孩子们出门，拿着锄头去挖树根，刨树皮吃。饿了几天的孩子们看到树根，也不管上面还带着的泥，大嚼特嚼起来，连带着泥和渣都吞进肚子里了。孩子们饿得胸前的肋骨根根可见，裤头勒得紧紧的，苏彩看着孩子们面黄肌瘦，心想：“这苦日子什么时候才熬到头啊！”

大历史与小人生

李真颖/江西省赣州中学

大帽子扣得赖兆威直喊冤，他不明白，自己只是加入过三青团，何时参加过国民党？也不曾当过三青团区队副啊！夜以继日的批斗会，一些毫无根据的指责泼向赖兆威，他无法辩解。两年多的批斗赖兆威渐渐习以为常，但他无法给妻儿安定的生活，每每想到这里痛不欲生。1959 年 9 月，妻子不堪忍受这种憋屈和离散的生活，带着不到两岁的孩子离开了他。

草根岁月

林洁琪/深圳市福田区上步中学

外公总说：“在牛田洋生活总有很多不习惯。首先是洗澡很不习惯，用热水洗澡那是很奢侈的事情。每个星期只放一次淡水，平时只能洗咸水澡。洗完澡，头发干后粘成一块，一个个‘怒发冲冠’。其次是睡觉不习惯，午睡是名存实亡，只能和衣假寐，绝对不能脱下军装真睡。每晚‘学毛著’到十点，连长吹哨子才可上床睡觉。每天清晨号角一响，得在数分钟内穿好军装叠好军被到操场上集合。再次就是吃饭不习惯，每日三顿饭得绷紧神经吃，动作要麻利，速度压倒一切，一顿饭三下五除二就得解决，细嚼慢咽是绝对不成的。”

不屈的抗争
——一个“地主仔”的童年回忆

陈秀芝/东莞市厚街中学

家的后面有一块烂地，“我和大哥惊喜地发现烂地下有六七只蟾蜍，并把它们一一捉了回去。”蟾蜍有剧毒，曾祖母需要剥去它们的内脏，煮熟方可食用，还要冒着毒未完全清除的危险食用下肚。爷爷的小妹中毒了，几天里上吐下泻，一家人一筹莫展，只能听天由命，幸运的是最后总算逃过一劫。

大时代下的小人物

王越琛/山东师范大学附属中学

在王效禹逐渐倒台的时候，外祖父的失势似乎成了顺理成章水到渠成的事。在此之前王效禹还曾许诺让他做省公安厅厅长，他的政治前途似乎一片光明。但他就是这样被降级，最终成了一个小摩托车厂的小主任。用外祖母的话说，王效禹倒台了，外祖父的政治生涯也结束了。时隔多年，外祖母也记不清外祖父当时有什么表现，但当她说起这些时，言语中的伤感与无奈是无论如何掩饰不掉的。

我的太姥爷与龙溪公学

王馨婷/山东师范大学附属中学

民国十七年秋，张宗昌余孽张鸣九为祸章丘。太姥爷奋起组织乡勇，保卫地方。一次率乡勇 38 人，夜袭城北山，救出被绑架待赎的男女老幼 50 余人。民国十八年，老人又捐资购房一所，聘请女教师，创办了初级女子小学，并免费供应学生书籍、用品。1931 年，章丘县教育局将龙溪公学改为章丘县第一学区区立第七小学。卢沟桥事变后，家乡沦陷，学校只好停办。1938 年 2 月，龙溪老人的高徒李曼村、宋乐生奋起抗日，令他十分欣慰，并在精神和物质上予以鼓励和支持，坚信抗战必胜。

家族故事

从江南少女到北方老太

蒋皓月/北京第五十七中学　　**侯国民**/指导老师

奶奶生于江南水乡，但她大半生都生活在北方。60 多年来，奶奶由南到北、由西到东的漂泊历程，见证了共和国日新月异的变化。

一、王家有女初长成——南方小城的选美冠军

奶奶今年 77 岁了。她满头银丝，身体微胖，背有点驼。每当我按响她家的门铃，首先映入眼帘的是老人家慈祥的笑容。她爽朗地笑着："宝贝儿，你来了，快进来。"

一个偶然的机会，我翻开奶奶家泛黄的老相册。相册里一位穿着连衣裙、梳着解放前老式学生头的小姑娘引起了我的注意。

"她是谁呀？"

"好看吗？"奶奶看着相片反问我。

"当然。"

"那是 1946 年我们市的选美冠军。"

"你是她的粉丝？"

"你再仔细看看……"

相片是黑白的，虽然年代久远，可能是相机精良，图像还是很清

晰的。相片里的少女前发齐眉，后发齐耳，明眸皓齿，笑意盈盈，穿着合体的小花裙子，很自然地站在一株老梅花树下。人与景和谐地融为一体。

“那是十岁的我。没想到吧？”奶奶神秘地说。

“你再看这张照片。”照片里是一位戴着礼帽、穿着裘皮大衣、手里拿着烟斗的中年绅士。“这是我爸爸——一位商人。我小的时候家里人很多，你爷爷少年时代求学时就住在我家，我们就是那个时候认识的。”

“青梅竹马呀。”

奶奶出生在富庶的江南水乡小城——浙江省温州市瑞安城区，家里主业是开船厂的，副业兼开纺织厂、茶厂。家里有三个女孩、一个男孩。幼年时期，家里请了私塾先生对他们进行经、史、子、集方面的启蒙教育，亲朋好友家年龄相若的孩子也送来一起就读。再长大些分别送进新式学校读书。奶奶四年级时市里组织不同年龄组选美比赛，奶奶脱颖而出荣获十岁年龄组冠军。

富裕的家境、开明的家长、幼时良好的教育造就了奶奶开朗乐观的性格。

二、身世浮沉雨打萍——风云突变家庭支离破碎

解放战争过程中，党的政策是保护、鼓励民族资本的发展。但是由于阶级观念逐渐占上风，政策执行出现了偏差，阶级斗争变得非常残酷。

1949 年全国由北向南逐渐解放，南方有产业的人家大多数惶惶不可终日，谣言、小道消息满天飞，一分钟一个说法，自相矛盾，难辨真假。每天大量这样的“消息”不间断地折磨着企业主本已十分脆

弱的神经，使他们失去判断形势的能力。有的人迅速变卖产业，携款外逃；有的人趁乱囤积物资，大肆扩充资产；更多的人采取观望的态度，看看新政府对他们采取什么样的策略。新中国成立初期，国家对民族资本大致采取了保护、限制、利用、购买、回赎、没收的政策。政策靠干部组织传达，干部工作态度、作风、语言表达、沟通的方式不一，商人们对新政府缺乏必要的认识，理解政策、接受能力水平不同。有的积极配合，有的意志消沉，有的不知所措，有的消极抵触。奶奶的父亲还没有来得及跟上积极配合的节拍，在政府干部“极左”思想指导下，家里的产业就被没收。奶奶的母亲因抑郁难产而死，父亲被政府错误镇压，姐姐在外地读书下落不明。一家人失去了顶梁柱，奶奶年迈的祖母领着三个未成年的孩子靠政府的救济艰难度日。每天放学后奶奶都要领着弟妹到菜场去捡别人不要的菜叶，在煤渣里寻找没有烧透的煤粒。在课堂上，奶奶多次因为饥饿晕倒。

1951 年奶奶的祖母在贫病中去世。15 岁的奶奶成了两个弟弟妹妹的家长。在别人的白眼、冷漠中，在饥饿的折磨下，奶奶苦苦地支撑着一个在风雨中摇曳的家。看着皮包骨的弟弟、不停哭泣的妹妹，奶奶把眼泪吞到了肚里。奶奶翻遍了垃圾堆，连泔水桶也不放过，发现能吃的东西都捡回家……

奶奶表情平静、语速平缓地叙述着这段一个甲子前的家庭悲剧。

“这简直是走投无路了，您当时有没有轻生的念头？”我小心翼翼地插了一句。

“没有！我爸爸是个好人，他孝敬祖母，敬重妈妈，疼爱孩子；他对家里的帮工、厂里的工人从来都是和颜悦色，没有亏欠过一分钱。他经常教育我们穷则独善其身，达则兼济天下，要做一个有益于社会的人。我爸爸不是坏人！一定是哪儿出了问题。我虽不能效仿缇萦救父，但一定要替爸爸讨一个清白。旧时都有包青天，新社会也不能长久地乌云遮日。我还要把弟弟妹妹抚养成人，我不能让老王家绝了后。我一定要活出个样来，绝不能让那些歧视我、藐视我，以为老王家玩完了的人看笑话。”

——老太太紧握着拳头，腰板挺得直直的，斩钉截铁地说，像是发出战斗的誓言。

强大的家族责任感和对未来的坚定信念成了奶奶在最艰苦岁月的精神动力，让她养成了坚定果决、吃苦耐劳的性格。

国家的每项政策在颁布实施前都要反复论证，培训执行的干部正确操作，人命关天的大事一定要慎之又慎，人头不是韭菜割了还会再长。武侠大师金庸的父亲就是因为女婿在撤到台湾前将一把手枪交给他保管，在新中国成立后，被政府发现，直接枪毙。尽管多年后浙江省海宁市政府为金庸的父亲平反，但是这个事件对亲人的伤害，不会随着时间的流逝而变淡。

天无绝人之路，此时奶奶接到了一封改变命运的信。

三、大漠孤烟直——西北十年

“一五”计划时期，人们信心百倍地参加社会主义建设。奶奶虽然生活艰难，家庭不幸，却没有抱怨，而是以极大的热情参加建设。

奶奶下落不明的姐姐光荣地参加了野外石油勘探工作。因为有文化，脑子活泛，很受队里的重视。她在人烟罕至的新疆塔克拉玛干大沙漠边缘，和野外石油勘探队员们一起找石油，同时也是在为自己寻梦。姐姐得知家里的情况后，写信给妹妹、弟弟，希望他们到新疆来。奶奶接到信，喜出望外。立即收拾简单的行李、筹集路费，领着弟弟、妹妹一路辗转来到新疆。

奶奶到新疆后与姐姐一起安顿好弟弟妹妹的生活，自己也立即参加了另一支野外石油勘探队。

野外石油勘探队是一个相对固定的小集体，由队长、技术人员等组成。野外勘探工作非常辛苦，衣、食、住、行都要靠自己动手。奶奶不怕吃苦，善于动脑，虽然年龄小、个子矮，每天扛着比自己还高的测绘仪器，在野外测量很吃力，但是奶奶却乐在其中。奶奶是个要强的人，手脚硌出了血泡，从不吱声，每天和成年人一起早出晚归。她不懂就问，白天在野外测绘，晚上在帐篷里绘图，从一个什么都不懂的外行，成长为一个能测量、会画图、制图、晒图的专业技术人员。她根据工作需要，随时调整自己的工作内容，今天是技术人员，明天就得干统计的工作。

奶奶在新疆待了十年，她的足迹遍布塔里木盆地、准噶尔盆地、柴达木盆地。新疆野外气候条件非常恶劣，飞沙、流沙是家常便饭。有时帐篷被埋，早晨一觉醒来，睁不开眼，眼、耳、鼻、口全是沙子。有时睡到半夜被狼叫声吵醒，大家拼命地敲打锅碗瓢盆，或是点上篝火才能吓走狼。

有一次，奶奶在沙漠里走失，没有食物，水也喝完了，又遇到了流沙。勘探队的同事找了三天三夜，把她从死亡线上拉了回来。奶奶的左耳因此永远失聪，右耳听力也受到极大影响。

尽管大西北条件艰苦，但是奶奶觉得这是幸福的十年。在野外的帐篷里，吃得饱、睡得香；在牛粪、马粪点燃的火堆边冻不着；同事们关心她，真心帮助她。她感到亲人就在自己身边，尽管父母双亡、姐弟四人几年也难得见上一面。

爷爷学有所成，分配到北京参加祖国的社会主义建设，十年里通过多方打探，辗转联系上奶奶。他通过信件往来与奶奶建立了恋爱关系。

奶奶握着我的手，脸上洋溢着青春的激情与恋爱的羞涩，久久地沉浸在60年前的青葱岁月里。我坐在奶奶身旁，任夕阳的余晖将祖孙二人紧紧拥抱。我感觉到奶奶跳跃的心和我一样是16岁。16岁的花只开一季，但我知道奶奶的花期是灿烂多姿绵远悠长的。

奶奶是一个出生富裕人家、娇生惯养的大小姐，由于时代的变迁，从气候宜人的江南，来到黄沙漫天的西北，一待就是十年。奶奶是吃江南的稻米、虾蟹成长的，到了西北吃的是馒头、窝头、咸菜。因为有在老家挨饿、遭白眼的经历，到了西北很快就适应了那里的风土人情。

虽然生活过得仍是艰难，但是奶奶相信人间正道，相信人间真情，相信困难是暂时的。建设国家，使她充满了干劲，对国家的发展充满希望；人间真情使她对于个人未来充满了希望。

四、千里冰封——东北十八年

随着大跃进的锣鼓喧天，灾难像浪花一样一个接着一个打来。1959—1961年的三年自然灾害像一个大浪砸在没有准备的人们的头上。口粮一减再减，奶奶的腿脚全肿了。随着年龄的增长，知识的积累，她知道物质困难是暂时的，最寒冷的冬天也有过去的时候，何况奶奶还被浓浓的友情、亲情、爱情包裹着。在饥饿中，她还是憧憬美好生活的来临。

1961年爷爷奶奶结婚。同年奶奶从“大漠孤烟直，长河落日圆”的西北，调到“千里冰封，万里雪飘”的东北，参加石油大会战。

1959年中国人民发现了大庆油田，把帝国主义为中国戴上的贫油帽子扔到了太平洋里。来自祖国四面八方的英雄儿女到冰天雪地的东北参加石油大会战。在“铁人王进喜”精神的鼓舞下，祖国的建设者们与天斗，与地斗，抱着人定胜天的坚强决心，挥舞着铁钎、铁镐、推着小轮车，打出了中国第一口油井。

由于繁重的体力劳动、营养不良，奶奶落下了严重的甲亢、高血压、间断性小便失禁、腰椎间盘突出症等疾病。

奶奶分别在 1964 年、1967 年在北京妇产医院生下大伯和爸爸两个儿子。奶奶清楚地记得生完大伯刚出满月，就一手抱着大伯，一手拿着尿布，坐上了回东北的火车。在冰天雪地里，奶奶学会了打土坯、垒墙、砌炉灶、盖土炕、挖地窖、腌酸菜；在黑土地上，奶奶学会了种菜、种粮、养鸡、养鸭；在东北 18 年，奶奶学会了做棉衣棉鞋、修理自行车。

奶奶独自一人带着两个儿子在东北艰难度日，爷爷一个人在北京苦度时光。爷爷少年求学时借住在奶奶家，与奶奶结缘。从 1951 年到 1961 年与奶奶十年不曾相见，1961 年与奶奶结婚后，18 年两地分居，他们的感情并没有因为时空的隔离而变淡，而是历久弥新。

在“文革”十年里，奶奶每天白天上班，早晨被要求跳忠字舞，晚上背诵老三篇。奶奶亲眼看见参加石油大会战的同事被红卫兵、红小兵革命小将剃了阴阳头，游街批斗。奶奶总是在没有人时，去给他们送些吃的，安慰他们几句。

奶奶面色凝重地和我说着东北的生活，最后叹着气说：“我调到北京后，过年过节给我的老同事、老邻居寄去北京特产，请他们逛北京。只是这几年身体不好，渐渐失去了联系。我多方托人打听，搬家的搬家，辞世的辞世。唉，有生之年我还想回去看看。”

奶奶在东北吃的是像沙子一样的高粱米饭，没有青菜，只能在夏天自已种，秋天晒成干，收好冬天吃。奶奶学会了适应自然环境、人文环境；学会了谋生的技能。在大的社会历史背景下，她学会了克制、学会了忍让、学会了感恩、学会了知足。奶奶始终微笑着说着过去，没有恨、没有怨，更多的是豁达与满足。她的隐忍和适应生存的毅力正是今天我们身上欠缺的。

被生活中各种苦难磨炼出来的奶奶，她的人生经历就像新中国的历史一样起起落落，她身体虽然不再结实，但精神却越发坚强。

五、醉里吴音相媚好——北京北京

1976年10月粉碎“四人帮”，各个单位拨乱反正，落实知识分子政策。1979年，40多岁的奶奶怀揣一纸调令，带着两个儿子来到北京与爷爷团聚。奶奶在祖国的大北方漂荡了近30年，终于有了一个完整的家。奶奶的姐妹返回内地城市，奶奶的弟弟叶落归根，回到南方家乡。

奶奶家的历史遗留问题也得到解决，政府承认当初做了一个错误的决定，要坚决纠错。当地政府为奶奶的父亲平反，恢复民族资本家的名誉，返还奶奶家的船厂地皮、码头、老宅子。姐弟四家人为父亲立了衣冠冢，按照南方老家的风俗举行了隆重的祭祀仪式。奶奶姐弟四人都有了很好的归宿，只有弟弟一家落户到了南方老家。四姐弟商量把船厂地皮、码头捐给了国家。三姐妹放弃财产继承权，把一套400平方米带花园的宅子、两个铺面房子留给了弟弟一家。

四姐弟都已年过古稀，他们全都身体健康，经常聚会或打电话，说说新疆克拉玛依的往事，谈谈大庆油田。他们用软软的南方老家话交流，交谈中发出愉快的笑声。

政策的变动、社会的变迁、历史的变革，引发着人口的流动，重塑着每个人的灵魂、思想方式，为每个人找到新的定位，新的社会层次。我用我的笔记录了奶奶大半生的足迹。她的心是充实的，对生活是满意的。

我家住房的那些事儿

周添琪/山东师范大学附属中学　　**孟伟**/指导老师

1988 年，我的父母大学毕业来到济南，从此开始在济南扎根，如今已有 25 年的时间。25 年来，父母一共搬了五次家，房子越来越大，条件越来越好，而这背后经历的事情，却形成了一段让我难以忘怀的历史。

1988—1990：宿舍时代

刚到济南的时候，父母还在谈恋爱没结婚，只能住单身宿舍。妈妈在济南师专（现济南大学）工作，住在三人一间的宿舍；爸爸在山东教育学院（现齐鲁师范学院）工作，住在两人一间的宿舍。由于两所学校相隔较远，所以每次两个人见面都不是那么容易。

1990 年，父母结婚了，但因为没有住房，他们不能住在一起。那时所有的住房都实行分配制，没有商品房，有钱也不能买到房子，何况父母根本就没钱。父母结婚的原因之一就是为了等住房。因为只有结婚以后，才可以递交住房申请，排队等房。但父母两人的工作单位根本就没有房子，等房子的人很多，父母又刚参加工作，资历最浅，排在最后边，即使偶尔空出一两间房子，他们也根本等不上。那时许多人最大的心愿就是结婚以后能有一间房子，不管大小，夫妻可以住在一起。如果哪一个单位条件好一些，职工一结婚就分到住房，不管大小，都是十分令人羡慕的。爸爸说，那时他骑着自行车走在路上，最感兴趣的就是看路两边的住房，心中期盼着某一天，路两旁一排排的房子中，也有属于自己的一间。说来也算幸运，和爸爸住同一宿舍的那位老师搬出去住了，于是妈妈便搬过来和爸爸一起住。按规定，这是不允许的，因为单身教师宿舍是不允许作为婚房的，但年轻教师实在可怜，单位也就睁一眼闭一眼了。但这只能是临时的，因为一旦有新教师来，妈妈还得再搬出去。无论如何，这间宿舍，暂时成了父母结婚后的第一间房子，18 平方米，倒还算大，但条件真的很差。没有双人床，便把宿舍里的那两张单人床合并成一张床。学校不让在宿舍的走廊上做饭，只能把炉灶建在屋子里，墙壁熏得通黑，很不卫生。因此父母虽然结婚了，也住在了一起，但大部分时间不做饭，两个人一起吃食堂。只有食堂的饭实在吃不下去的时候，才会自己动手做一次饭。而每当这时，他们通常会喊隔壁的同事一起吃，大家都会觉得又好吃又高兴。房间里桌子、凳子等都是用宿舍里原有的，连衣服都放在书橱下面的柜子里。因为是单身男教工宿舍，没有女厕所，妈妈上个厕所都很困难，要绕上一大圈跑到学校的教学楼去上。

爸爸妈妈的新婚寄居地

那个时候，父母结婚的唯一家当，就是一台4100元的彩色电视机。按照当时的经济条件，4100元的东西就是个奢侈品。爸爸说，为了买这台电视机，奶奶凑出2000元钱给他们，两个人又省吃俭用凑出2100元钱，才好歹买下来。令父母记忆犹新的是，他们的婚宴就是在这间宿舍里举行的，一位会做菜的同事当厨师，炒了几个菜，又买了一些熟食，更有一位热心的同事专门跑到泉城路的一家饭店，买了四个四喜丸子，算是婚宴的代表菜，招呼了同住在一起的老师和爸爸所在系里的几个年轻同事，大家一起动手，一起做一起吃，算是举办了他们的婚宴。

这样，我父母在那间几乎“一应俱缺”的单身宿舍里住了半年，度过了他们婚后最初的温馨时光。

1991—1994：小平房时代

半年后，有新的老师分配来工作了，由于没有宿舍，妈妈似乎只能再搬出去了。还好，爸爸的单位为了让他们尽快搬出去，同时也体谅父母的困难——两人已经结婚，又住在了一起，再硬性让他们分开，实在是一件极难为情的事。于是领导经过研究，想了一些办法，终于

爸爸妈妈的第一个自己的家

为他们另外腾出了一间小平房。小平房是储藏室改造而成的，只有12.5 平方米，平房外有一个很小的棚子做厨房，煤气罐和煤气灶往里一放，整个厨房就基本上满了。厨房里放不下碗柜，父母便在一面墙上钉了三个木板，上面放着碗筷和各种调味料。那个棚子又小又矮，以至于爸爸每次在厨房里都直不起腰，做完饭后腰就特别酸痛。厨房没有门，便拉了根铁丝，上面挂着一个布帘，权当是门了。厨房又脏又油，不出三天就能把那个布帘给熏成一块“黑布”，隔三岔五就得洗一回，干净后再挂上。一到下雨天，妈妈总得拿着一把伞进厨房，因为厨房跟平房不连在一起，不打伞的话会把菜淋湿。更倒霉的是，有时那个棚子还漏雨，连菜都没法做。

小房子里新添的家当是一张双人床，这是父母为庆祝他们搬家专门买的。床下边有两个大抽屉，用来放被褥。房间里还有一台电视机，一个用来装衣服的纸盒子（电视机的包装盒），两个旧书橱，两把椅子，一张折叠桌，还有爸爸向学校借的一张学生用的课桌，就算是家里的“写字台”了。爸爸、妈妈经常一起读书、写文章、备课，桌子不够用，就只好一个人用“写字台”，另外一个人打开吃饭用的折叠桌。最特别的是房间里还有一个洗手池，所有用到水的事情都要在洗手池旁进行，这使得本来就没有多少阳光的房子变得更加潮湿。由于

几乎全部家当都在这儿了

小房子前面的楼房挡住了阳光，父母白天读书都得开着灯。

最为糟糕的是小房子是平顶房，没有暖气，又不见阳光，因此每到冬天就寒冷彻骨。御寒的唯一办法是生炉子，烧的是蜂窝煤，很脏。为了保证安全，防止煤气中毒，同时也为了炉火不熄灭，入睡之前通常要把炉火封住，但这样热量就不够，不仅无法烘干房间的潮气，微存的那点炉火反而还吸潮。通常早上醒来，被面上居然有一层水珠！

那个时候，日子虽然苦，但过得很快乐，很充实，也很有成就。妈妈在那里完成了她的硕士论文，爸爸在那里写出了他的第一本专著。小房子前面楼上住的是一位退休老教师，这位老婆婆经常在深夜透过她家的后阳台看到我爸爸、妈妈坐在灯光下埋头读书、写作的影子，对他们赞不绝口，说他们将来一定会有成就的，一切都会好的。每当冬天太冷或者夏天太热的时候，老婆婆还会到家里来看看。她通常一边看一边摇头，临走时往往只说一句话："能读书就好，能读书就好！"

父母住在小房子里最快乐的事情莫过于邀请他们的朋友到家里来吃饭。父母很好客，妈妈做菜的手艺也不错，因此同学、朋友很喜欢到家里来。常常是来的人太多，有人就只好站着吃。妈妈读研究生的同学，是家里的常客，妈妈说那时候买一条鱼来做一道菜，都能让他

陋室小聚，其乐融融

们吃得很香，直说这是在“改善生活”，不到一会儿那条鱼就只剩骨头了。直到现在，每当同学聚会，大家还经常回忆起当时的情景，争着说个不停。那时的清苦和欢乐，深深地印在了父母和他们的同学、朋友的脑海里。

父母在小平房里住了三年。我曾经问爸爸有没有感到苦，爸爸摇摇头，有点玩笑地对我说：“那是这个地球上第一次属于我们的空间啊，是我们真正意义上的家！”

1994—1997：“筒子楼”时代

1993年，妈妈在山东师范大学研究生毕业后，选择留校当老师。1994年春天的一天，妈妈从单位回家后，高兴地搂着爸爸的脖子，告诉他一个令人振奋的好消息：山师同意分给我妈妈房子了，一间“筒子楼”！“筒子楼”其实是学生宿舍，是山师腾出来给那些刚结婚的年轻教师住的，条件比那个小平房好很多，于是我父母便决定搬家。筒子楼的那间宿舍18平方米，里面有暖气，还可以在走廊上做饭，有公共卫生间，这对于父母来说，条件简直是大大改善了。虽然那时公共卫生间里脏乱不堪，走廊又脏又挤，只能通过一个人，两家人做饭时都得错开做，又是在一楼，时常会有野猫和老鼠出没，把妈妈吓得不轻，但那时的他们已经很满足了。搬了新家，父母又买了一个皮沙发和一台冰箱作为新的家当。

关于筒子楼，父母经常说起的有三件事：

一是洗澡就在公共水房洗，夏天基本上就洗凉水澡，冬天到开水房打几盆开水，也在水房洗。水房没有门，洗澡不方便，就挂一个布帘，写个纸条粘在上面，有的女家属比较小心，就让自己的丈夫在门外站岗，见有人来了，就大声说：“站岗了，站岗了！”

请想象做饭时的场景

二是做饭。一到做饭的时间，大家陆续出来，都在楼道里做，一边做，一边聊天，谈工作，谈学习，谈孩子，也谈厨艺。所以，做饭的时间是最热闹的，楼道不仅是厨房，更是大家的聚会厅，很多交流都是在做饭的时间、在楼道里进行的。山师的年轻教师来自四面八方，还有许多来自外省，各家做菜的方法、口味不一样，于是大家就互相切磋，互相品尝。一家做排骨的味道好，于是就你品一口，我尝一块，最后就剩不下几块了。大家关系处得很好，现在大家见面，往往很自豪地对别人介绍，“这是我筒子楼的邻居”，别人立刻就感到他们的关系不一般。

三是孩子。父母搬来的时候，筒子楼里已经有好多小孩子了，楼里面一天到晚充满着孩子的声音。孩子们互相串门、嬉戏、打闹，很是热闹。他们常常几个聚在一家，一起看电视、玩游戏、做作业。一家做好吃的，往往招呼几个孩子一起吃；一个孩子常常是这顿在这家吃，下一顿在那一家吃。楼上住着一位热心的老婆婆，她喜欢包饺子，每当包了饺子，她就会东一家、西一家地招呼孩子们吃饺子。我父母看到这一切，心动了，也准备要孩子了。

后来，妈妈真的怀孕了，妈妈肚子里的宝宝，就是后来的我。为了给当时还是个胎儿的我做胎教，妈妈狠心花了 8000 元钱买了一套音响设备。虽然当时经济有所改善，但在 1997 年 8000 元仍然不是个小数目，这也算是我们家的一件“奢侈品”。妈妈很懂音乐，精心挑选了很多曲子，妈妈说她最喜欢的事情就是一边为我准备出生穿的小衣服，一边听音乐。

1997—2000：一室一厅时代

在妈妈还有一个多月就要分娩的时候，爸爸的单位也分房子了。这次，我们家分到的房子是一套新的一室一厅的楼房，在爸爸单位附近的利农庄路 27 号，36 平方米，有厨房和卫生间，还有前后两个阳台。虽然很小，但总算有了一间套房，这让他们很是高兴，于是从“筒子楼”搬到了利农庄，还让爷爷奶奶和他们一起住。可是 36 平方米的房子要住着五个人，实在是有些挤，于是他们把原来的厨房改成了爷爷奶奶的卧室，把原来的北阳台改成了厨房。爷爷奶奶的卧室很小，只能塞下一张双人床，两位老人睡觉时只能从床头爬上去。父母又添置了新家当，买了一个衣柜，爷爷奶奶又从老家搬来了沙发、餐桌等家具。1997 年的夏天特别热，看到我快要出生了，爸爸、妈妈下决心买了一台空调，还特别请爸爸单位里的一个木匠师傅给我打了一个木质的婴儿床。总之，为了这个真正的家和我这个小家伙的降临，父母动了不少心思，也花了不少钱。一个多月后，我出生了，家里人都很是欣喜。从此，父母结束了清苦但温馨的二人世界，迎来了充满幸福与期待的五人生活。妈妈说，那时她喜欢把我抱在怀里，音响里放着卡朋特兄妹的经典英文歌曲，妈妈随着音乐的节奏摇啊摇，每次我都睡得很香；爸爸下班后第一件事就是到卧室看看我，给我换尿布，为我冲奶粉，逗我开心；后来我长大一点，爷爷最喜欢领着我到省教

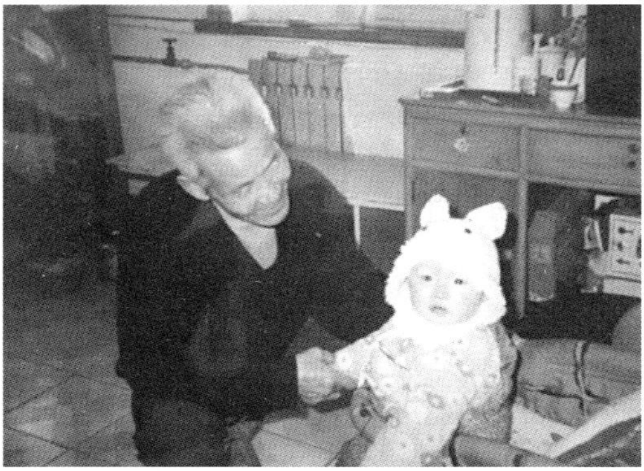

我在拥挤和呵护中出生、成长

育学院的操场上玩，陪我玩沙子，教我学走路；奶奶虽然腿脚不方便，但每次都是她给我洗澡。

由于那时我还很小，所以对于生活在利农庄的经历几乎没有什么印象，与我有关的故事也基本上都是听父母或爷爷奶奶讲的。但对于我的父母来说，因为我的降临，他们的生活从此大不一样，他们觉得，是我为他们带来了许多无法想象的美妙的事情，让他们感受到了从来没有过的快乐和幸福。

2000—2008：两室两厅时代

2000 年的时候，爸爸的单位开始了住房改革，单位不再分配住房，而是把房子作为商品，卖给教职工，同时社会上也开始盖商品房了，有钱的人家可以到社会上买到更好的房子。为配合房改，爸爸的单位又盖了一些新房子，按个人分数排队，先分房，后买房。这时，爸爸已经是副处长、副教授了，在同龄人中，分数比较高，所以有幸分到了一套新房子。这次房子更大了，90 多平方米，两室两厅，有单独的餐厅，还有一间储藏室，再加上当时爷爷奶奶搬回老家的新房住了，所以那栋房子显得很宽敞。搬到那边以后，父母买了一套布艺沙发，又买了写字台和手提电脑，还买了一台新冰箱、一个厨台、一个大书橱等许多家具。我上学以后，他们又为我的房间打了一个木质书架。原来那个婴儿床，用来在厨房里放各种果蔬和物品。

我对于那套房子的记忆是深刻的，也是最难以忘怀的。

记得刚搬进新房子的时候，虽然父母为我准备了房间，但我总是死缠着非要和他们一起睡，每天都要让爸爸给我讲一个成语故事，骑在爸爸的脖子上玩骑马游戏……

可是后来，事情发生了变化。妈妈考取了北京师范大学的博士，她要去北京读博士了，爸爸一个人无法照顾我，于是把我送回了爷爷奶奶家。我家有了比较好的房子，但妈妈出去读书了，我回老家上幼儿园，家里只剩下爸爸了。我在老家上了两年幼儿园，最渴望的事情就是放假，因为只有放假，我才能回到我们的新家，只有放假，妈妈才回来，我们全家人才能够一起聚在新房子里。我上小学一年级的时候，妈妈还没有毕业，于是我回到了四川眉山妈妈的老家，住在姨妈家，在眉山实验小学上一年级。这一年，我只回了一次新房子，放寒假的时候，姨妈把我送上飞机，我一个人从成都飞回了济南。在新房子里过了一个寒假，回四川的时候，我哭了，爸爸、妈妈也都哭了。2004 年夏天，妈妈毕业了，我才回到济南，在山师附小读书，我们一家人又重新聚到一起。

2006 年春，弟弟出生了，妈妈为了照顾他特意从老家带了一个姐姐过来，我们家又变成了五口之家。虽然父母要把一部分爱匀给弟弟，但是调皮的弟弟每天给家里带来无尽欢笑，我也十分开心。

这间新房子，是我真正有记忆的第一个家。在这间新房子里，发生了很多我印象深刻的事情：爸爸又升职了，妈妈拿到了博士学位，我辗转几个地方，最后又回到了这间新房子，回到了我自己的家，弟弟出生了。我有时不明白为什么在这间新房子会发生那么多的事情，妈妈说，是因为有了新房子，就要做更多的事情。

2008至今：复式大房子时代

早在2002年，山师买下了一块地，建成一座小区给老师住。2006年，我们在这个小区买下了现在住的这套房子，装修好后，在2008年夏天再次搬家。这套新房子是复式结构，200多平方米，上下两层加起来有七间屋子。之所以买这么大的房子，是因为当时我们家已经有五口人，若只买单层肯定住不开，再加上我们还打算以后把爷爷奶奶或是外公外婆接到这里来住上一阵，若不买大房子，根本住不下这么多人。所以，尽管父母的钱有些紧张，但还是买了下来。

买下这栋新房子后，我们家前前后后花了100多万元，单是装修就花了将近30万，还请了一个专业设计师来帮我们装修房子，又买了好多新家具，把我们家装修得很漂亮。后来我邀请同学到家里来玩，他们都说我家的房子“有点太豪华了”。

我的那间卧室是那位设计师精心布置的。本来是两间房，后来把中间的那道墙给拆了，就成了一间大卧室，将近18平方米。墙上贴着壁纸，一个大书架、三个衣柜和两个放杂物的橱子放在一起，有一张白色的大桌子，有五个抽屉，墙上还有个小装饰架。爸爸还专门为我买了一张大床和两个床头柜，其中一个床头柜上还放着一台手提电脑，床的上方有一盏很漂亮的灯。我刚住进这个房间时，都怀疑自己是不是在做梦，因为在我心里，这应该就是所谓的“公主房”了，以前我们家从来都没有住过这么漂亮的房子啊！

去年我读高中了，爸爸、妈妈跟我商量是否愿意住校，我没有同意，说实在的，我舍不得离开这栋新房子，我也不愿意再像之前一样，

我的“公主房”

一家人总是分离。

可是分离的事情还是发生了。爸爸也要去北京读博士了。住上这样的房子没多长时间，一家人还没有怎么来得及享受，爸爸就开始一个人关在书房里，埋头准备博士考试，去年，爸爸考上了。临走前的一段时间，我忍不住问爸爸：“爸爸您已经是十多年的处长了，您和妈妈也都是教授了，我们家的房子也终于住得宽敞了。您为什么一定要去读博士？”爸爸的回答耐人寻味，他半开玩笑地跟我说：“是因为我害怕啊！”我说：“您害怕什么？”爸爸说：“我害怕房子住好了，学问反倒做不好了！”

爸爸去北京后很少回来，妈妈一个人带我和弟弟很辛苦。我很想爸爸，可一想到爸爸就想到他说的那句话，我好像明白，但又不是很明白，朦胧中似乎在感受着一种力量，它推动着我的学习，支撑着我的成长。

谱写奇迹

黄美莹/东莞市东城初级中学　　**黄颂茵**/指导老师

在一个飘雨的晚上，乌云沉甸甸地压了下来，滋润着那漫出翠绿的农田。一个衣着极其单薄的男孩在那望不到边际的农田里慢慢走着，水珠从发梢上滴落下来，嘴唇在寒风中冻成了紫黑色，冷得直打战。

他也曾焦虑过，寻找过，可那满山遍野的绿色就像是要把他吞噬了，他怎么也找不到回去的路。他就这么漫无目的地走着，也不知道要走向哪里……

这个男孩就是我的父亲，我那只是初中毕业的父亲。

父子相争

父亲说，他有五个兄弟，还有两个姐姐。

快要中考的时候，父亲的二哥结婚。为了给二哥办婚礼、装新房，花了不少积蓄，家中的经济一下子陷入了困境，爷爷再也供不起父亲读书了。

父亲辍学后，就和他的两个姐姐两个哥哥一起在家里帮忙干些农活。大家早起晚归，干得不亦乐乎。后来，爷爷有了些积蓄，打算把这个小房子扩装一下，这对于大家来说并非是件喜事。

一天，父亲照常在屋里刷着水泥。爷爷突然走到父亲面前，对父亲说："你怎么刷得那么慢？啊？你在做什么事啊！"说着便给父亲做了一个"正确刷水泥"的样子。那时，父亲正处于叛逆时期，对于这种"教导"，心里可不服气了。父亲心里想："你是熟手嘛！做了那么多年（爷爷以前做过泥水匠），我才刚刚开始学，当然没你那么快啦！真是的。"心里这么想着，嘴便不自不觉地嘬了起来。爷爷看父亲那个不服气的样子，心中便来了火，"哎呀！翅膀长硬了不是？看我怎么收拾你！"嘴上喃喃地骂了起来，动身找锄头去了。爷爷追着我的父亲，从屋里打到屋外，从屋后打到屋前。一直追打到到门外的场地上，我的父亲也捡起老早荒废在场地上的一把锄头抵挡着爷爷的进攻。

"我和你讲，你没有我养你，你什么都不是，你吃我的、穿我的，叫你做点事，你还做那么慢。"

"你怎么知道我没有你就什么都不是？"

"你有本事别靠我，别吃我的、穿我的，出去社会上混啊！我就不相信你能混出个人样！"

"如果我在社会上没混出人样，我就永不踏进家门。"

说完，父亲愤然丢下锄头，回房间收拾那少得可怜的衣物。

父亲下定决心，要到外面去增长见识，去闯出一片属于自己的大天地！他想改变家族世代为农的命运！当时农村流行着这样的说法："命是上天注定的，生在农民的家，就注定要过着脸朝黄土背朝天的生活。出不了农村，注定了永远穷苦。"就这样，我的父亲开始了他的谋生之路。

寻工无果

父亲先到了福建福州，一下火车，心里的那块大石头总算落地了。可工作在哪呢？

“这儿没有熟人，工作哪儿有啊？”父亲显得十分无助。下一步该去往何处呢？他在路上慢慢地挪着脚步，手伸到裤袋里，紧紧抓住那所剩无几的钱财。那时的他，每天只吃一餐，就为了省下一些钱，支撑到他找到工作为止。父亲一条一条地看着贴出来的招聘告示，盲目地寻找正在招工的工厂，可每一个招聘告示他都不符合条件。

不久父亲便去了泉州。

正月下着大雨的一天，父亲仍在艰苦地找着工作。不知怎的，竟闯入了一片无边的田园，映入眼帘的除了绿色，还是绿色……甚至没有一间房子，看不见一个人影。

他迷失了方向……

不知不觉已是下午六点，天暗了下来，天气变得更加寒冷。父亲的双手相互交握着，只为了暖和一点点。无情的雨点敲打着父亲，萧瑟的寒风向父亲袭来，心底的无助在父亲的心中涌起……

也不知又走了多久，又走了多远，在模糊的夜色中，远处似乎有座废弃的房屋在迷雾与雨点的交错中若隐若现。父亲低落的情绪一下子全消失，松懈的神经紧张起来，沉重的脚步急促起来！父亲心中的希望被重新点燃。他几乎是小跑着过去的……

跑到那座废弃的房屋前，父亲按捺不住心中的欣喜。今晚终于有个遮风避雨的地方了。推门而入，却发现屋里依然暴雨如注。这是怎么回事？父亲本能地抬起头看看房顶，却发现房顶居然没有任何遮庇。父亲就这样看着房顶，眼眶中有些潮湿。他不禁感慨道：“天下如此之大，为何没有我的容身之地？”

那一夜，我的父亲在暴雨中依偎在墙角度过了悲惨的一夜。

天宝就职，深感学历不足

父亲再也无心在泉州待下去了，他来到了东莞，被招到东莞的天宝电器厂做普工。在那里，早上八点开始工作，到晚上六点就可以了，休息时间十分充裕。不仅管吃住，每个月还有260元的工资发，在那时已经算是一笔很大的数目了。对于那时的父亲来说，那段日子算是十分幸福的。

父亲良好的沟通能力与勤奋的工作状态，得到了领导们的赏识。渐渐地，父亲和坐办公室的白领们成了朋友。这些人的谈吐是高雅的，知识面是宽广且丰富的。父亲几乎都插不上嘴，只能在一旁眼睁睁地看着他们聊。当他们问起父亲的意见时，父亲只能盲目地点点头。这时，父亲便感觉自己的文化水平太低了。

于是父亲让读高三的弟弟从家乡寄来从高一到高三的书本自学。父亲自己把这六本书都绑在一起，弄成一本厚厚的大书。

每天，天还蒙蒙亮的时候，父亲就起床了，花两个多小时看书、做习题……一直到七点半工友们都起床要工作了，他才放下书本。每天下午六点吃完饭后，大家都去打篮球，去逛街。父亲每次都先回宿舍洗完澡，然后把那厚重的书夹在臂弯，走到工厂的大门边，借着微弱的天光看书。厂里有规矩，每到晚上，除了门外的保安室可以亮灯，其他的地方都是黑暗的。所以到太阳只有最后一抹余晖时，父亲便走到离厂里最近的市人民医院的门旁，借着医院明亮的灯光，一直读到晚上11点。

刚开始，医院的人也不让父亲在门旁读书。但父亲总是走开一会儿，又回来了。久而久之，医院的人也被父亲那颗好学的心感动。自此，医院的大门旁便多了一位捧着书的年轻人，这成了医院一道特殊的风景线。

“我考上大学啦！”

转眼间，一年半就这样过去了。那本厚重的书，也读完了。我的父亲，用坚强的毅力，只花了一年半，就自学完了高中三年的课程。

时间一点一滴地流逝着，一晃眼，高考已迫在眉睫。

考试那天，父亲带着希望走向了学校考场。五门课程，占用了父亲六天的时间（两天考试，四天等成绩）。在这六天里，父亲的心里像是压了块大石头，特别沉重。

六天的煎熬总算过去了，考试的成绩马上就要出来了，父亲的心情是沉重而复杂的。这一整天，父亲都无心工作，眼睛死死盯着一旁的公用电话机，盼望着学校的来电。每一个打来的电话，父亲都很积极地去接，可没有一通是学校打来的。快到中午了，学校那边竟没有一点儿消息，父亲有点灰心了。同事叫他：“哎，快去吃饭了！要不然好吃的都被抢光了就没得吃了。”父亲连声答应着：“好，好，你先去吧，我马上就来。”说完正准备离开，一旁的公用电话突然“叮铃铃”地响了起来。父亲赶紧去接，电话那头传来标准的普通话：“请问，是黄先生吗？”“是，是，是！”父亲因为激动，说话都结巴了。听到电话那头说“恭喜你，考上了东莞理工学院”那一刻，激动的泪水从父亲的眼眶一涌而出。接近两年的辛苦终于有了回报，父亲顾不得多说什么，只简单地说了句“谢谢”便挂了电话。

父亲就像一只刚出笼的小鸟，掩饰不住心底的喜悦。他忘情地奔跑在工厂的周围，还不时对着蔚蓝的天空大喊：“我考上大学了，我终于考上大学了！”就这样，他不知疲倦地奔跑着，呐喊着，忘了时间，也忘了饥饿……

勤工俭学的生活

为了保证经济来源，可以交上学费，父亲选择了半工半读。

那时，父亲依然早起读书两个多小时，晚上在医院门口读到11点。尽管生活很忙碌，但心里却是甜的。

大一那年，父亲没有足够的钱，所以买的大多数是些便宜的旧书。有时父亲还从朋友那儿低价买书看，有些书页已经零散了。每当这时，父亲总会一页一页地收拾、分类，把它们整理到一个箱子里去。等到同一类内容的书页积到有一本书那么厚，就一页一页把它们叠好，再用一张大纸把那一叠书页全包住，当作封面，写上书名，然后在每页穿洞，用一根长长的铁条插进去，把书页串起来压紧，就成了一本自己制作的书了。书里面的页码都接不上号，可就是这样的一本本书，陪我的父亲度过了他的大专生涯。

突发的变故

大一下学期的时候，父亲已经离开天宝，进入一家塑料厂做临时工人。每天，父亲都要在机器的隆隆声中辛勤工作，机器因运转过久而发热，工人汗流浃背，厂房里整日笼罩着使人喘不过气的闷热和久散不去的汗臭味。

一日，父亲如往常一样工作，厂房里不变的隆隆声，夹杂着工友们聊天八卦的声音，一切都仿佛那么平静。忽然，一声巨响，父亲晕倒在厂房里。

等到睁开眼睛，他发现自己已经躺在了医院雪白的病床上。大拇指传来钻心的疼痛，他才知道大拇指被机器切掉了一大块。爸爸没有那么多钱动手术，向工厂要，老板说爸爸是临时工没有合同，拒绝赔偿。当时爸爸的大学同学举行了一次募捐，凑了一万多块。医院知道了爸爸这个情况，把手术费一减再减，只收了药物成本费。

卖米的“商人”

爸爸在医院住了一个多月，身上的钱已经所剩无几，再没有钱交学费了，于是他想去做点来钱快的生意。他无意中了解到家乡的米价比东莞的要便宜许多，于是向别人借了 1000 多块钱，和我的大伯合伙从家乡调了几车大米来东莞。

可是，因为爸爸没有经营过大米生意，不了解市场行情，加上家乡离东莞路途遥远耽误了时间，所以米刚调过来，东莞的米价就开始往下跌，爸爸不仅没有赚到钱，还亏了 1000 多块。

没办法，这只能怪自己经营不当。大伯本身也不富裕，本以为和爸爸合伙能稳赚不亏，可谁知世事难料。于是大伯急了，向爸爸诉苦：“这可怎么办哪？亏了 1000 多块钱，这下日子可怎么过啊？”爸爸安慰大伯：“钱亏都亏了，日子还得照样过啊！没事，这次的损失全由我来出。哥哥你回家去吧！”

于是爸爸一个人负起了这 1000 多元的巨额债务。这下更交不起学费了。学校的班主任听说之后，很同情爸爸的经历，便替他先垫付了一年的学费，让他继续留在学校，完成学业。

大三那年，我的叔叔也考上了大学。这时，供养弟弟的重任便落到了父亲的肩上。

在这个工厂每月挣的 260 元钱除了日常的开销，怎么还供得起两个人读书？没办法，父亲只能去做兼职。一天下来，父亲至少要去打两份工：在电器厂做全职工人，一直做到下午六点下班；下班后，去当家教，教小孩子读书写字一直到八点。有时，午休时间父亲都会去餐厅当服务员，挣些外快呢！周末，父亲除了去上学，还得去快餐店里打点小工，有时还帮忙发发传单。

我的父亲就是以这样的方式度过了他大专的最后一年。可他仍不满足，又向更高一级的本科学历发起冲刺！

因为多了一张大专毕业证，父亲的求职之路变得更顺畅了。刚毕业，他便进入东莞市东英电脑织唛厂当业务员，工资一下子提到几千块钱一个月。这下，父亲和叔叔的学费都有着落了。

步步高升的学业

在东英电脑织唛厂工作期间，父亲考进了东莞市广播电视大学读专升本，学习法学专业。那时，父亲就住在学校里了。

他还是像从前那么勤奋，还是用自己做的本子，晚上还是读书读到 11 点才肯休息。但是，晚上同学们都关灯睡觉了，父亲不想打扰他们，只能悄悄走到宿舍门口默默地看书。

为了方便看书，父亲用零花钱买了一盏灯。晚上，他就把插头插到宿舍门口的开关上，把灯光尽量调得微弱些，只要能看到书上的字就行。就这样日复一日读书，一年很快就过去了，父亲毕业了，学历又上了一层楼。学业升，事业升，生活水平也明显改善了！

那时可是父亲辉煌的时期！父亲为家里还清了所有债，还买了一套房子。我的母亲也在这时来到了这个温馨的小家庭。父亲的日子过得算是有滋有味。

在那个姹紫嫣红的六月，父亲读完了本科，周末很空闲，不再像以前那样忙着读书应考了。可是才在家待了几个周末，父亲便不耐烦了，他必须给自己找点事做。最好的事就是踏入学堂！容不得片刻迟疑，说做就做。于是父亲马上便去报考了研究生。因为有了前几次的报考经验，这次父亲很快办完了手续，回到家，再次捧起刚放下不久的书本。两年后，我的父亲顺利从广东省社会科学院研究生院毕业。

就这样父亲的幸福像花一样绽开了……

艰辛创业后的成功

可幸福并没有持续多久，2005 年，父亲工作的织唛厂破产了。

一个朋友对父亲说，现在食品添加剂销量很火，问他要不要也开一家这样的公司。反正在家也是闲着，做这个行业又不用整天去上班，而且那个朋友也是做这门生意的，懂些有关的知识，父亲不禁怦然心动。

从那时开始，父亲就抓紧时间筹备资金，置办厂房，购入机器……虽然很疲惫，但他一想到新厂房，心里就不禁乐开了花……

一切都准备就绪了，可是一场突如其来的灾祸却击碎了父母的心……

那天，父母一起在厂门口等着货车来，车上装着他们花了好几十万买来的一套仪器。他们站在厂门口等了好一会儿，没见车到，心里开始发慌。

父亲打电话给送货司机，司机说离厂门口还有不到 600 米了，父亲心里的一块石头总算落了地。可突然，手机的另一端传来“砰”的一声。怎么了？父母俩的心又重新悬了起来。“喂，喂！”父亲焦急地对着手机喊，可回应他的却是有节奏的嘟嘟声。父亲握着电话的那只手突然软了下来，无力地耷拉着。母亲一看父亲神色不对劲，赶忙问：“怎么了，出什么事了吗？”父亲缓慢地对她说了自己的预感，语气很沉重。

果然，当他们赶到事发现场时，看见机器撞在了坚硬的桥身上，不过幸运的是司机没有受伤，手机断线，只是因为碰撞时掉到地下摔坏了。父亲禁不起这番打击，一下子竟晕了过去。

父亲迷迷糊糊地睁开了眼睛，发现自己正躺在厂里，而母亲坐在身旁陪伴着。看见父亲醒来，母亲松了一口气，赶紧问他身体怎么样，可父亲现在哪有心思回答啊，只是敷衍地说“没事”便马上询问那批器材的情况。母亲只能沉默地摇摇头，因为经过反复试验，机器已经不能用了。父亲的心仿佛石化了……

不过，事情已经这样了，再伤心也于事无补，唯一能做的就是解决问题。货已经出了厂家，就不关厂家的事了；而送货的司机是父亲请来的，再说他的车也受了些损伤，再去要赔偿，恐怕有些不好意思。父亲只能联系厂家看看能不能以旧换新少收些钱，通过与厂家多次协商，对方才答应把机器运回去以旧换新。

这件事总算过去了，父亲的公司终于开始了生产。可这个品牌是刚做起来的，很多人不知道，所以父亲聘请了业务员推销产品。可很多业务员因为前几个月都没有跑到一个单，知道这个产品也不好跑，就纷纷离职了。产品推销不出去，公司就谈不上效益。父亲只能花比其他厂家更高的价钱来招聘业务员，甚至亲自跑业务，可这并没有起到多大的效果。这个产品是新上市的，没有知名度，顾客们不相信，而且高价格也造成很多客户流失。是啊，谁愿意把钱砸到没有知名度而且价格高的产品上呢？那时，就算只卖出一包，父亲都会高兴好一阵子。

开始那几个月一直在亏本，幸好家中的积蓄还是够给伙计们发工资的。就这样硬撑了一年，积蓄也要见底了，家里陷入了困境。一天，母亲咬着嘴唇对父亲说："我们的积蓄也不多了，不如……不如放弃吧！"说完后，母亲低下了头，不敢吭声。"不，我们再坚持坚持。"父亲坚定地说。"好吧，既然你决定了，就这样做吧！"

每每到发工资的前几天，父母的眉头就一直紧锁着。他们想向朋友们借钱，可是刚开始接电话，朋友是嬉皮笑脸的，一谈到钱，便都纷纷找理由拒绝，有的甚至还跟父亲诉起了苦。只有少数人肯把钱借给父亲，可借过一次后，也不肯再借了。这时，父亲为了保全整个公司，不惜向别人借高利贷。

随着时间的推移，父亲跑的厂家也越来越多。经过不断发传单、打广告、参加比赛，产品被越来越多人接受。终于，皇天不负有心人，父亲的事业越做越好，越做越大。我们家中出现了这种情景：

姐姐坐在母亲身边，母亲抱着妹妹坐在父亲身边，一家人相视而笑，脸上是满满的幸福……

第八十六年，小雪

李劼/江苏省扬州中学　　**梅冬**/指导老师

我要说的故事发生在白野，主人公的名字叫李锦才。锦才，大约是父母也希望他有锦绣文才，然而事实上，他却目不识丁。这不知是个莫大的讽刺，还是潜伏的苍凉。

在这一小片土地上住着的人家都姓李，所以称为李家庄。像我这样的辈分，得叫李锦才一声“老爹”，这是乡下土话，我觉着是曾祖父的意思，但又不像。而我的爷爷奶奶这样的辈分有时叫他“老爹”，有时则叫“老锦才”，按常理说，后者是很不礼貌的，但从前的我却没有想到那么多。

老爹的妻子是我的太奶奶周桂英，奇怪的是，她比老爹大十来岁，就是在今天也很不可思议，何况是从前，不过儿时的我并未想到去深究。我们不论辈分都称她“老太太”，这个称呼似乎很容易让人想起白发苍苍拄着龙头拐杖的老太君，有种大家族当家主母的味道。然而她其实是李家的三姨太，进门没多久本家就衰落了，亲戚们闹起分家瓜分了田地，留给她的也没剩多少。她和老爹就是在这样的条件下把我的爷爷拉扯大，母子俩感情很深。在我的记忆里，老太太一直卧病在床。每年回老家，少不了要向老太太老爹拜年，隔着几米远，喊上几遍老太太才会在浅蓝色的老旧账幔后应上一声，含含糊糊，不太能分辨，大部分时候，她会努力大声地回一句“好！好！”。

我有时候会想象她年轻时的样子，一个满怀着希望的新妇却慢慢被生活折磨得失去了往日的青春风华，她是怎样面对的呢？从前的她恐怕是勇敢的、坚韧的——不然也无法应对那些复杂的家族斗争。她出生于民国初年，却仍然裹了小脚，就是这么个小脚女人挑起了家庭的重担。只是长久的岁月把她全部的棱角埋葬在了厚厚的积灰下，使她看起来就像一块抛过光却不曾雕琢的羊脂玉，散发着温润的气泽。也正是因为裹脚，行走极其不便，一次不慎摔得很重，从此她再也没能站起来，身子也一天不如一天。她的房间光线极暗，仅有窗户处有些许的光亮，却照不到她卧病的床。后来她甚至难以起身，只能仰面看着那老古董木床上头的框架结构或是索性昏睡过去。老爹会照料她，在饭点喂她吃东西。这种日子从我出生前很早就开始，贯穿着我对老太太的记忆，直到她去世。

那时我六七岁，老太太的葬礼是我第一次面对死亡。原来死亡是如此厚重的东西，可以轻易让一个人，尤其是一个你已习惯她的存在的人，不再出现在这个世界上。我依然清楚地记得送葬那天我努力表现出悲怆的样子，却没能流出一滴泪，这大约是我长这么大最悔恨的一件事。在那一天之前，老太太在我脑海里的印象都十分寡淡，我对于她容貌的记忆全部来自她的遗照和告别遗体时玻璃板下她沉睡的模样，可惜时光不能重返，我至少该坐在她的床边和她说说话。

老太太走了之后，老爹闲了下来。他是个很瘦弱的老人，除了冬天常穿着一件军大衣，完全看不出一星半点当过兵的痕迹。屋子本来不大，可一个人到底有些空荡荡的，门口两棵白果树，菜圃打理得也有模有样，他常常坐在废弃的石磨盘沿上，抽两口烟，有人经过就招呼几句，没人就眯着眼晒太阳。对于老人来讲，生命所剩无几，不知哪天就会西去，可他却晒着太阳打发掉了大把大把的时光。他高兴的时候就和爷爷喝两口酒，不过合家团聚围坐在桌边时，老爹从来不坐上首，那个位置一直是爷爷坐，他总是挨着爷爷坐下，笑呵呵地喝酒聊天，露出稀疏的牙齿。

就像一个平凡得不能再平凡的老人，你真的很难想象他有一段戎马生涯，总之他不曾向我们说起。他没有军功，只是个普通的小兵，按年纪算，应该打过日本人。据说他是在一次部队经过时，留在了白野李家庄，那是解放战争临近结束的时候了。说得难听点，是个逃兵。所以他对往事的沉默可以理解。但我总觉得，更有可能的原因是，老爹对充斥着战火硝烟的青年时代并没有太多美好的回忆。他整个的金色年华都付与了一场又一场战斗，这让人厌倦，让人眩晕，让人不愿意重温。他的参军，没有什么崇高的理由，只是为了混口饭吃罢了，报效国家或许只是顺便。所幸并没有站错队伍，年纪大了还有津贴，按以前的政策，国民党的军人是拿不到的。

津贴确实是个很现实的利益，尤其对于算得上一穷二白的老爹。老爹住的屋子还是从前老太太那间，不知是哪个时候建的老房子了。做门槛的木头明显有腐烂的迹象，门楣上一条窄窄的红纸只留下半截，上面写着“姜太公”，至于姜太公怎么却没法知晓，门楣下贴着一排红色方形的挂落做装饰，若是崭新的倒也还好看，只是不知多久没换，有的剪纸已经撕开来。从屋外头一看，灰色的墙面上刷着厚薄不匀的白漆，白漆覆盖着红色的“毛主席语录”字样，隐约还能辨得清，再往下白漆就厚了些看不出原来的字了，只有些模糊的红影，一如那个特殊的时代，在一层层的粉刷下失去了原本的真实。不过对于当时完全败落的李家，时代的混乱倒没有造成太大的影响。踏进门槛，里头还是泥地，整个屋子就两个房间，一间卧房，一间算正厅，没有厕所和厨房。老爹的伙食一直由爷爷奶奶负责，而以前的农村路边都有公用的厕所，现在还在，但早就荒废了。

正厅里头是香案，假寿桃上落满了灰，香炉也只是个摆设，旁边摆了许多杂物，唯一的大件是一辆老式自行车，后来也不知去向。正厅的光线也很昏暗，尤其是晚上，只有房梁上一根电线吊着个灯泡，再无其他照明工具。而这灯泡仿佛上世纪的遗民，懒洋洋地发出萤火般的昏黄光芒，提不起精神。

再往前面是一张藤条躺椅，说是躺椅，实则是老爹的床，尽管从前老太太养病的大木床空置在里间的卧房，老爹还是一年四季睡在那张躺椅上。老太太在世时，这张躺椅在里屋离她不远，她去世后才挪到了外厅。

故事写到这里，如果你仔细看可以发现很多不合常理之处，后来我还是因为一个偶然的机会得知了事情的真相。

这得回到一年多以前，不知从哪儿知道这片地方要拆迁，爷爷有个兄弟从新疆赶来同他打官司争房产。这回笑呵呵的老爹也不开心了，一是这人从未回来看过老太太，连老太太去世也没有回来，二是他要赶走老爹，那么老爹便彻底失去了住了几十年的老屋子。

而我从一份文档里看到了曾祖父的名字，却不是李锦才，而是李吉岸。是啊，如果李锦才是我的曾祖父，对方就毫无空子可钻，那么他是什么身份？

这又要回到很久以前说起。

李吉岸是做生意的，也是当地的“保长”。保长制度是什么时候荒废的也没有明确的界定，农村仿佛总是滞后于教科书上白纸黑字给出的时间。他有大片土地，是个富户。要搁在“文革”时期，绝对是资本家那一级的。他家女儿出嫁时，光嫁妆就绵延几里地，为了防止人来抢，还有枪队护送着，真真是无限风光，羡煞旁人。但两个妻子都没能生出个儿子，不得已，李吉岸认李德来，也就是来分房产的“爷爷的兄弟”做儿子。后来，李吉岸又娶了第三房周桂英，生了我爷爷李德云，爷爷是他唯一的亲生儿子。如果他知道，他李吉岸的儿子最终成了一个不识字的穷苦农民，真不知会做何感想。那年李德来九岁，脱离我们家到了庄上另一户人家。

而李锦才这时离开部队，留在白野李吉岸家中做长工。

没过多久，爷爷三四岁的时候，太爷爷便去世了。几房姨太太还有亲戚，也包括李德来都争夺家产。几方力量争斗中，太奶奶和爷爷孤儿寡母，显得势单力薄。于是太奶奶周桂英选择了长工李锦才作为帮手和依靠。

最后李德来分得 70 亩地，而爷爷只得了房子，还陆续变卖了不少，这个结果明显是李德来获利较多。地就是人的命根子。至少在当时的白野李家庄就是如此。但谁也没想到的是，一场土改，他便什么也没有了，辛辛苦苦得来的，转眼就烟消云散。如果不是这段经历，兴许他会是个更加温和的人。而李吉岸辛劳得来的家产，就这么轻而易举地和李家没了半点关系。

因为李德来和我们家的这种尴尬的关系，所以家里人对他都很反感。可是我却觉得，一个上了年纪的老人家，千里奔波，撑着一副不怎么样的身体操心打官司的事，本身就很辛酸，毕竟每个老人不都期望一个能安享天伦之乐的晚年吗？他只是历史浪潮中一粒沙，而滚滚江涛中夹杂着许多这样的沙粒，只是我们看不见，他也是个可怜之人。我们所谓时代的前进其实是残酷的，很多人就轻易被那些“崇高的追求”牺牲掉，湮没无闻，长眠在历史的荒烟蔓草间。

再回到老爹李锦才身上。

知道真实的故事后，我渐渐理解了之前种种矛盾，它们都有内在的合理性。我一直以为他和老太太是夫妻，然而在他心里却有明确的主仆之分，好像他侍候老太太是理所当然。改革开放的春风吹了那么多年，也吹不进他心里的那道坎儿，他固执地坚守着心底那个世界的规则，而老太太的去世几乎抹杀了他在现实世界的意义。因而他不会对自己的生命患得患失，他心底的世界随着老太太的去世，一点一点地崩塌了，当他胸中的城掉落最后一块城砖时，他的生命也就走到了尽头。老爹这一生几乎是为老太太而活，他没有自己的子女，大半辈子都殷勤踏实地照料着他自认为的“主人”。我不知道他们之间是否有爱，但可以想象，即使是相爱的夫妇也未必能做到像老爹这样大半个世纪的坚守。也是因为身份的原因，爷爷奶奶有时候会称呼他“老锦才”。但我意外的是，“老爹”真的是他们对曾祖父的称呼。

2012 年深秋，当一天早上爷爷去喊老爹吃早饭时，老爹躺在他的藤条椅上永远停止了呼吸。停灵时，爷爷给老爹穿上明黄寿衣，把他放在了那张从前老太太睡的大床上。爷爷的小女儿不肯跪拜老爹，爷爷一边烧纸一边呵斥她，甚至抄起木棍当着我们这些小辈的面要打她。我知道老爹对于爷爷其实就是父亲般的存在，这点毋庸置疑。那时夜已深，点燃的纸边缘迅速焦黑，成为一圈华丽的镶边，好像被虫蛀得镂空的腊梅叶一样飞散出去，在那两棵白果树下的土地里悄然化为灰烬，与泥土不分彼此。

我不知道世界上还有没有老爹这样固执而坚强的人。如果我用符号去定义他，或许他就是个老封建。可是我却有一种莫名的感动。他的去世总让我感觉有什么东西也随之消散了。

那一年，老爹 86 岁；那一天，是壬辰龙年十月初九，小雪，宜丧葬。

后 记

记录这个故事的时候，我本想着重于过去发生的事情。但是我发现没有办法脱离现在去谈过去。现在，是过去的遗存。新农村建设热火朝天，白野李家庄的农民们也盖起小楼过上了安稳的日子。老爹的屋子在它们中间显得十分突兀，像八大山人笔下的鸟，冷眼看着世间，格格不入。

屋子终究还是空了。没有人住，加上年头已久，可能它很快会被更新更漂亮的楼房取代，我没有办法也没有能力去阻止。“当你不能够再拥有，你唯一可以做的，就是令自己不要忘记。”我很喜欢这句台词，因为我确实只能如此。

一个人的存在，不该了无痕迹。老爹，假如你有知，我想说，你今生今世存在世间的证据保留在这里，请你，不必牵挂。

老贾家的女人们

贾志遂/南京外国语学校　　**夷萍**/指导老师

一

1942 年农历三月的一个夜晚，整个村庄都沉寂在睡梦中，只有王家的院里有些嘈杂忙乱——是王家媳妇临盆了。忙活了大半宿，屋子里终于传出了一阵婴儿的啼哭，然而，这个新生命的降生并没有给家人带来多少喜悦。

“怎么又是个女孩？！”

“老大是女儿，老二也是女儿，这都第三个女儿了！扔了算了！”

接生婆觉得晦气，帮婴儿剪了脐带，草草地包了一下就走了。家人也在得知是女儿时纷纷散了，只留下婆婆。

婆婆有些嫌恶地把婴儿扔进门后的尿桶里，看着她在尿水里挣扎了几下就没了动静，然后把她放进一个粪筐中，递给家里的放牛娃，嘱咐说：“去，把这死东西找个地方扔了。”放牛娃对这种事情已经见怪不怪，应了一声就背着筐出了门。

三月尚是春寒料峭的时节，又是晚上，风凉飕飕的。放牛娃走着走着忍不住打了个寒噤，于是把衣服裹紧，加快脚步，急着向前赶路。

待走到一处山冈上时，忽然从粪筐里传来了婴儿的哭声。那放牛娃以为婴儿早在桶里淹死了，却突然听到哭声，一下就被吓傻了，随手把筐扔到一边，跌跌撞撞地逃了。原来，因为一路颠簸，婴儿“哇”的一声吐出了肚中的尿水，活过来了。

婴儿哭了一个晚上。第二天，村里一个独居的老奶奶收养了她。

这个婴儿，就是我的奶奶。

奶奶活了下来，在这个小村子里，嫁给了爷爷，生了姑姑、爸爸和叔叔。

“大跃进”的时候，因为既是孤儿又是贫农，奶奶入了党，当上了村里的妇女主任。但是由于没有文化，她终究还是留在村子里做了一辈子的农民。

那个时候溺死女婴的事情并不少见，但并不都如我奶奶那样能幸运地活下来。奶奶的村子里发生过另一件溺婴事件：家人想把女婴从粪筐扔到粪池里，女婴凭着求生的本能抓住筐边不松手，为了让她放手，旁边的人用长柄的粪铲捣她的手。小小的手被捣烂了，女婴松了手，被淹死在粪池里。

二

1981 年的中考，姑姑花子差一分没有考上高中。

张榜那天，她的班主任特意来到了家里，苦口婆心地对爷爷奶奶说：“差一分不要紧，还可以复读，一定要让她复读啊！她复读肯定能考上的！”

可是姑姑终究没有复读，并且从那之后再也没有上过学。

姑姑开始跟着爷爷奶奶下田种地，每天起早贪黑：插秧、除草、除虫、施肥、割稻……夏天太阳最烈的时候她顶着日头在田里锄草，冬天积雪三尺的时候她守在大雪里不停地扒掉大棚上的雪；除了种植小麦、水稻这些常规农作物，她还种着油菜、西红柿、黄瓜，收了这个再种那个，种完了拿到菜市场上去卖，吆喝得嗓子都哑了，回了家还要继续烧饭做菜。女人的活她干，男人的活她也干。

累吗？当然累，可是她能和谁去说呢？只好在干活间隙，偶尔坐在田埂上哭，哭完了抹抹眼泪接着干活。

姑姑是一个很聪明的人，她自己摸索了一套种菜的方法，种的菜很好，商贩点名要进她家的菜。如果她当初继续读书的话，今天的生活想必会大不相同。事实上她自己也是很想读书的，即便是辍学以后，干完农活回家，她还常常忙里偷闲，偷偷地看些弟弟们的书。

然而，对于不能继续读书这件事，姑姑从来都没有抱怨过；她甚至觉得比起村里那些根本就没有上过学的女孩来说，自己能读完初中就很幸运了。没能上成高中是怪自己没考上，要是考上了，爷爷奶奶肯定会给她上。姑姑是这么认为的。

殊不知，在张榜前，爷爷奶奶早就在私下里商量好了：无论姑姑考上考不上高中，都不会让她继续上学了。

姑姑是爷爷奶奶的长女，下面还有两个弟弟：爸爸和叔叔。由于四爷爷夫妇残疾，家里还养了四爷爷的两个儿子，也就是姑姑的两个堂弟。在当时的农村，男孩读了书才好娶媳妇，所以男孩是一定要读书的，而女孩读了书也没用，终究还是要嫁给别人的。彼时家里的境况，光靠爷爷奶奶干活，实在支持不了五个孩子上学。所以只好牺牲姑姑，让她跟着爷爷干活。

叔叔复读了一次才考上了高中，姑姑的一个堂弟复读了两次才上了高中，而姑姑，连复读的机会都没有。

2001 年，爷爷出了车祸，虽然没有危及性命，脑子却被撞得不再清醒了。他躺在病床上还跟奶奶说："要让花子上学，让她继续读书啊！”没有让姑姑上学这件事，或许是爷爷一辈子的心结吧。

姑姑的婚姻也是有故事的。原本爷爷辈们是想让姑姑为了大爷家的一个残疾儿子换亲的。为了这位残疾的堂兄能娶到媳妇，姑姑需要嫁给这个媳妇的哥哥或弟弟。在当时农村，如果家境不好，或儿子有些问题娶媳妇比较困难，双方家庭有时会互换女儿嫁给对方的儿子，结成亲家。后来姑姑的堂兄自杀了，换亲的想法没能实现，姑姑也因此逃过一劫。

姑姑最终嫁给了同村的农民，生了两个儿子。多年的操劳让 50 岁不到的她，看起来像个 60 多岁的老太太。她仍然日夜操劳着：为了养家糊口，更要挣钱给两个儿子娶媳妇。

三

从我记事起，二伯家只有姐弟两个孩子。一次闲谈中，二妈却提过她生了四个孩子。四个？哪来的四个？而且，二妈生孩子的时候，是 20 世纪 80 年代，国家已经开始推行计划生育政策了。她怎么会有四个孩子？

二伯的第一个孩子是女儿，就是我现在的堂姐，银子，她生于 1979 年。计划生育政策规定，在农村，如果一个家庭第一个孩子是女儿的话，就允许再生一个。所以二伯二妈很果断地再生了个孩子，一个家没有男孩怎么行？可是他们最不愿看到的事情发生了：第二个孩子又是一个女儿。这个女儿刚出生，他们就偷偷把她送人了。

很快，第三个孩子出生了。又是个女儿。出生的那一刻，在场所有人希冀的面色都冷了下来，大家默默离去，只剩下二伯一个人。二伯自然知道大家的意思，所有人都不愿意下手，只有他来当这个恶人。他抱起自己的亲生女儿，把她溺死在了房间的尿桶里，然后，把她的尸体丢弃在一处山冈。那是1983年，国家已经改革开放，法律体系已经基本完善，可是40多年前发生在那些女婴身上的悲剧，也降临在了她的身上——不惊动任何人地出生，不惊动任何人地离去，还没来得及睁开眼睛好好看看周围的世界，尚在襁褓之中，就被自己的家人扼杀了。二妈在生产之后，生了半年的病。事隔30年，当我小心翼翼地问起这个孩子的时候，二伯说："我把她杀了。"一个60岁的老农民眼圈红了，声音哽咽了。

再过了两年，二伯二妈终于如愿以偿，生了一个男孩，就是我的堂哥：金子。我不知道他是否知道，他的出生，是以两个女孩的牺牲为代价换来的，而这两个女孩，都是他的亲姐姐。

堂姐银子因为是老大，所以幸运地活下来。更幸运的是，二伯二妈一直供她读书。她考上了艺术学校的摄影专业。她很喜欢摄影，毕业以后一直在影楼工作。

在影楼当学徒的日子，各种艰辛很难用语言表达：一个月只有300元工资，而且各种或琐碎或麻烦或困难的事情，都要她做。她非常热爱这个行业，所以除了老板交代给她的事情，她还主动帮了其他人许多忙。当然她也从中学到了很多，为后来的创业奠定了坚实的基础。

几年学徒出师后，她回到家乡创业。二伯二妈拿出了三万元，她的影楼开张了。三万元，是当时家里所有的积蓄，因此，她的事业只能成功不能失败。她坚持了下来，期间的艰难险阻自不必说——同行竞争、客户服务，还要不断去学习新的技术……

堂姐很勤奋，也很能干。现在，她带着弟弟一起，生意做得有声有色，影楼越办越红火。她成了二伯二妈的骄傲，后半生的依靠。

四

和我爸爸同辈的伯伯叔叔们，都生了儿子，或者因为希望生儿子而生了两个女儿，只有我是独生女。据说，妈妈怀我的时候，爷爷找人算过了，说肯定是儿子。我是个女孩的事实无法改变后，爷爷也多次说过让爸爸妈妈去美国再生一个。我可以想象得到，爷爷因为他的大儿子没有给他生个孙子而失望的心情。幸运的是，我生活在城市，爸爸妈妈是受过良好教育的知识分子，所以我从来没有因为自己是女孩而感到异样，从来都是爸爸妈妈的掌上明珠、心肝宝贝。从小到大，我都没有做过什么重活粗活，一直受着最好的教育。

现在想来，我算是我们这个大家庭里最幸运的一个女孩了。

后　记

这是我们这个大家族里，跨越大半个世纪的四个普通女人的真实故事。每个女人的出生、教育、事业、家庭都因她们所处的时代而截然不同。

第一个故事是奶奶出生的故事。当时是抗日战争时期，在农村地区，根本没有法制观念可言；封建的旧思想广泛而深入存在，重男轻女是一件很正常的事情；再加上当时战乱不断，民不聊生，因而丢弃女婴并不令人奇怪。在当时女性的地位极其低下，可以说和牲口没有什么区别——反正都是要嫁出去的，养也是帮别人养。新中国成立后“大跃进”和“文革”的时候，女性的地位相对提高，奶奶从而当上了干部，这又是后话了。

第二个故事是姑姑的故事。20 世纪 80 年代初，虽说国家已经改革开放了，但是农村重男轻女的封建观念依然严重，主要依靠劳力耕田种地养家糊口，生活拮据，女孩不能读书，回家务农是常有的事。很多女孩辍学或根本不上学，在家务农到一定年龄，找个人嫁了。而在那时的农村，为了儿子能娶到媳妇，让女儿去换亲也是常有的事。一个家庭需要儿子结婚生子、传宗接代；当儿子没有能力娶到媳妇时，这家的女儿就要牺牲自己的婚姻与幸福了。姑姑是一位很憨厚朴实也很聪明的人。哪怕受再多苦、再多累、再多不公，她在这个家里从来没有抱怨过，反而觉得自己很幸运。看着姑姑，我由衷地感到敬佩，还有一点点惋惜。

第三个故事是有关堂姐的。当我知道堂姐家的溺婴事件时，十分惊讶。在20世纪80年代的法制社会，就算有严重的重男轻女观念，也顶多不让女孩上学，怎么还有淹死女婴这样荒谬的事情？不过既然事情已经发生了，就有其道理。当时，计划生育政策已经普及。故事里提到过，在农村，如果第一个孩子是女儿，那可以再生一个孩子。正为了能等到一个儿子，二伯和二妈选择了隐瞒第二、第三个女儿的存在。计划生育政策和重男轻女的封建思想残余，变相地催生了这种弃婴溺婴事件的发生。堂姐是幸运的，她是第一个孩子，没有被丢弃，家里也供她上了大学。她后来的奋斗和成功创业，就是在一个女性与男性基本平等的环境下进行的。

第四个不算故事的故事，是我的故事。我的父母、我出生的地方和我所处的时代，都是对我极其有利的。我的父母都受过高等教育，思想很开放。我出生在1997年的南京。当时在这样比较大的城市里，重男轻女的思想随着法律的约束和人们观念的进步几乎消失了。

最初听到奶奶讲述她极具传奇色彩的出生故事时，我相当震惊——这种向来只在电视剧和小说里才有的故事，居然发生在我的生活中。况且，没有奶奶就没有爸爸，没有爸爸就没有我，故事中奶奶命悬一线，就仿佛我也命悬一线。这样深切的感触促使我对有关女性的话题开始感兴趣，并且访谈了家族里其他几位不同时代、不同经历的女性。

西方女性的地位提升，是通过一次又一次的女权运动，靠一代又一代的女性争取得来的。而中国女性的地位，是由政策、变革的推动而逐渐提升的，比如，新中国成立、“文化大革命”、改革开放、计划生育。时代背景改变着社会观念和女性地位，而每一代女性的故事又反映了其所处时代的历史背景。

中国女性地位改变的被动性，虽然导致了一些女性的观念仍然没有觉醒，“认命”地顺应了自己不公平的命运，如我的姑姑；但同时，也有女性在用自己微薄的力量抗争着，试图改变着——就像那个抓住粪筐边缘紧紧不放的女婴，就像福大命大活下来的我的奶奶，就像坚持创业的我的堂姐。她们太平常了，她们是历史长河里最不起眼的一粒粒沙砾，随波逐流，虽说没有人看得见，但谁说河流的流向不会因为这一粒粒沙砾而稍有转变，谁说历史不是因为她们微渺的抗争而渐渐改变的呢？

岁月霓裳

——外公吴光华的裁缝人生

曹书航/江苏省锡山高级中学　　**李勇琴**/指导老师

窗口支着一台古旧的缝纫机，在岁月的侵蚀下早已锈迹斑驳，即使是最年轻的部件——马达，也已有了 18 年的历史。

在清朗的日光中，在昏黄的余晖里，甚至在夜晚日光灯的光影下，都能看到老人与缝纫机相伴的场景。

引一根长线，踩几下踏板，马达飞转。嗒嗒嗒——针脚细密如雨，不多时便在布料上画出一条整齐的线。

针过处，时光留下了印记……

年少艰难 · 结缘裁缝

许仁桥很不起眼，但是每天车流不断，在这个小镇上，多少年来它都肩负着重要的交通任务。只是在桥上早就听不到以往那清脆悦耳的自行车铃声了，现在过往的几乎都是汽车和电动车，这桥老了，可是担子却更重了不是。

在许仁桥南面 50 米的老街上有一个裁缝店，这个裁缝店在我眼里比这条老街显得更老。若是陌生人，兴许在门前走过都不会发现这家店。它连店名招牌都没有，沿街是一个大门间，要从大门间过一道门，里间才是裁缝铺子，沿墙一个硕大的裁剪台，对面有撬边机，蒸汽熨烫机，中间靠窗放置着一台老式的普通家用缝纫机，剩下的空地摆放着几张方凳和一个看起来有些年头的老式藤靠椅。这家裁缝店的主人姓吴，是位年近七旬的老先生，熟人都叫他“吴师傅”，吴师傅身材不高，微微发福，戴着老花镜，对谁都笑对谁都热情和善，成天乐呵呵的，看起来就是一位和蔼慈祥的老者。写到这里我也不能再卖关子了，这位吴师傅不是别人，他就是我的外公。

1946 年外公出生在无锡南泉乡一个没落的“贵族”家庭里，还没有来得及享受本该属于他的养尊处优的生活，命运便把他推向了最底层、最艰难的日子里。1949 年新中国成立，外公的父亲因为几年前犯下的错误而身陷囹圄，家中的财产也随着外公父亲的入狱而散失殆尽，为了维持生计，外公的母亲不得已将自己的孩子们暂时寄到别家去养。

外公 9 岁（年龄皆指虚岁）才上小学，15 岁小学毕业，那时正好是 1959 年。1958 年，“大跃进”、“人民公社”运动开始了，国家陷入了空前严重的三年自然灾害的困境中。15 岁的外公小学毕业，没有工作可以做，家里一贫如洗，每天挖野菜和着碎米煮粥来果腹，烧粥的柴火都是自己去山上捡的，有时没有柴捡，他就去捡拾当初大炼钢铁后废弃的土窑里的煤渣来烧。

眼见着日子艰苦而不见好转，外公的母亲想到要叫他去学个手艺。正好，外公小时候的奶妈的丈夫是个裁缝。这听起来倒不错，可是当时外公的嬷嬷爷（当地小孩对自己奶妈丈夫的称呼）只肯收自己家的男孩学手艺，不收别人家的孩子做徒弟的，外公也就只好作罢。然而，他一定没有想到，自己与裁缝的缘分会在几年后重新续起。

外公 17 岁的时候，他母亲终于没能熬过艰难的日子，在 40 岁的年纪辞世。和哥哥姐姐一起安顿好母亲的后事后，外公依然没有找到活干，只好到厂里去打打小零工，做些拧螺丝的杂活儿。到外公 19 岁的时候，他的爷爷在上海病危，外公便去上海照料病重的爷爷，并在同年他爷爷去世后回到无锡。

回到无锡后，外公又开始了在厂里做小工的生活，如此勉强度日，一直到 1966 年。

60 年代的中国百废待兴，那个时期无锡农村几乎没有工厂，更没有私营企业，也看不到现在各色的商店和生意人。农村的成年人绝大部分就是靠种地为生，仅有少数人靠手艺营生，最常见的如木匠、泥水匠、铁匠、箍桶匠、裁缝等。那会儿，老百姓的住房以及家具都是自己请泥水匠和木匠师傅建造的；脚桶、饭桶、马桶、镰刀、锄头、斧子等一些生活劳动用具也是找箍桶匠、铁匠师傅打造的；当然穿的衣服也没有地方可以买，都是要请裁缝师傅量身定做的。

在那样的背景下，外公能想到的出路就是学一门手艺活。

当时外公不知道学哪个好，只是暗自思量着。其实，奶妈看着自己这个“小儿子”心里也在盘算着这个事。

说来也巧，外公奶妈的大儿子学裁缝满师，已经在独立做手艺了。而奶妈也舍不得让我外公去学太重的体力活，于是想就让他跟着自己儿子学做裁缝。奶妈把她的想法跟我外公一说，外公也没有反对，只是心里总觉得一个小伙子学做衣服是件别扭的事情，可是自己确实也不知道该学什么，又不好枉费了奶妈对自己的一片好心。于是，1966 年一开春，外公就开始了他的裁缝生涯，那一年，他 20 岁。

拜师学艺 · 初出茅庐

1966 年春节过后，21 岁的外公正式拜师，开始学手艺。可是才过了半年，“文化大革命”开始了，好像刮来了一阵猛烈的风，要把一切人们曾经习惯了的东西刮走。毛主席说要破“四旧”，要把旧的文化、旧的风俗、旧的习惯、旧的传统通通破除，重新确立新的标准。

而不巧，学裁缝也属于“四旧”之列。因为当时师父与徒弟之间存在着一种剥削与被剥削关系，徒弟在师父手下学手艺，拜师时要交拜师钱，平日里师父带徒弟出去做生意，徒弟的工钱都是要交给师父的，所以收徒也成了手艺人增加自己收入的一种方式。正因为如此，裁缝不能学了，才学了半年手艺的外公，只能又回米厂里打小工。

但也许是为了生计吧，外公的师父铤而走险，从米厂里把外公召出，开始偷偷摸摸地教他学裁缝。于是1966年年底，外公又走上了裁缝之路。

初学手艺，对于学徒来说可不是那么容易的事，虽然说外公的师傅是他的大哥，但是那个时候的师徒关系就像部队长官和士兵的关系。师傅带着徒弟，往往不只是教技术，更是教礼数，教做人。所谓严师出高徒，师傅一般都会很严苛，收了徒弟就要对徒弟负责也要对自己负责。那时候的师傅都是靠着十里八村的口碑吃饭的。做师傅的希望自己的徒弟无论是手艺和人品信用，都能被人称赞，这样自己就脸上有光。若徒弟在外面被人家说出一句不好来，那就是辱没了师傅的声名，甚至辱没了整个师门，那做师傅的就会抬不起头来。据说以前的徒弟日子都会很难熬的，一不小心就会挨师傅的揍，必须要特别乖巧，又主动肯干才能少被师傅打骂。

因此，外公做学徒的时候同样需要十分的好学，十分的谦虚才行。开始的时候，师傅只会教徒弟做一些最基本的打下手的活，像钉纽扣、扎纽扣洞之类。而且师傅一般都有个怪毛病，往往不会手把手地先教你，突然某一天就直接吩咐徒弟去做什么了，要是徒弟事先没有偷偷看在眼里学在心里的话，那基本就逃不过挨骂了。外公说，那时候的徒弟学成手艺就如同是取经，需要经过九九八十一难。我心想：“《西游记》我是看过的，取经可比你这学手艺凶险得多了。”我知道，外公这只是夸张地打了个比方。

外公整个学徒期间几乎都没有被师傅骂过，这倒并非因为师傅是自己大哥的缘故。外公生就心灵手巧，动作麻利，什么事情都学得很快。师傅做事的时候，他会偷偷地看在眼里，自己默默地记住各种关键步骤和技巧，所以很多时候他和师傅相处都很愉快。师傅对这个徒弟虽然嘴上不说，但心里是很满意的。

那个时候不比现在，老师动不动就当众表扬自己的学生，似乎那时师傅在徒弟面前都很不苟言笑，赞美之词更是吝啬得一字不吐。外公说他做学徒两个多月的时候，一次跟着师傅在一户人家里做衣服，那家主人看到我外公虽然是学徒但做的活却是又快有好，有板有眼的，于是就在师傅面前夸我外公，说：“师傅，你徒弟的手倒是蛮巧的，做的活看不出是学徒了。”师傅对那个人笑了笑说：“还早呢，他还没入门呢，不做坏就不错了。”外公在一旁只能低着头，只顾做着自己手上的活，当是什么都没有听到。其实这只是师傅惯用的“外交辞令”，东家夸自己的徒弟，师傅心里听了自然是很开心的，但必须这样口是心非地应承着东家。手艺人的名声只能任众人评价，而不是自己夸的，所以在东家面前，师傅是一定不会夸徒弟的，不然会让人背后笑话。

那一次，外公心里可以说是五味杂陈，作为学艺不久的学徒，第一次被东家夸，自然会很开心，但是被师傅这样“否定”又觉得有点沮丧。外公带着一点神秘看着我说：“当时外公我心里就想，人家都称赞我了，师傅你却一点都不认可我，我就要发狠学，出师后我要比你这个师傅都强，那以后才会有人愿意请我做衣服。”

学徒的日子是艰辛的，一年三百六十日，每天天不亮，外公与师傅就挑着缝纫机出门了，每天都要到天黑了才回家，回家后又要开夜工把活儿干完。况且作为一个学徒，没有工钱进自己的口袋，辛劳一年只得到师傅的一些小奖励，外公心里的滋味儿还真不好受呢。

晨曦微露的时候，可以在街头看见他们挑着缝纫机赶路的身影；在夜晚家家户户都入睡的时候，他们仍旧在灯下赶着夜工。他们为了生计，夜以继日，每天要到凌晨两点才睡下，又要在清晨起身，往往起床时发现，双脚竟还没有在被窝里捂热。外公那时曾和师傅一起抱怨："数数到过年还有40多天呢，这日子可怎么过呀……"两人也只能叹气而已。

时间在一天天辛苦的工作中不知不觉地逝去，转眼到了1968年年底，外公学裁缝将近三年了，他的手艺已相当不错。师傅在与别人的谈话中提到外公时，总是对他称赞有加，甚至认为他的手艺超过了当地的许多老裁缝。

就这样，外公出师了。

1969年春节过后，外公用自己做学徒时候攒下的钱让奶妈张罗做了几个菜，在师傅家里请客，就算是办了谢师宴了，外公的学徒生涯也在一片觥筹交错中正式告一段落。

出师告捷 · 柳暗花明

出师，意味着独自踏上社会，独立工作，不再有师父的庇佑和帮助。1969年，24岁的外公离开了师父，对于未来茫然不可知的生活，他的心里顾虑颇多。虽然掌握了技艺，但是一个初出茅庐的小裁缝往往是无人问津的，没有尝试就没有信任，大家对外公师傅口中的"高徒"也只是将信将疑。

外公回想起他那时的迷茫与恐惧，皱起了眉，他给我讲述了这样一个故事：

那是外公还未满师的时候，有一次在一户人家里做衣服，由于当天要完工，第二天换东家，所以做得稍微急了一点，最后有一条裤子口袋缝合拼接的针线稍微有点弯曲，其实，根本也不影响什么，因为在裤子里面还是个内袋，根本看不到的。而那个东家女主人很仔细，给看出来了，于是手里拎着那个翻开的裤袋针脚，凑到外公跟前递给他看，嘴里一边说着“小吴师傅啊，这个裤袋踏得有点弯的，最好拆了重新踏吧！”听起来是在商量，实际上就是要求外公必须给她返工。外公毕竟是学徒，一看，脸一下子就红了，只得点头说：“好的，我重新弄。”嘴上这样答应着，双手接过女主人递过来的裤子，一边微低着头侧身看向师傅，怕被师傅批评。师傅笑着对女主人说：“不好意思啊，重弄，重弄。”然后，严肃地对外公说了声“做起来细心点”，也就没有再说什么。外公当时只觉得自己无地自容，又羞愧，又怪自己太大意了。

于是，出师以后的外公，起先没有活干，他便独自做了一条裤子，不是做了给谁穿的，是用来看的，准确地说那是外公用来给自己做样板的，并不是那条裤子的款式好，而是做工特别讲究。“那条裤子我做得特别认真，每一针都特别仔细”，外公一边说着，弯腰打开裁剪台下面的柜门，把那条激励他前进的裤子拿了出来。外公特别认真，像下着决心般地看着我说：“我一直深深地记着那个女人说的话，从那以后，外公我就对自己定了一个要求，那就是，我无法要求所做的衣服料子是最好的，但是我可以要求我所做的衣服做工是最好的。”我看着那条早已陈旧的深蓝灰色裤子，看着那无可挑剔的做工，佩服起外公那种对自己苛刻要求的精神来。以至于我爸爸会对我说：“你外公的严谨都超过德国人了。”

在一日日的等待、练习与煎熬中，外公终于盼来了他的第一笔生意。说来也巧，正是他小时候被寄养的人家要做衣服。那时正过了元宵节，外公赶往他家做活，一共做两天。第一天做活做到傍晚，村子上的人晚饭后闲来无事，便到他家看外公做衣服。大家围拢在外公的缝纫机前，看着外公飞针走线，露出了惊异的神色。哪怕是村子上一些60多岁的老人也说从未见过做衣服做得这么快的裁缝，何况又是一个年轻的孩子。他们又拿起外公做好的衣服研究，口中不禁发出啧啧之声，赞叹外公的裁剪、针脚都胜人一筹。

这一次，外公算是出师大捷，赢得了一个村的赞赏。接着村上找他做衣服的人家渐渐多了起来，他就这样又做了五家，获得了一致的好评，外公悬着的心也可以放下来一点了。

这时好运似乎开始追随外公。外公的姐姐当时在商店里工作，认识的人多，她便时常向同事、熟识的顾客宣传，说外公的手艺很不错，要做衣服的尽可以找他做。在外公姐姐的大力帮助下，外公拓宽了“市场”，生意越发好了。

正因为生意好了起来，外公常常会要加夜班，不过这也是他从做学徒起就有的经历了。当然那时候的加夜班不像现在工厂的工人有加班工资可拿，完全是义务劳动，加班的地方就是自己家里。白天到人家家里做，晚上把做不完的活带回自己家里做，加班到午夜那是常有的事。因为自己和东家都希望尽早完成，那样对双方都好。早一天完工，匠人师傅就可以早一天换东家，多接业务。作为东家也就可以少招待匠人师傅一天，在只能吃饱肚子的年代里，每天要招待师傅们吃一块红烧肉，那是挺大的开销。

外公说，裁缝看似比其他手艺人干净轻松，其实不然。因为泥水匠、木匠一般都不会要加班加点的，可以每天晚上睡个囫囵觉，而裁缝晚上加班那是家常便饭，若裁缝不要加班，那就说明是手艺不精无人问津了。也就从那时候开始直到2000年的这30多年里，外公几乎每夜都要劳作到十点以后才收工，有些时候活多得来不及做，甚至要到子夜一两点方能睡觉。因此，外公常说，做裁缝最吃亏的就是一辈子只睡了人家半辈子的觉。

年富力强的外公那时却并不知抱怨，他想要做的只是把自己手里的活做得越来越好。

外公告诉我，六七十年代老百姓的穿衣还只能解决最基本的功能，那就是御寒。新中国成立初期，对于刚刚能吃饱肚子的人们来说，穿着还没有条件讲究美观，更谈不上时尚和潮流，甚至那时候连这样时髦的词汇都还没有。衣服要穿到不能再穿了才会添置新衣服，旧的衣服只要能穿，破了旧了也不会轻易扔掉，打上补丁还是照样穿，很多人每天都穿着打满补丁的衣服，有些衣服可以补到连原来的老本身都找不到。那些个完整的衣服、新衣服，平时是舍不得穿的，于是就折叠得四四方方地压在箱底里，待到逢年过节才舍得拿出来穿上身亮个相。于是就有了那样一道“风景”：黄梅雨季一过人们会将藏在箱底里不穿的好衣服、新衣服拿出来晒一晒，怕被虫子蛀蚀和受潮发霉，晒过一个日头后，收藏起来，到春节等重要的日子再拿出来穿。小孩子的衣服也同样都是补丁衫为主，一般人家都是老大穿了老二穿，老二穿了老三穿……衣服就像接力一样地传递着。

外公在讲到那一段时期人们穿衣和生活状态的时候，一边回忆，一边叹息，我似乎能在外公眼睛里找到些许哀伤。

时间在缝纫机的细密阵脚中流淌，一年又一年……

改革开放 · 追赶时代

外公职业生涯的春天起始于 80 年代，“文革”后，在邓小平的带领下，国家开始走上了改革开放的全新道路。农村土地开始承包给农民自己种植，其他行业也逐渐地发展起来，包括一些前所未有的新兴行业。最值得一提的是，在无锡，乡镇企业像雨后春笋般地成长起来。这样一来，农民种地的收入也远比以前集体种植的时候多了，一年的粮食收成不只是能吃饱肚子，还能有一定的存粮和积余。除了种地，农民还能养殖，几乎家家户户都会养各种牲畜和家禽，包括猪、羊、兔子、鸡、鸭、鹅等，这些都是农民种地之外的主要收入来源。那么乡镇企业的工人哪里来呢？几乎都是当地原来在田里种地的农民。现在有“农民工”这个词，其实乡镇企业时代早就有了纯正的“农民工”。白天在厂里上班赚工资，下班回家喂养牲口家禽，到了农忙，工厂都会有忙假，“农民工”们便可以集中进行农收农种。农民的收入开始有了明显的好转，随之改变的还有人们的观念。

外公说起80年代脸上洋溢着怀念和赞美之情，而80年代远不如90年代，更不如现在的全新信息时代。80年代被外公描绘得那样美好，我觉得这应该是印证了一句话吧：“久旱逢甘露”。是的，因为80年代开启了中国历史上的一个飞跃阶段，大概经历过那个时代变迁的人们和在这场社会进步中获益的人们都会有同感的。

年富力强的外公遇上了做裁缝的好时候。

裁缝还是跟其他手艺人一样，工作形式依然没有改变，还是以带着设备工具走村串户上门做加工服务为主，衣服的布料都是由东家自己提供的。每天一早外公就会带着徒弟去不同的人家，做着同样的活计。

大部分农村居民尤其是中年以上的人，思想还是比较保守的，审美也基本停留在原来的轨道上。接受新事物最快的永远是年轻人。比如80年代初，电视在无锡农村还是稀罕物，一个村上几十户人家总共一台或者两三台电视，起初的电视机屏幕尺寸还不及现在的笔记本电脑大，夹杂着雪花的黑白图像只能播放两个电台——中央台和上海台。节目单调，每天的节目时间还没有现在的广告时间长，当你看得入迷的时候，屏幕中央跳出两个字“再见”，于是一伙乡邻起身谢过电视机的主人家，各自散去。

如此质朴的岁月，并不缺乏“追星族”，只是当时没有这样的名词。那时候的追星与其说是追星还不如说是追潮，电视上出现任何新鲜的服饰都会在年轻人心里激起羡慕的波澜。

用一句俗话来说，外公就是属于“老革命遇到新问题”了。需求的改变促使服装的面料变了，款式新了，颜色多了。为了适应形势，外公觉得自己必须要一边做师傅一边做学徒才行，而且只能靠着自己的摸索和尝试。

外公很快掌握了多种新款式的裁剪和制作技巧，这其中也包括曾流行多年的女式百褶裙、男式西装、西裤等。

人们的日子渐渐地好了起来，而吴师傅的手艺在南泉也是首屈一指了，为人忠厚踏实、心地善良的吴师傅的口碑更是叫同行们实难望其项背。

独自开店 · 不懈坚守

常言道“月满则亏，水满则溢”，又道“否极泰来，盛极必衰”。在 80 年代，外公的事业的确如他所说，几乎到达了一个巅峰，也许正应了那两句俗语，在巅峰之后便是下坡路。这并不是因为外公的手艺不精了，而是时代的大浪打来，传统手工业在机器工业越发兴盛的大环境下显得岌岌可危。服装工厂开始在全国纷纷出现，工厂的效率高，机器化生产质量好，款式还新潮，年轻人越来越偏爱商店里现成的衣服，而不再喜欢花上一整天等着自己的新衣服在裁缝的手中从一块块布料慢慢成形。

社会发展，人民的生活水平提高，越来越多的家庭走向小康，甚至走向富裕。有一些富裕的人家，追求时尚，甚至不到商店买衣服，而是去高级的品牌店定做。“名牌”的概念也越来越深入人心，博得大家的青睐。照外公自己的话说，他的“竞争对手越来越多，他们的水平越来越好啦”，而外公的生意则是一日不如一日。

1994年，49岁的外公放下了挑在肩头的缝纫机，而这回，他是在南泉镇上开了一家自己的缝纫店。

外公踩缝纫机的“嘚嘚”声每天都在镇上一间小屋子里响起，时常也会有一些时髦的年轻人慕名而来，翻出杂志上的新型款式给外公看，希望外公可以让他们花费更少的钱去追赶时尚。但更多的时候，是一些中年人甚至老年人不愿意买商店的衣服，而更信任外公的手艺，他们依然像几年前一样，只有把外公量身定做的衣服穿在身上才舒心。

在夕晖笼罩的桥头，裁缝店里人头攒动，外公在踩着缝纫机，他的身旁围坐着些邻居，他们吃过晚饭，喜欢来外公的裁缝店里坐坐。捧一杯浓茶，聊几句家常，外公的裁缝店几乎成了邻居们饭后集会谈天的场所。他们看着外公这么多年来都没有变的一丝不苟的针脚，啧啧赞叹。很多人年轻时曾与外公同为手工业者，竹匠、铁匠、泥瓦匠、箍桶匠……但年纪大了就做不了这些了，他们有时围在外公的缝纫机旁，眯着眼，回想着昔年，看着外公依旧忙碌不息的身影，叹息一声，露出羡慕的神色。

外公说：“90年代初呢，到我这里来做衣服的人还蛮多的，到了1994年、1995年啊，到我这里做衣服的人就慢慢少了。”外公的语气里掺杂着些惆怅，但也有欣喜：“虽然我的生意是差了，但是我知道的，这是因为时代在发展。妹妹啊，我那个时候常跟我的徒弟说的，我们这门子生意迟早要被取代的，社会在发展总是好事。”

生意少了，外公的徒弟一个个转行，但是外公却依然坚守在他小小的裁缝店里。听外公说到这里，我不禁疑惑，既然没多少人做衣服了，为什么还要再守着裁缝店呢？外公一笑：“你不懂呢。”这句话说得我一头雾水，正待要问，忽然门外传来爽利的女声——

“吴师傅，啊在哈？喏，我这一件背心，穿了几年了，现在觉得腰身里有点小了，你看看啊，好帮我改改？”

外公一听这话，也顾不得我了，马上从藤椅里站了起来，迎了出去，从那个婆婆手里接过一条真丝背心，一边看着，一边将那个婆婆往里让。他戴上老花镜，仔仔细细地把背心翻过来翻过去看了几遍，嘴里一边说着："可以的，可以的，这个容易弄的。"话还没说完，就忙不迭地拉出皮尺来给那个婆婆量尺寸，翻开他那本尺寸本子做记录。

在接下来的时间里，外公一边细细地帮着婆婆改她的衣服，一边有一搭没一搭地和婆婆聊着，不过是问些"家里好？""身体好？"之类的，却说得饶有兴致。婆婆的背心在外公手里一点一点地改变着，而婆婆也不住地称赞外公手艺一直没变。

看着外公老花镜下专注的眼神，我觉得我明白了外公坚持的道理。

后　记

外公赶上了做裁缝的末班车。

外公开始做裁缝是 1969 年，在这之前，新中国成立后三大改造建立了手工业生产合作社，就是由手工业劳动者和其他社会劳动者自愿联合起来的集体所有制的经济组织。其实像外公的嬷嬷爷一类的老裁缝在当时是可以自愿加入手工业生产合作社的，但是由于新中国成立初期，大家的观念还没有转变过来，所以没有加入，大多数裁缝还是做独立的上门工。外公做裁缝初期，正好遇上"文化大革命"，受到破四旧的冲击，所以在带徒弟上也是受到一定影响的。"文化大革命"结束后，裁缝这项手工业遇到了新中国成立以来发展最快的 20 年，家家户户生活条件改善，改革开放，给裁缝们带来了一定的正面影响。但是随着改革开放的步伐加快，许多工厂建立起来，生产的服装质量上乘，款式多样，人们渐渐地开始偏爱去商店买服装而不是请裁缝做，这也就导致了裁缝业的逐渐衰败。

然俗语道："三百六十行，行行出状元。"手艺人们虽然都不敢以"行业翘楚"自居，但是每个手艺人好歹都是"干一行，爱一行"，既然做起了一项手艺，就没有轻易放手之理。

时代的飞速变迁，映射在手艺人精巧的作品里。正如我外公的裁缝这一行，每天好像都在做一样的衣服，可是不知不觉间，中山装变成了西装，直筒裤变成了喇叭裤，布褂子变成了连衣裙……小小的几件衣服，时代的印记就留在它们上面，而制作它们的人，则成了时代变迁的见证者。

虽身为时代变迁的见证者，时代却慢慢地将他们忘却。细想想，竟也不必抱怨时代的不公，人都说"用进废退"，正是这个理。手工迟早会被机器取代，发展中的社会需要的是效率，效率低下的手工业，自然不再适应社会的发展，渐渐地退出历史舞台了。

但是"干一行，爱一行"的手工业者们却是固执的，他们心里自然也明白社会发展的道理，但是手艺对他们来说，已经不只是养家户口的工具了，更多的是他们真心热爱的生活的一部分，是他们理想的寄托。哪怕日换星移，他们也不舍放弃。

改革开放 35 年了，社会的进步之快让我们感叹，发展在给我们的生活带来越来越多便利的同时，也把一些东西带得离我们的生活越来越远，相信终有一日，它们会从我们的生活中彻底消失，也许当年走家串户、活跃在各处的裁缝工就是这样。面对这样的现状，我的外公看起来似乎不愿意放弃，不愿意让这一种传统的职业和手艺无声无息地消失。也许是因为他已经和他的职业相伴了近 50 年吧，他不愿意它离开；也许是他的老顾客们早已完全习惯了相信他的手艺，他不愿意辜负他们。

也许，外公的执着，自有他的道理……

精彩片段

老爹的辛酸“创业”路

黎沛华/广东省清远市第三中学

1990年，中国城市体制改革进行得如火如荼。刚刚二十出头的老爹还是每天都在火辣辣的太阳底下，袒露着上身，拿着锄头在田里为自己家的粮食努力着。他不甘心自己一辈子在农村被吃饭问题困着，就希望到外面闯一番成就。恰巧十三老爷（我爷爷的弟弟）从珠海回来，说是要带人去珠海学烧焊技术一起发财。老爹二话不说就答应了，跟着十三老爷去了珠海。由于老爹精明伶俐，又肯吃苦，很快他的烧焊技术就炉火纯青，并因此得到许多大老板的赏识。前言提到的老板是老爹在1993年用了不少人脉关系才在一次聚会上认识的，那个大老板也看上了他的精明和吃苦精神，把他带入了不锈钢的装修公司。

1995年是老爹最忙碌的一年，他带领了几十个人，雄心勃勃地想大干一场。为了节约聘人的资金，他白天就在工地上指挥工人工作，常常连午饭也顾不上吃，晚上又要应酬，陪老板接生意，帮老板挡酒，完了又不放心自己的生意，还得给自己盘盘账、算算数，每天都忙到12点多才睡觉。不过，老爹虽努力，但工程款却被一拖再拖。每到工程结束的时候，老爹的下属来找他拿钱出工资，他都没钱给，想到他们出来帮老爹打工也不容易，也不能拖累他们啊！

话说哪里有压迫哪里有反抗，再老实的人都有发怒的时候，所以老爹才会在那天晚上约了他的老板出来谈判。老爹其实是一个平和的人，但多次追讨工程款没有着落，早对老板窝着一肚子气，约老板的时候就做好了先礼后兵的计划。面对老爹的曲意奉承、明示暗示，老板就是不给老爹松口，死咬着说“没钱”，满脸就是“要钱没商量”的表情。老爹见谈不拢就拍桌而起开始骂仗：“我帮你们这些大老板工作就算了，晚上还要应酬你们这些臭小子，喝酒吃饭全都算我的账上，现在我来收钱，拿我的辛苦所得，凭什么你们就一拖再拖？”老板也火了，骂道：“叫你陪我喝酒是看得起你，你的工程还不是靠我批给你的？现在没钱就撒野。我可是你老板、你的米饭班主，你还骂我是臭小子，你以后别想在我这里混了。”老爹更气了：“老子我还不干了，把你给炒鱿鱼了！”接着就是前言的一幕。结果可想而知，老爹得到了工程款，自然也得罪了老板，再也没办法在珠海不锈钢装修工程这行混下去了。得罪老板，本是无奈之举，但连累老爹只好把自己的店给关了。

命，不是一个人的注定

黄疏雨/北京二中

农活是辛苦的，对于外公来说那是一段无望的日子，这样的生活持续了八年。外公的心里始终藏着对外界的渴望，那些新老师说的话他依旧没有忘记。再加上家里的弟弟以后要娶亲，房子会不够住。为了弟弟的未来，为了自己内心渴望，他决定找机会离开这里，离开满目土壤。

新中国成立后，化工部1956年来镇子里招人，外公就去应试。因为很久没有上学，他心里觉得没有希望。那个时候他是合作社的会计，可能因为这个原因外公最后一个被招。他们离开家乡去了连云港，在山上做开矿前的准备工作。招上的人在那里盖房子、做建设，外公做了考勤员。得知建筑公司办了夜校，外公决定去那里好好学习，弥补他的遗憾。后来，南京化工部对内向这些化工公司招生，外公心动了。他思量了很久，决定应考。

那个时候，很多人为了生计放弃读书继续工作。外公也为生计困扰，可是看着那些上过高中的年轻人干着技术工种，外公很羡慕，他不甘于就这样做一个小小考勤员。刚好，他的弟弟有了稳定的工作可以养家，外公终于决定奋力一搏，为自己辟一条光明的路。为了考试，他认真地把夜校教的题目连做三遍，最终以十分优异的成绩考上了化工学校。

于是他到南京的化工学校学习热力学的专业。四年后，他分配到了北京化工大学做了实验室老师。以后的日子，他参与了无数课题，制造了许多机械发明。外公家里的电子表和灯泡是他自己制作的，仓库里堆着的都是一页页电路图、设计图。

这是外公的年轻时代，一个从农村走出来的人的故事。他是石头，却生生用石头的坚毅，将自己变为一块玉，一块温润、谦和、无价的玉。

动乱里走出的金婚

杨天鸽/山东师范大学附属中学

姥爷：

感谢上苍，在齐鲁医院我遇到了一位好大夫，那是一位慈祥的美国老人，他建议我用当时进口的新药“链霉素”试试看。奇迹就在这一针后发生了，当晚病情就有了好转，连续 30 针后，随着家里一处房产被变卖，我又重回人间。复查时那个美国老人也大吃一惊，眼前这个中国男孩儿竟是脱胎换骨的样子。

祖母去世后大家庭不能再维持下去了，分家后经济上也都到了捉襟见肘的地步。20 世纪 40 年代末 50 年代初，是我们家经济状况最糟糕的时候，一日三餐基本上是靠变卖东西来维持的。那时候我的很多同学都去北京考大学了，而我们家根本凑不够去京的路费，所以我只能选择当时位于青岛的山东大学（如今的中国海洋大学校址），只因为考场就在济南。1951 年，我以高分考上了山大，学费全免，食宿费用国家也全包，这样我的生活就有了最基本的保障，也大大减轻了家里的负担。

姥姥：

大学一年级快读完的时候，国家正巧组织一批学生去苏联的大学学习，我们学院也参与了选拔。我们班长是个“小八路”，参加过抗日的卫生员，人很正直，比我们年纪也大很多，因为我的学习成绩很好，他就极力把我推荐上去了。

我和另外四位同学参加了在上海举行的留苏预备生考试，考试很顺利，1953 年我去北京俄语专修学院学习一年俄语，1954 年秋便踏上了北去的列车，经过九个昼夜终于到达莫斯科。苏联——那是一个有红场、克里姆林宫，有“喀秋莎”和“瓦尔瓦拉·瓦西里耶夫娜”的地方。

离开山医时，班上举行了隆重的欢送仪式，我当时的想法就是发誓要好好学习，学成回国报效祖国和人民，真是这样的，那个时候人的想法都很单纯，大家一起比贡献，很少会为自己考虑。同学们还送我一套剪指甲刀，那是我平生得到的第一件礼物。

三年困难时期爷爷家的那些事

石梅君/深圳市福田外国语学校侨香校区

三年困难时期的晚期，在有些地方，几乎能吃的东西都被饥饿的人们吃光了，包括野菜、树叶、树皮、老鼠、蚯蚓，甚至是白泥。这些食物营养价值很低，有的甚至有毒，但当时人们饿慌了，饿得都快死了，也就管不了那么多了，他们中不少人吃了这些食物最终中毒而死。在爷爷家，老爷爷就是因将红薯、野菜让给老奶奶和子女吃，自己吃"仙米"而被胀死的。在三年困难时期，有的地方产一种白泥，看起来像白花花的大米，当时的人们给它起了一个十分好听的名字——"仙米"。人们为了充饥，将"仙米"和野菜混在一起，做成馍馍或饭团的样子，然后艰难地吞咽下去。但就是这种"仙米"夺去了无数人的生命，因为"仙米"到了肚子里消化不了，吃多了就会胀在肚子里，很多人肚子都鼓得很大，痛得在地上打滚，最后活活被胀死、痛死。老爷爷当年就是因为吃了这种"仙米"胀痛而死的，爷爷每每说起这件事都会十分伤心。每次爷爷回老家时都会带很多好吃的东西去到老爷爷的坟头，希望他能吃到人世间许许多多美好的食物。

曾爷爷、爷爷、大伯与父亲

冯彬彬/桐梓县第一中学

"吧、吧、吧。"鸦片在烟枪里放肆地燃烧，火丝在黑暗中忽暗忽明，闪动的火光似乎要将人的最后一丝精力也吸进去。

我的曾爷爷还沉浸在刚才飘飘欲仙的感觉中，不能自己。为了抽大烟，他变卖了家中一切值钱的东西。也受过父亲的打骂，也曾被妻子劝诫，也曾受过旁人的白眼，甚至被别人骂作“败家子”，可无论如何，在解放前的中国那个鸦片横行的时代，曾爷爷仿佛也感染上那个时代的气息，怎样也无法将抽大烟的恶习改过来。日子逐渐逝去，家中的财物便一件一件地向外输出，直至有一天，烟瘾再次发作的他发现，家中再也没有足够的钱财可供他吸大烟。失去理智的他走进当地的一家赌场，妄想通过运气和手段来为自己的鸦片买单。

幸运女神终究没有眷顾他，在一次赌博中，他将世代居住的祖屋输了出去，望着上门催债的债主，曾爷爷无奈地叹了一口气，羞愧无比，无法面对自己的家人，蜷缩在一旁，像个犯了错的小孩一般，等待着家人的惩罚。望着一旁的父亲，我的爷爷哭笑不得。最后留恋地看了一眼祖屋，依依不舍的一家人带着沉重的心情踏上了流浪之路。

“二姨，您看这……嘿，我们只在您这待一晚，好吗？就一晚，明天一定走。”爷爷苦苦央求道。

“这……好吧，不过就一晚上。你们可别赖在我这，我又不富裕，我也还有一大家子要养活。”犹豫不决的二姨，最终还是答应了这个乞求。“要不是你父亲，你们也不至于落得这地步。”说完，她瞅了一眼角落里的曾爷爷，便自顾走进屋去。曾爷爷老脸涨得通红，如喝醉了一般，倒也没有接话，只是默默地跟在家人后面。

这样的情况不知上演了多少次，后来，在好心人的帮助下，爷爷在一个地主那里租到了一间茅草屋，谢天谢地，噩梦般的流浪生活画上了一个句号。

这次流浪如同一记耳光，狠狠地打在了曾爷爷的脸上。痛定思痛，他狠下心来，最终将鸦片戒掉。从此以后，家里人便再也没看见他那支烟枪了。可快乐的日子总是短暂的，还未来得及从安顿下来的喜悦中缓过神来的一家人，却再一次面临上门催租的烦恼。望着咄咄逼人的地主，一家人才拾起的希望之火在刹那间就要熄灭。

动荡年代的家庭

郑好/山东师范大学附属中学

过了一段时间，也许是良心发现，又或许是日本人快战败了，陈一林做出了一个重要决定——不跟鬼子混了，起义投奔共产党！他当时骑着马，扛着轻机枪，颇威风，问道："谁愿意投奔共产党就跟我走，不愿意的就滚回家去吧！"于是，他成功地带领一帮人马加入了共产党的队伍，投身到了全民抗日的行列。

陈一林起义是好的，可谁知却苦了家里人。赵秀娥带着三个年幼的女儿还没来得及逃跑，就被二鬼子抓了起来，关在一间破屋子里。当时屋门关得不是很严，门外还经常有过路人来来往往，小孩子玩游戏。有一个好心的老太太就给赵秀娥出主意："你啊，就给看门的说你们吃不饱，需要出门要点饭，前几次要饭按时回来，最后一次就逃跑。"于是，赵秀娥按着这种方法逃了出来。不过日子也并没有多大好转——她们开始要饭过活。陈正美在要饭时被狗狠狠咬过；老二年龄太小，没力气四处奔波，赵秀娥嫌她是个拖累，就干脆把她扔了，是心软的陈正美又把她找了回来……一个女人和三个小女孩，东奔西走，四处要饭，日子是多么艰辛，多么不易！

另一方面，再说说陈一林。在崮山战役前，陈一林自知八成得战死，身上还有积攒多年的三个大洋，自己死了钱又有什么用，不如送给需要的人吧！于是在一个庙里，陈一林把三个大洋给了一个道士，道士保佑他："好心人，你一定会平安无事的。"世上的确有这么神的事，这一仗下来，一连的人都死光了，可陈一林却大难不死。他还在自己衣服里抖下来了一颗子弹，难道真是道士保佑，连子弹也伤不了他？反正陈一林就如此幸运地活了下来。抗战结束后，他本想去找老婆孩子，可转念一想："她们怕是都饿死了吧。"他只好前往南方，投奔一个要好的兄弟，并在那里有了一份稳定的工作，从此开始了全新的生活，与家乡再无联系。谁会知道赵秀娥她们还活着，并且活得艰难呢？陈一林又娶了一个妻子，生了三个儿子一个女儿。而赵秀娥就一直在家乡，自己把孩子拉扯大，八年没有得到丈夫的一点消息（不过后来她们也知道了陈一林的下落）。

现在，陈一林还活着，他已经90多岁了，依然能够上街买菜，身体健康着呢。他是我的老姥爷，但我从未见过他，只在照片上看过他年轻时的英俊潇洒。赵秀娥，我的老姥姥，已经过世了，我也素未谋面，照片上的她，是个小脚老太，饱经风霜。陈正美是我的奶奶，这段家族历史，正是她讲给我听的。虽说老姥爷有点负心汉的意思，不过，奶奶和她的两个妹妹现在还时不时地去看看他，毕竟还是父亲啊。

艰辛与荣耀

——记校办小工厂的创业史

陈梓仪/江苏省锡山高级中学

都说万事开头难。没有经验，没有资金，一间破旧的小厂房，两台小冲床，三五个工人就这样摆在了外公的面前。没有头绪，没有思路，没办法，只能一步步摸索而来。而这一摸索便是一年多。

首要解决的问题便是制作产品的原料问题。只有把原料解决了，才有下面的工作。

“当时真是心急如焚，苦苦寻找原材料，我一路奔波，去市里，苏州、常州、南京打听了好多地方，都因为没有交情没有门路而被一一拒绝，其实我们也只需要一些大厂剩余的边角废料来进行加工。”

但外公不肯就此放弃，他是个倔强的人，他知道自己背负着许多东西，有对学校的责任，有家里的期盼。明明没有门，外公硬是要撞出一扇门。好在机会总是垂青有准备的人。一次去上海的经历，改变了一切。

那是一个风雨大作的秋夜，外公去了上海，准备去几家大厂打探一下情况，看看有没有转机。外公辗转了好几家旅馆，都没有空房，后来终于在福建路上找到了一家不起眼的遵义旅馆，里面恰好有间空房。正当外公满心欢喜想要入住时，不由得注意到在大厅有个人心事重重来回踱着方步，还在自言自语，一听口音，是熟悉的家乡味。

在异乡碰到老乡本就是十分欢心与亲切的，外公是个热心肠，便主动上前询问，得知他原来正为没有房间而苦恼，之前已在火车站长椅上睡过几晚。出于同情，外公二话没说硬是把他拉到自己的房间，在一张小小的床上，挤了一晚。

我问外公：“就不怕他是骗子吗？”

外公笑了一笑说：“就算是骗子，我没几个钱，能被骗多少啊，看到他我不免想到自己，也就帮一下忙吧。”

在旅馆交谈中，那位老乡得知了外公的困境，连连说，他有个表哥在上海人民电机厂担任厂长职务，可以帮到外公。开头外公一点都不相信，说要是这样你还用睡长椅，不用为了报答他来编造这样的话。外公没把他的话放在心上，只当是随口说说。结果第二天，他居然真的把外公领到了厂长办公室。就这样，在茫茫大上海，外公迈出了至关重要的第一步。

最后的倾诉

——记贾氏一族的那段家史

李瀚正/青岛大学附属中学

微山湖是我国北方最大的淡水湖，位于被世人称为“荷都”的古峄县，是驰名运河上下的红河湿地。千百年来，微山湖水静静养育着湖岸的百姓，目睹着一个个时代的兴衰，自顾荡漾，波翻浪涌，不曾干涸。

祖母就在微山湖边长大，做着地主家的大小姐，直到她 13 岁那一年，一切都发生了改变——她父亲的死，使这个家彻底垮了。窘迫的家境让她不得不突然面对生活，她是长女，得将自己的弟妹们养大。

贾家勤劳刻苦的家风在她这里得到了传承，祖母无视身边的闲言碎语，她不曾为自己的家族感到羞耻，她知道贾家对得起良心，她要为自己正名。

到 16 岁时贾玉兰（祖母的名字）已经是生产队的“铁姑娘队长”，乡间的说书人甚至将她的劳动事迹编入快板书，她成了公社里名头最响的人物。那一年的微山湖，在祖母的眼中必定是别样风景。

虽然因为成分问题，祖母最终也没有平步青云，但是她的一生足以道一声精彩。她先后在学校和计生委工作，一生获荣誉无数。我大伯刚出生时，祖母天天在学校批作业直到天微明，以致大伯在家里饿得大哭不止。到计生委工作后，祖母更是积极，加上工作认真，处事公道，很快又脱颖而出，到了我出生时，计生委竟还不舍得让祖母退休。

天道酬勤，祖母的勤奋上进得到了组织上的高度认可，1978 年被评为“全省三八红旗手”，受到当时的山东省省委第一书记白如冰的亲自接见，当时祖母紧紧握着老首长的手，泪水不住流淌……

那年正好是中共十一届三中全会召开，“改革开放”取代毛主席语录，开始走进大街小巷。

从这一年始，中国的发展正像波光粼粼的微山湖水，在旭日下，一波接一波，一波强似一波，又如五月微山湖上的红荷，含苞待放，朵朵摇曳。贾家的后人们也借着大潮洗去了身上的蒙尘，与中华神州一起迎来了一个新时代。

如梭岁月

——外婆的前半生

周鹏杰/深圳市福田区莲花中学北校区

小时候，留给璋伢子深刻印象的一件事，就是关于她伯娘的脚。在过去，女人是要把脚裹得小小的，裹到只有三五寸长。因为娘家比较贫穷，家里没有帮伯娘把脚裹小，嫁给伯父后，因为伯父是一个读书人，认定女人就要裹小脚才好，看到他老婆的脚比较大，就心烦。有几次来了客人，璋伢子的伯娘没有用裙子盖住脚，伯父看到她那双大脚，就狠狠地踢过去，疼得伯娘几乎站不住。那个年代的妇女要受很多压迫和痛苦，直到孙中山领导革命提倡妇女不裹脚，女人才不用受那份罪了。璋伢子的妈妈小时候也开始裹脚，据说用长长的裹脚布一圈圈紧紧地缠绕在脚上，晚上疼得她睡不着，幸好脚还没有裹多久，孙中山领导的辛亥革命成功，就提倡不裹脚了。

璋伢子五岁的时候，日本鬼子打到湖南，妈妈就带着她和两岁的妹妹，跟村里人一起开始逃难。逃难也叫作躲兵，白天大家都要躲到山上的灌木丛里，要等天黑才敢回家。后来，日本鬼子又来放火烧了村子，大家就赶紧逃难到别的地方去。白天还不能走，只能利用晚上，天黑了以后，就开始行军。五岁的璋伢子，拼命跟着大人们跑，鞋子掉了也顾不上找，就光着脚丫子跑。有一个晚上，逃到了一个偏远的山村，因为日本鬼子暂时还不会到那个地方。等到天亮，璋伢子低头一看，天哪！一双脚被扎了好多一道道的伤口！

难民们在那个村子好歹住下来了，当地人腾出一个地方给大家住，那是用来装竹子的一个棚子，所谓的床，下面垫的都是高低不平的小竹块，睡一个晚上起来背上都是一条条的红印子。当时难民们没有吃的，当地人就给一些小玉米啊，小红薯啊，或者是给一些蔬菜，大家只有用蔬菜红薯，煮一大锅稀汤，反正总比一点都不吃要好，有时大家也去山上采野菜。在那里难民们有半年多没吃过盐，就是喝稀粥，有的人患了营养不良性水肿。璋伢子半年多没洗澡，结果身上长了一身的疥疮，还长了虱子，奇痒，一抓全是血，可是她凭着顽强的生命力，竟然都挺过来了。然而璋伢子的小妹妹，却因为拉痢疾没有药治，夭折了，她非常伤心。直到许多年后，一讲起因为躲日本鬼子死去的小妹妹，璋伢子就忍不住掉眼泪。后来，熬了半年多，日本鬼子投降了，难民们终于回到了自己的家乡！（外婆说小时候被日本鬼子害苦了，以至于后来小小年纪就长了白头发，直到解放后生活安定，营养好了，头发才又变黑了。一直到今天，外婆都特别喜欢看抗日的连续剧，她说是因为看到打日本鬼子就觉得很痛快。）

难民们回来了，可是田里全都是草，什么都没有，还被日本鬼子埋了很多尸体。大家找来种子开始种粮食、种菜，生活逐渐安定下来。但是没过多久璋伢子家又开始经常受土匪的骚扰。

冬天天气冷，土匪就上门来，说是要借被子，实际上借走了也不会还，就是抢。还有就是抢食物，过年璋伢子家里好不容易买了一块肉，准备过年吃的，土匪一来，把所有的菜、肉全部给抢走了。

还有国民党抓壮丁，当时的男人，16岁到40岁都是抓壮丁的对象。大家为了不被抓，都要跑啊躲啊，等到风声不紧了才敢回来。璋伢子的爸爸在城里的兵工厂做技术工人，家里虽然没有壮丁，但是也被找过麻烦。有一次是因为有个亲戚跑了，保长要璋伢子的妈妈负责找回来，说如果找不回来，就要罚璋伢子家里交粮食，气得璋伢子的妈妈号啕大哭。

大家一起聊家史

一个草根女人的多彩史诗

朱蔡琳/浙江省湖州中学

十年“文革”浩劫来了。地主阶级出身的太公被诬陷为执行反动教育路线，继而被打倒，他在曾是自己弟子的红卫兵的叫嚣声中戴上了高高的纸帽游街。他是一个心性何其高傲的人啊，连孩子衣冠不整都不许出门的，怎么受得了这样的当街凌辱，当晚在关进牛棚时就上吊自尽了。留下太婆和五个孩子，最大的孩子才17岁，最小的5岁。因为要将这个家撑下去，太婆拿出自己年少时学的技艺……

烟月不知人事改

李杜若/深圳中学

家恂和母亲过去时，几个身着军装的人正等着，县长一看他们来，上前小声对久香说：“太太，毛主席下的命令，要搞土地改革。我刚跟他们谈好了，若您肯将田地分掉，就不划地主了。我只能做到这样了……”雷久香一听，就哭了：“这怎么行，这是祖宗留下来的宅子和地啊，分掉了，我们怎么过日子啊？”县长急了：“太太，如果被划为地主，那是要天天挨批斗的，隔壁村不是有几个，田还没有您家多。再说，您就是不同意，地也会被强行分掉的。您自己好好想想……”

拖拉机、挖禾头、薯丝饭

曾淑娟/广东省清远市第三中学

父亲一家共有八个人，能提供劳动力的却只有爷爷奶奶，所以每次能分到的粮食总是少得可怜。不但我父亲家如此，村里很多家庭人口多，但能提供的劳动力少，经常是一点点大米搅和一锅薯丝养活一大家子的人，而且很多时候都吃不饱。所以在剥花生时，父亲和几位伯伯在饥饿中，抵挡不住花生仁的诱惑，就偷吃了些生产队发配下来的花生，本以为爷爷不会知道，但纸终究包不住火，还是被发现了。

翻开外曾祖父记忆的相册

于宝卉/山东师范大学附属中学

出生在地主家庭的外曾祖父也没能幸免。他被革职后赶回了乡下的老家，不但没有政府给的退休金，每天还被村里的人看管着扫大街、掏粪坑。就连以前分配给外祖父家的土地也被没收了，一家人失去了生活来源。外曾祖母迫于生计，只得每天拿着打狗棍四处讨饭。好在外曾祖母为人心地善良，曾经救助过村里不少的穷困人家。看到外曾祖父一家的落魄潦倒，同村的人家虽然也常常是饥一顿饱一顿，仍有不少人伸出了援助之手，就这样东家一个窝头，西家一个煎饼的，外曾祖父一家总算没有饿死在街头。

逝去的岁月

——那段不该被忘记的历史

龚楚珺/深圳市福田区外国语学校侨香校区

老二躲在草垛旁，拿着只小碗，看着一拨巡夜的人走远，猫腰到堆谷的地方，轻轻抓起一把放在碗里，拔几根野草和着，准备回去。不料后面有人抓住了老二的衣服——是生产队队长。

次日，王桂生家里的一头猪被牵走了。王桂生来不及问，跟了出去。妻子抽泣着，孩子跟着嘤嘤地哭。

王桂生出了门，怔怔地看着杵在门前的老二，有种想扑上去的冲动。老二低着头，手里攥着碗的残片。王桂生拿下旱烟，烟斗朝下，烫在了老二头上："你知不知道那头猪是我们吃上饭的指望！你知不知道偷东西是多么丢人的事！"

妈妈的就职故事

李嘉莹/东莞市第一中学

那正是深圳打工大潮兴起的时候，大舅希望她去深圳闯一闯。妈妈马上心动了，但顾忌父母，便询问家里意见，不料，却遭到了一致劝阻——

“留在这儿多好，这是公家医院，铁饭碗啊！现在没有分配工作的说法啦！”大姨们说。

“在外头受气了怎么办？”外公外婆也跟着担忧……

出去真的好吗？妈妈很快犹豫了。第一次的转职不了了之。

从失落到苏醒

周裕珊/东莞市第一中学

“许多人都极力劝服我的父亲把纸币换成金条，可他心底里就抱着生活一定会回归安定的信念，死守着他那些已经不值钱的纸币。”外公说这段时，面上隐隐带着笑意，没有丝毫惋惜。“事情过去那么久了，我想当时的父亲虽有点古板，但他有他的坚持。钱财乃身外物，没有那些钱，如今我不也过得好好的，能给我的外孙女泡泡茶，说说往事？”他见我心疼的样子，笑着对我说。

“公社虽说是不愁没饭吃，但在那个平均分配的年代，大伙干不干事都是吃那么多，人们就逐渐懒惰起来，田地荒废了，收成就自然不理想，公社连社员都养不活，更别说加上给国家的。那时报上的卫星，能吹多大就多大，管他呢……”

这时的外公，遇见了同从香港回乡的外婆，两人一见如故，便在“毛主席”的见证下，念着毛主席语录，结为了夫妻。

我的外婆

凌钰成/广东省中山市第一中学

无奈1972年诞下的还是一个女婴。当外公得知又是一个女婴时，进门抛下一句“抱去扔了！”就摔门而走了。外婆看看眼珠乌溜溜的女娃，还是不忍心，心想说不定是个“贵骨物”，于是留了下来。因为在粤语中，“金”和“跟”的音较为接近，所以取名为“金娣”，千金复来，“跟”弟续子。但这充满期望的名字并没有起到魔法般的作用，外婆一生中无法再得一子。

平凡的人，不平凡的一生

——细说我的外公

黄子嫣/深圳市福田区石厦中学

一个双手冻得通红的少年正在一口井边僵硬却又娴熟地打着水。那正是当年在河南大饥荒中出生又死里逃生的外公黄北荣——当年他的父母为了让他活命，双双饿死了。他们临死前把骨瘦如柴的黄北荣交托给了他富有的姑姑，他便随着姑姑来到南京。自从跨进姑姑家的大门，便有不断的咒骂声传入他的耳朵。那时他还不谙世事，对大人们的窃窃私语一无所知。随着他渐渐长大成人，他发现大人们——就连他最亲的姑姑，看着他的眼神也越发不同。那眼神里有同情、有怜悯、有愤恨，也有厌恶。但他唯一不曾从那两潭深渊里看到的，是爱。

故事

王秋阳/江苏省扬州中学

村里小学开学之前，秀珍东拼西凑的，什么办法都想了，学费却还是差一块钱。

“明早我还是去试试吧，指不定到时候就有办法了呢？”开学头天夜里，秀珍拿着那沓数了一遍又一遍的毛票子，有些惴惴地对他说。

“试试吧。”他刚回来，所以声音里都透着一股疲惫。因为成分不好，他常被生产队里选去做“挑工”，这次是在南京，很苦，又算不了多少工分，但没办法，唉，成分啊。

始终都等到一串好光景

孙雍晴/东莞中学松山湖学校

出勤迟到的，生产队给你记名，扣工分。工分在那时可是宝贝啊。奶奶说她那样一个从前出入城市的人，自从跟了爷爷以后下田干活总是做不习惯。爷爷一天挣十几分，奶奶也就勉强挣十分一天，挣得少，家里人又多，钱都没得支，生活自然是很困难的。一直到香港传出消息有工作要招人，我的大伯和三伯那时候已经很大了，为了有更好的生活条件，他们决定偷渡到香港碰碰运气。

奶奶的大夫情结

孟凡瑶/北京二中

抗日战争结束后，解放战争开始了。长期遭受战乱折磨的农民收成不好，地主被他们口中的“土匪”——解放军绑起来示众抽打（奶奶曾亲眼见过多次），而从商办厂的人因为战争的影响及帝国主义、官僚资本主义的镇压，也挣不了多少钱。开医院的太公收入一直不错，侥幸逃过战争的洗劫。看来在那时，当大夫的确是一项稳定的工作。

两个人的记忆

——追寻今生今世的证据

冯铭钰/江苏省锡山高级中学

“我和大姐走两步就看得见远处有人倒下，人啊，真的说没就没了，有两次走着走着，我突然觉得胃里面一股气冲上来，头昏得很，一头砸在地上，想想自己真的就快死了。”“我没有吃过什么苦头，没饿过肚子，干活是在18岁以后了，干的都是轻活，不费什么体力的。”

大雨落幽烟

张雪莹/浙江杭州第二中学

1952年开展“五反”运动，工商业从业者间互相揭发，称为“帮助”。好不容易抬头的正通，资金渐渐地不能再维持下去了。但曾祖父是个硬骨头，一定要继续营业，最终靠着银行贷款维持。1956年，“一化三改”，全行业公私合营，曾祖父受委托做行业各店的思想工作，没办法，只能成立公私合营油烛商店，正通已名存实亡。

青春流年

侦破邱家血案：属于外曾祖父的传奇

王子尧/甘肃省天水市一中　　**倪丽侠　张聿军**/指导老师

1949 年，一个对中国和中国人来说都意义非凡的年份。它不但是中国命运的大转折，而且这一年也改变了许多普普通通中国人的命运。

一、邱家命案

1949 年 5 月 17 日早晨 8 点多，有人匆忙赶到兰州市警察局四分局报案，言及辖区内左公东路（今白银路）69 号的邱宅发生了火灾。报案人为邱家的厨师刘清海。他早晨去上班，只见邱家大门敞开，院内无人，却看见上房客厅的门窗缝内向外冒着黑烟。他大声叫喊却无人答应，一推客厅大门，就有滚滚浓烟冒出，气味呛人。惊慌无措的刘清海心想一定是发生了火灾，就急忙赶来报案了。接到报案后，消防队和当地的保甲长赶到了邱宅。所幸因邱宅门窗紧闭，与外界隔绝，大火并未燃起，但随时有蔓延的势头。扑灭阴火后，在勘察、清理火场的过程中，突然从上房传出几声尖叫，把所有人都吓丢了魂。等到近前一看，那景象更是在大白天里也能让人后脊背冒冷汗，浑身打哆嗦。原来，挪开被火烧过的家具后，昏暗中豁然出现十数具血肉模糊的尸体。

——这就是当时震惊全国的邱家大血案。

接警后，时任甘肃省会警察局刑警大队大队长的范宗湘火速赶到现场勘察，确认了邱宗浚、邱定坤等 11 位受害者系被人杀害后焚尸。这 11 人中既有邱宅的主人，也包括保姆、司机等。邱家上下仅有一个 11 岁的小姑娘邱光慈因病外出就医而幸免于难。这是一起灭门惨案。从现场来看，凶手行凶手段极其残忍：受害人或被利剑所刺，或被利斧劈脑，或被钢管捣死……除此以外，根据邱家的账本详细对照，范宗湘发现除笨重及不值钱的物品外，贵重物品已有账无物，被劫掠一空了。

兰州发生了如此惨绝人寰的血案，可是对受害者抱以同情的人并不多。原来，邱宗浚的女婿就是人称“新疆王”的盛世才。盛世才在新疆担任督办期间以剿匪铲共为名，大肆屠杀无辜群众，受害者多达十余万人，被折磨致死和遭枪杀砍头的竟达五万多人，这其中就包括毛泽民、陈潭秋等著名共产党人。贪婪成性的邱氏父子凭借盛世才的势力，在新疆时搜刮民脂民膏，掠杀百姓，做尽了坏事，是“国人皆曰可杀”的害民贼！对于盛、邱两家族的暴行，当时的国民政府却不闻不问，包庇纵容，以致民怨沸盈。1944 年，盛世才被调往重庆国民政府任农林部长后，邱氏父子失去了靠山，便举家移居兰州，以逃避仇家。邱家在兰州左公东路修建了豪宅，平日深居简出，戒备森严，但依旧不改荒淫无度、挥金如土的糜烂生活。邱家血案发生后，有人猜测可能是曾被邱家残害的仇家趁乱奋起反击，血刃仇人；案犯很可能是从新疆来的仇家，在本地没有户籍，心想作案后肯定会远走高飞，警察局就算有天大本事，也无法破案。许多人认为邱家父子在世时作恶多端，积怨甚多，此次被杀，是罪有应得，这不禁让人拍手称快。但是，这一案件毕竟案情重大，且牵连无辜，在当时影响极大，必须尽早破案。一时之间人心惶惶。

二、迷雾重重

案发第二天，在国民党西北军政长官公署长官马步芳和国民党省、市、党、政、军要员的催促下，省会警察总局成立了“邱案破案委员会”，甘肃省政府也勒令省会警察局“限期一周破案”。为侦破此案，身为刑警大队大队长的范宗湘面临的压力可想而知。上司固然要求限期破案，普通市民也想尽快知道真相。经过初步判断，范宗湘和同事们认定这是一次有组织有预谋的仇杀案。其一，在清理邱宅财物时，发现了一封盛世才于当年 4 月 30 日从台北寄给邱宗浚的信，信中说：“时局日趋紧张……大人全家应该早离兰州，向安全地方迁移……倘被关入铁幕之内，则财命两空，追悔无及。离兰时宜尽力保密，免被仇人暗算。”邱宗浚在回信中说：“……来函阅悉，余现下无力他迁，只可在兰州听天由命……”另外，在邱家衣箱中检获收据一纸，收据上注明在纽约某银行内，存贮美金四万元。邱宗浚的回信何以未及时发出不得而知，但已可推测盛世才做贼心虚，自知解放大军临近，邱家罪恶累累，血债难逃，所以敦促岳父全家尽快离兰；而邱家虽不能很快决定离开兰州，却也做好了外逃的打算。这些消息可能已被仇家所知。案发前一个月，邱家曾收到过一封署名“铁树”的勒索“银币十万元，金条十根”的信；其二，从对现场周围走访情况来看，由于四邻未曾听见狗叫声（邱家养有五只狼狗），邱家门、窗也均完好，由此可以判断此案极有可能有“内线”接应；再者，凶手不但要“斩草除根”，且在作案后企图焚尸灭迹，清理现场时能闻到浓烈的汽油味，且现场墙上留有“二十年冤仇一夜平”八个字。显然这起命案不仅仅是杀人劫财这么简单，必定是有血海深仇的人才会这样做。范宗湘判断作案者人数应在十人左右，且有内线接应；计划安排稳妥，组织严密，绝非等闲之辈作案。他认为要破此案，必须从寻找失物以及邱宗浚的副官齐雨田的下落入手。齐雨田在案发后神秘失踪，其嫌疑陡然上升，成为此案最有可能的“内线”。范宗湘先后讯问了邱家的厨师刘清海和与邱家交情甚笃的范太太，从两人口中得知齐雨田因给主子买烟土、烧烟泡，自己也染上了烟瘾。钱不够花时，常向邱家哀求，因此遭到邱家的白眼和邱氏父子的打骂，所以他早已对邱家怀恨在心。

可是这个齐雨田到底去了哪儿呢？他好像在人间突然蒸发了一样，踪迹全无，哪里都没有关于他的线索，这使得案件侦破一时陷入僵局。马步芳派他的秘书马玉龙在三爱堂召见范宗湘并进行了训斥：“马长官到任不久，竟在我们长官公署附近发生这起大血案，这是一起政治阴谋，马长官很恼火，你们必须很快破案，缉拿罪犯。”省政府也发来电报：“查此次邱宅惨案之发生，社会人士极为重视，唯刻已多日，迄未破案，该局责任攸关，应即与各地治安机关密切联系，多方设法，积极进行，不得稍有怠慢，以期早日破案。”

这时，距案发已有半月。因案子迟迟未破，刑警大队长范宗湘受到撤职留任处分，戴罪办案。

三、柳暗花明

邱宅案发一个月后，即 6 月 16 日清晨，有一个古怪的小贩模样的人在南关什字开明商行附近售卖羚羊角。说这个小贩古怪，是因为当时一两羚羊角的价格堪比一两黄金，小贩手中的四五十两羚羊角至少要卖到四五十两黄金，可他要价却极低。有人把这个异常情况报告给了范宗湘。范宗湘判断此人手中的羚羊角来历可疑，极有可能非抢即盗。于是他化装成商人模样赶到开明商行，找小贩“交易”。一番讨价还价之后，范宗湘说手中没有那么多黄金，提议在中华路老凤祥金店一手交钱一手交货。两人像老朋友一样说说笑笑来到金店门口。范宗湘站定之后马上发出信号，两三个埋伏在老凤祥附近的警员立刻冲了过来，饿虎扑食般扑倒小贩，让他动弹不得。把小贩带回警局后，一经审问，才知此人名叫梁天合，是一个木匠。一个普通的木匠收入有限，只不过是刚刚能够填饱肚子而已，手上怎么可能有这么多贵重的羚羊角？梁天合被带到警局后，早就吓破了胆，范宗湘刚一厉声讯问，他就招认这些羚羊角是一个叫张占生的朋友托他卖的，说好出手之后给他一些好处费。

范宗湘看着眼前的羚羊角，心底隐隐感到这些东西应该和邱宅血案有关联。现在有了这样一个重要的线索，也许邱宅血案侦破的关键就在眼前。事不宜迟，在对张占生进行外围布控后，6 月 17 日下午，范宗湘带领刑警人员，乘车来到张家，在张家当场搜出邱定坤之妻费伯萍的金质首饰数件。人赃缉获，张占生立即被带回刑警队审讯。张占生到案后，语无伦次，百般狡辩。追问得紧了，他就胡说八道，供出无业人员二三十个。这些人经逐个传讯后，均是驴唇不对马嘴，不少人因此备受惊扰。经过一番对峙，范宗湘决定对张占生采取疲劳战术，张占生的心理防线最终崩溃，终于招出了邱家血案的案犯之一刘玉山。

四、水落石出

6月22日，刘玉山在张掖城西高家窑被捕获。抓获刘玉山后不久，范宗湘以此为突破口，相继逮捕了蒋德裕、刘自立、孙立勋、陈永春、王祥仁、关子章六人，邱宅血案基本告破。范宗湘因破此案而被当时的媒体称为“中国的福尔摩斯”。

参与此案的凶犯共 13 人，其中绝大部分人是盛世才、邱定坤的东北同乡和部下。谁都没有想到，这次血案的两名主谋蒋德裕和臧景芝，竟是盛世才在新疆时的两员干将，曾为盛世才在新疆的统治立下汗马功劳。蒋德裕来兰定居后日子过得不顺心，向邱家求告，却遭到拒绝。加之他和邱定坤投资办厂，几次建议将所得利润捐助流落兰州的东北老乡，也被邱定坤拒绝，他因此怀恨在心，图谋报复；臧景芝虽曾为盛世才立下大功，后来却被盛世才借故逮捕入狱，险些丧命；邱案人犯中其他人，如杀人最多的刘自立，他的弟弟全家四口被盛、邱家族杀害，他的两位同窗好友也在新疆惨遭毒手；刘玉山的父亲被盛世才以莫须有的罪名活活勒死，因有杀父之仇，而与之不共戴天。其余作案者虽与邱家没有直接冤仇，但对盛、邱家族中饱私囊、残害无辜的罪恶行径义愤填膺，决心伺机为民雪恨。案发前，他们获悉邱氏父子已将 1000 多根金条运往台湾，很快就要离开兰州远走高飞，便毅然决定采取行动。他们原计划行动的日期是邱宗浚生日这一天，但考虑到当天来宾肯定很多，一方面人多眼杂，另一方面有可能伤及无辜，于是改为 5 月 16 日晚上动手。先由刘忠贤通知齐雨田做好内应，5 月 16 日晚 9 时左右，刘忠贤在墙外以暗号叫门，齐雨田打开院门放入蒋德裕等几个人，蒋德裕分发了五支手枪后，由刘玉山、陈永春把守邱定坤的房间门口，刘自立、王祥仁、童朴庵等负责杀人。行凶后，他们将尸体转移至客房，想要焚尸灭迹。但是人算不如天算，由于门窗紧闭，隔绝了外面的空气，加上扑救及时，使得他们彻底消灭仇人肉体、掩盖现场痕迹的愿望未能实现。

五、世道人心

新疆各界听闻兰州发生邱宅血案后，于 7 月中旬组成“新疆各界慰问英雄致敬团”，在艾沙团长的带领下，以新疆各族人民的名义来到兰州，请求甘肃省当局从公、从宽处理，并为英雄请功。艾沙慷慨陈词说：“盛世才和邱宗浚之流在新疆杀的人要比蒋德裕他们杀邱家的多一万倍。如果说蒋德裕他们有罪，那么盛世才和邱家父子应先受到法律制裁才对。”副团长苗沛然先生说：“迪化（今新疆乌鲁木齐）人听到邱家全家被杀，无不拍手称快，大家都说善恶到头终有报。希望秉公办案，法律要兼顾民意，要有伸张正义的力量才能收服人心……邱家的结局才是真正的‘天网恢恢，疏而不漏’。我希望从宽处理案犯，归还新疆人民的财产。我们呼吁社会各界支持正义。”7月22日上午，慰问团到省会警察局慰问邱案在押人员。艾沙介绍来意后说：“你们的杀人，不同于一般的杀人放火。你们为民除害，当受奖赏！”八名案犯侃侃而谈：“我们非常抱歉，没有把计划全部完成，仅杀了残害新疆父老的一小部分人，我们很惭愧。我们不是为了自己报仇，而是为了新疆14个民族400万人报仇！”慰问团众人一致高呼“英雄万岁！”社会各界的有识之士也认为，邱家父子在新疆作恶多端，血债累累，罪有应得；作案者出于义愤，为自己和十万余死难同胞报仇，非但无罪，而且有功，在判决时应从轻发落。

在社会各界的一再呼吁之下，加之兰州当时已处于临战状态，解放战争接近最后胜利，兰州国民党军政警宪机关的各级官员，自顾不暇，惶惶不可终日，所以，不愿再多过问此案。警察局办案人员也是筋疲力尽，只好借口“主犯大部落网，余犯去向不明”而搪塞收兵结案了。至此，其余五名在逃犯，只是一般的通缉，并未做进一步追捕，就草草收场了。警方决定将蒋德裕等八名人犯，转交西北军政长官公署处理。省会警察局于7月30日办理移交手续。范宗湘深知盛、邱家族的暴行，移交时对于在押的八人不仅未加以刑具，还让人从陶乐春饭庄叫来一桌丰盛的饭菜，让案犯在拘留所院内聚餐，以示敬意。

对于曾受到传讯、拘留过的许多嫌疑人，在案件真相大白后，范宗湘作为刑警队长深感抱歉，亲往受害人家中道歉慰问。

1949年8月12日，由西北长官公署军法处成立了“军法裁判处”进行最后宣判。蒋德裕、刘自立二人被判处死刑；孙立勋、刘玉山、陈永春、王祥仁判处无期徒刑；关子章、张占生判处有期徒刑七年。宣判结束后，蒋、刘二人被绑赴红山根刑场，在大雨滂沱中被枪决。刘玉山等六人随后被移送到皋兰监狱服刑。

在邱案判决生效两个星期后，也就是8月26日，兰州获得解放。经人民政府审查决定，在押的刘玉山等六人相继获得大赦，恢复自由。

此前的1949年7月1日上午，邱家唯一的幸存者邱光慈在亲属的陪同下乘飞机离开了兰州。直到离开兰州，她对邱宅血案仍一无所知。邱光慈先到了台湾，后来又旅居泰国、新加坡、马来西亚等国，最后定居美国芝加哥。

六、其人其事

范宗湘就是我的外曾祖父，2000年8月去世，享年84岁。

为外曾祖父赢得巨大声望的邱宅血案的侦破过程，是姥姥告诉我的。当我第一次听到这个故事的时候，在我的胸膛里，涌动着绵绵不绝的对外曾祖父的好奇和敬意。我们家里竟然有一位“福尔摩斯”！小的时候，我曾经就坐在他的怀中听他用慈爱的声音说着对我的期望！他曾在国民党的政府中工作过，新中国成立后却留任人民政府。他虽然官职不高，只是一名刑警队长，却做出了许多不平凡的事……

掀开历史，作为我的外曾祖父，他是一个什么样的人呢？

外曾祖父1916年出生在甘肃兰州，从小生活在一个五世同堂的大家庭里。由于家中生活拮据，虽然凭借自己的刻苦和坚持从皋兰小学顺利毕业，并考入当时的甘肃省省立一中（今兰州一中），外曾祖父却不得不辍学。正所谓“穷人的孩子早当家”，生活的重担早早地便压在了他稚嫩的肩膀上。但贫贱不移求学之志，外曾祖父不轻言弃，三年之后，怀着对知识的无限渴求，他重入私塾，学习孔孟之道。中华传统文化对外曾祖父的气质和品格产生了极大的影响。后来，外曾祖父的四哥范宗泽考入了警校，这件事促使年轻的外曾祖父立志警界，报效国家。经过一番艰苦卓绝的努力之后，外曾祖父参加了军统兰州训练班第二期行动系的培训，并在毕业后成为兰州警察局的一名普通警员。当时人们的文化水平普遍较低，而外曾祖父既有毕业于皋兰小学的文凭，又有警校学习的经历，在单位算得上是一个能识文断句的文化人；且又因为外曾祖父心思缜密，办案干练，因而很快就被破格提拔为省会警察局刑警大队大队长。那一年，外曾祖父刚刚 25 岁。侦破邱宅血案时，他才 33 岁。时代的跌宕起伏造就了他传奇的一生，也让他在那个时代留下了自己的印记。

1949 年的 5 月到 8 月，在外曾祖父的一生中，是一个非常时期。国民党统治风雨飘摇之际，他以自身的干练和坚持赢得了闻名全国的声望；但是，也就在这个时候，一生当中最重要的抉择摆在了他的面前：是追随败退台湾的国民党政权，还是留下来为新中国服务？是坐享过去工作成绩带来的荣华富贵，还是在一个一穷二白的新中国继续奋斗？新中国政权建立之后，为尽快稳定局势，对旧政权中的一般工作人员采取了留任的政策。外曾祖父遂决定留下来。外曾祖父在旧中国的工作，并非助纣为虐，只是尽自己维护一方治安的天职；在这个百废待兴的重要时期，他也明白自己的角色对刚刚解放的兰州社会治安意义重大。他的选择，加之当时的政治需要，使他得以继续发挥自己的才干，恪尽自己的职守，为新社会服务，为人民服务，直到“文革”结束后，外曾祖父在省公安厅正式退休。

这就是我的外曾祖父。从少年时代起，他就不懈地追寻着自己的梦想。他出身贫寒，职位卑微，却始终不改志向。也许有的人只看见了他那被誉为“中国的福尔摩斯”的光环，却没有看见他在工作中的兢兢业业、清清白白。他的肩头，曾经需要扛起如山的压力，他扛起来了，不是因为马步芳之流的恐吓威胁，而是抱定了恪尽职守的信念。外曾祖父是在传统文化熏陶下的一个普通的中国人，也是一个努力以自己的一生践行儒家“修身齐家治国平天下”信念的人。

我，因为这些而仰慕他，不仅仅因为他是我的外曾祖父。

——向您致敬，中国的福尔摩斯！

青春

罗梓鹏/东莞中学松山湖学校　　**雷鸣**/指导老师

木板房内乱糟糟的，桌上放着一台不见了后盖的小电视，一边还有一支焊笔。墙上只挂着一张黑白照，照片里的男子头戴红星帽，身穿军装，肩挎单肩包，右手叉腰，左手持枪，小眼睛目视前方。有一行钢笔字：自卫反击纪念，1979。

1979 年，邓小平决定发动对越自卫反击战。

一

跟随浩浩荡荡的调兵，照片中的那个 25 岁男子，江勒，来到了中越边境的营地。当时的解放军由于“文革”的影响，已多年未战。现在一上来就打十多年来作战不断的越军，心理压力大得很。在这种情况下，思想工作尤其重要。在某个营里，这个重担落在时任党小组长的江勒肩上。

党小组长是个什么玩意儿呢？就是管党员的。你想想看，连长班长也是党员啊！所以党小组长这个头衔很了不得。如果有哪个战士不敢上战场啦、家里碰巧有事要请假回家啦，江勒都要给他们做思想工作，直到他们以国家利益为重，不再打退堂鼓。

做思想工作持续了两天，大家又是当众演讲又是集体宣誓，战士们在江勒的组织下表达了要和敌人决一死战的决心，江勒的这个任务也就告一段落。入夜，他坐在营地附近的一条小河旁，给大伙做了两天的思想工作，其实连自己都还没有说服。仔细想想，自己也才25岁，正值大好青春年华，按道理说应该多活几十年吧？可万一在这荒山野岭丢了性命，说什么也不值啊。

忽然，他发现不远处有一个人影。

吓死人了，原来是炊事班长，江勒认出他来了。

江勒这才知道，他有家人去世了，心情本已低落，现在又要上战场，不仅自己不能奔家人的丧，还很有可能让家人奔自己的丧，心里更不好受，便出来自个儿伤心。

他哪知江勒也有心事呢？但这位党小组长仍然劝他坚守阵地，“现在国家有难，你就一定要把党和国家放在首位嘛！你家人那边，政府会帮你办妥……”他们谈了很久，讲越南佬多么忘恩负义，又讲战争是多么残酷。最后江勒发觉虽然炊事班长答应留下来继续组织大家煮饭，自己却怎也放不下一个“怕”字。

正当他俩起身回营，江勒突然发现远处的山头闪出一道亮光，他心里咯噔一下，慌了——难道越南佬潜入到眼皮底下来了？！

二

所有人都慌了，马上抓了枪蹿进草丛里。

当那辆车开得足够近时，大伙才在月光下认出是自己人开的车，一问，才知道司机由于太疲劳了，误按了车灯开关。

江勒是后勤组的司机，他知道，开战前后勤司机要在黑夜的掩护下把战士和各种装备运输到前线，如果司机由于各种原因误按了车灯开关，那就等于告诉敌人“嘿，我在这儿！”这是万万不可发生的。营里有人提议把车灯电线剪断，可是，如果在夜里紧急撤退，那就等于大伙都瞎了眼，被敌人打成灰。江勒想了半天，灵机一动，他有了个主意——只要在方向盘下方再装一个开关，问题不就解决了嘛！他和大伙解释道，如果在方向盘下再装一个车灯开关，把它和原来的开关串联起来，车灯要同时打开两个开关才会亮，这样既防止司机误按，又不影响紧急撤退时的用灯。嘿，年轻人，脑袋就是好使。

江勒的建议被采纳了，他在会上受到了公开表扬。后勤的车辆全加装了这么一个小小的开关。江勒得意得很，这是他走向发明家的第一步啊！他爱钻研，家里的那部小电视就是他拆来研究的。

2 月 16 日，距开战不到 24 小时。部队里的所有人都安静极了。江勒坐立不安，心脏从来没这么剧烈地跳动。怕。但党小组长不能怕。

江勒在炮连的一个班当司机。值得注意的是，司机可不是把人和炮拉到前线就可以溜之大吉了，司机也要和炮手们坚守阵地！这边炮弹打光了，司机就要把车开回来装炮弹。不仅如此，假如全班的战士都牺牲了，在上级下达撤退命令之前，司机也要冲上去接着打！所以江勒除了会开车，也要学会开炮和用枪。

三

2 月 17 日凌晨，距开战不到五小时。

江勒早已摸黑把那七个炮手和一挺加农炮运到指定阵地。他跳下车，抽出手枪，此时炮手们早已开始装炮、卸弹。江勒要在炮手结束准备工作前侦察周围是否有敌方特务。

冷。阵地是一片田，敌军战线在小山的另一边，肉眼看不见，炮手只能根据观察所的指示修正弹道。

炮手已经把加农炮稳稳地固定在阵地，几排炮弹躺在一边。江勒和七个年纪相仿的炮手交换了眼神，又特地向指挥员点点头，收枪，上车，把车顶到了距大炮两三百米外的地方。他在距车四五十米外找到了一条长满杂草的水沟，便纵身跳了下去，一动不动地盯着远处的大炮指挥员。心早已提上了嗓门眼。

越南的天空还没亮，周围一片死寂。

不知过了多久，炮手那边传来几声撕心裂肺的叫喊声，“嘭嘭嘭”，几道火光早已划亮天空，与此同时，炮兵全线开炮，我方广西、云南战线全线开火！

对越自卫反击战全面开战！

江勒咬牙看着七个炮手不知打了多少发炮弹，突然发现上空有一些炮弹方向不对——是敌军的炮弹！可惜没打准，竟打到了看不见的远处去了。江勒又听到“轰轰轰”连续几声爆炸，脚下的地面也跟着震动。彼时我方炮手又开始放炮，把敌人的火力压了下去。

江勒仍死死盯着指挥员。

不知打了多少回合，敌方的着弹点渐渐向江勒和阵地的方向收紧。这一回，敌军不知放了多少颗炮弹，直捣距江勒两三公里的田地。江勒早已肘部撑地，双手掩耳，嘴巴张开，伏在水沟里。这样的姿势有两个好处，一来可以防止爆炸引起的地面震动伤害心脏，二来可以防止冲击波压穿耳膜。“轰轰轰”，声音震耳欲聋，他觉得天就要震塌了！

江勒突然想起了什么，猛地一抬头，果然发现远处的指挥员在极力向他挥动旗子。

四

指挥员的意思是，炮弹耗尽。

江勒拼命跳上车，几乎踩尽油门，终于把车屁股倒向炮阵地，炮兵们早已开始卸弹。

江勒下车侦察。发现除了几个人受了点轻伤，七个小伙子还都生龙活虎呢！他自己也松了口气。

没有人说话。战争已进行了两个多小时，打仗不仅是体力活，也是脑力活——要时刻保持警惕。所以前线的士兵在此时此刻早已身心疲惫，很少开口说话，况且，在山崩地裂的爆炸声中喊话一点儿也不经济。

这时候，仍有无数炮弹在四处炸开，硝烟早已蹿到穹顶，地上是一个个大黑洞。魔鬼正蹲在那儿等着吃人哩！

这边炮弹已经卸好，江勒利索地跳上车，车又冲了出去。

大车容易被发现，况且还在移动，敌军看见了一定要打，所以江勒只盼快点回到沟里头。

忽然，他发现自己的袖子湿湿的，又觉得火辣辣的疼。

五

该死，手臂被划了一个口子，衣服也裂开了。

原来刚才冲出水沟时没注意，被什么东西划了一下。

战士在战场上连命都可以不要，这点伤算个屁！江勒只用带子随意包扎了一下，便又开始等待指挥员的命令。他觉得自己表现得还不赖。

双方不知已打出多少炮弹，江勒只知敌方火力越来越猛，原先的田地早已满目疮痍。

突然，天上又闪过几十道火光，江勒早已伏在沟里躲避。炮群落在不知离江勒多近的地方频频爆炸，紧接着又来了十几发，“轰轰轰”，声音比先前的更让人晕厥。

江勒心里咯噔一下：完了，我们被敌军发现了。

敌人大炮的修正量是 50 米左右，按照现在的情况，自己和炮手们等不了多久就要去见马克思了！

江勒探头朝炮阵地的方向望去——什么也看不清。

指挥员也观察到了敌方弹道的特点，赶紧向指挥部请示撤退。

终于，从无线电另一头传来上级的命令：

“撤！”

话音未落，指挥员身后发出“嘭嘭嘭”的巨响，一行行炮弹划过头顶……

是掩护撤退的榴弹炮，用来压住敌人火力。他们只有八分钟不到的时间连人带炮从前线撤退。

指挥员早已向江勒那边挥旗，却看不到任何动静。

六

江勒听到从身后发出的一连串响声，大悟这是掩护撤退的榴弹炮！他跳出水沟，转眼车已弹了出去。

大炮就是你的战友，所以撤退时死也要把它给带走。加农炮有两个轮子和一个钩，解放牌货车的尾部也有一个大钩，撤退时车就用钩子拉着大炮走。

现在江勒只听到我军炮弹在远处爆炸的闷响，敌军炮弹在榴弹炮的压制下还没打过来。

这边江勒已经倒了车，好让两个钩子对接，五个炮手早已蹿上后车厢；那边两个没上车的炮手分别站在大炮两边，“一、二、三，起！”，炮钩就翘了起来，江勒恰好把车钩倒在炮钩下方，两人一放手，“咔”，勾上了。

江勒听到“咔”的一声，早已踩尽油门，车又弹了出去，冲进了灰烟天幕之中。

车开到了安全地带，江勒听不到任何动静。他心里一紧，人齐了吗？

七

到达营地。

江勒跳下车，到车尾一看，

“一、二、三、四、五、六、七！”

嘿嘿，那七个哥们个个生龙活虎地坐在后车厢的板凳上，大炮也拉了回来。现在江勒终于松了一大口气，大家看着彼此傻笑。

原来，江勒战前就和那七个炮手商定好：“撤退时间一秒也不能耽误，你们两个身手最利索的抬炮。一听到‘咔’的一声响，我就马上开车，你们两个自己想办法上车！”

几天后，《解放军报》的记者来了，江勒忽然悲壮地对记者说：“可以给我照一张照片吗？万一……牺牲了，也让家人有个留念。”听到这个，记者哪敢拒绝。于是便有了那么一张“自卫反击纪念照”。

20多天后，这场战争已基本达到了邓小平“适当地给他们有限的教训”的目标，接下来便是逐步撤回各前线的军队。

一天，江勒他们接到命令，撤回中国境内。

他们终于结束了自己的战争。可江勒知道，仍有上万名士兵在前线用自己的青春和生命捍卫着国家的尊严。怕死吗？说实话，怕。可在战场上，早已忘记了生死。

江勒和那七个炮手连夜驱车赶回境内，车后仍拉着那挺大炮。

江勒已经连续几天几夜没有睡觉，这时早已在方向盘前昏昏欲睡。

得醒醒神。

他看见路边有些积水，便想用水洗洗脸。那七个炮手也下了车。江勒捧了一把水猛地拍在脸上。

“噗——”

是尿。

这下效果比什么都好，江勒睡意全无，倒有想吐的冲动。那七个看了都明白过来，只捂着口笑得人仰马翻，江勒也不敢大声骂出来，只是瞪着他们，也憋不住笑了。

他们好像又同时想起了什么，不约而同地互相拥抱，也不管江勒脸上的尿，只是感动得说不出话。

江勒重新抓住了方向盘……

那些不曾远去的流年

王凝新/北京四中　　**杨志刚　徐雁**/指导老师

童　年

1942年的重庆，似乎和往年没有什么不同。河南正在忍受饥馑，抗日的战事还没有结束，一切似乎看上去都不明朗。在这样的乱世里，谁也逃不开。

就在这一年，重庆的胡家新添了一个小女孩，是家里老三的孩子。因为老大留洋读了博士后就一直带着妻子孩子待在重庆城里，所以在乡下的大宅院里，这个小女孩就是大小姐。

对于1942年的重庆人民来说，这一年算得上是安详。而对于这个刚刚出生的小女孩来说，她并不知道自己的人生将会在这个乱世中走向何方。

胡家的祖上是翰林，在京城做官，家里的正厅里还存放着当年祖宗的顶戴花翎，家底很是殷实，在当地开的有工厂，也收着几百亩地的租子。小女孩从小就在自家的大院里长大。院子很大，有好几进，中间的天井院中都种满了花草，春天到的时候分外好看。女孩的奶奶是个虔诚的佛教徒，所以家中就修了一座经楼，专门让奶奶诵经拜佛。

小女孩也跟着奶奶待在经楼里念佛，拜拜天地君亲师，再或者就是去乡里的幼稚园，由小丫鬟陪着，一路倒也不寂寞。

一转眼，小女孩长到了六岁。

一天，家里来了一位客人，是位姓秦的夫人和她丈夫。这秦夫人嫁给了一位国民党的高官，但是一直没有孩子。她和女孩的大伯母关系要好，便商议着到女孩家里要一个孩子，过继给他们。

小女孩刚刚从门口的轿房玩耍回来，就看见一个穿着制服的高个子男子和一个穿着入时的女子站在家里的大厅里。那个穿着制服的叔叔看上去真是威武，皮靴子亮亮的，黑色的皮带在身上这么一箍，腰里还别着一把油光光的枪，真跟画里走出来的一样。旁边的女子穿着皮质的大衣，嘴唇很红，身上还有一股子香气。

小女孩正好奇地看着他们两人的时候，那女子一眼瞥见了她，忽然笑了，冲她招手："小姑娘，过来。"

小女孩便小心翼翼却又极为好奇地走了过去。那女子笑眯眯地俯下身，冲她道："小女娃儿长得真可爱，叫什么啊？"

一旁女孩的爹回了话："小孩子小，还没起名字呢。"

那女子似是很高兴："就把这孩子过继给我吧。"说着又转过身，对小女孩说："我姓秦，你叫我秦阿姨好不好？"

小女孩脆生生地道："秦阿姨。"

秦夫人笑得更深了："你叫小秦吧，做我的女儿。"

小女孩自是不太懂，只是顺着意思点了点头。

从那以后，这位秦阿姨就常常上门，还给小秦带各种各样的礼物，俨然是把她当成了自己的亲女儿。那些巧克力啊，红呢子帽子啊，小红靴子啊，都让小小的小秦爱不释手。

就在说好将小秦过继给秦阿姨的几个月后，冷冷清清的大宅院里又来了一个人。这个人是小秦的小叔叔，当年和小秦的二伯一起，按着家里人的话说就是叛逆、不听话，加入了共产党，要推翻地主资本家。想想也是奇怪，家里有这样大的产业，这个叔叔竟想着要全部推翻这一切，而且后来二伯还因为革命死在了成都。家里人都不是很理解他，而且他经常处在一种危险状态下，所以这位小叔叔很少回家。

但是今天却奇怪得很，这小叔叔不仅回了家，还专门找到了奶奶，与她谈了好久。小秦不知所以然，只是满天井院地跑着玩，十来岁的小丫鬟跟着她，生怕出什么意外。到了吃晚饭的时候，小秦才略略了解到，小叔叔这次回来大约是告诉奶奶把家产都拿出来变卖或者上交了。

此时是 1948 年，新中国成立的前夕，国内即将发生大变革，这也是小秦人生的第一次转折。

奶奶也不是爱财的人，守着这份基业更多是对于祖先的尊敬和保护。奶奶想了好一阵子，最后叹了口气说："算了，儿孙自有儿孙福。钱财再多也是身外之物，要有脑子才能活得好好的。"

奶奶听从了小叔叔的话，把家的田地都分散给了各家佃户，家里的老宅捐给了市政府，带着小秦一家住到了山下一家曾经的佃户家里。

于是小秦就由一位富家小姐变成了一个普普通通的重庆乡下姑娘。

小秦的爸爸先天有耳疾，听不清声音，所以一直留在家里。但不管怎样，他也是大户人家的少爷，哪里懂得种田做菜。现下家里没了房产和田地，只能自己下地干活；可是实在又不会做，只能勉强糊口。

这时候，秦阿姨过来想要走小秦。可是原本答应得好好的爸爸，却又舍不得了，所以小秦就留了下来。而这个小小的变动，使得小秦的人生彻底走上了另外一条路。

奶奶想着女娃儿既然留了下来，名字是一定要改掉的，不然挂着人家的姓氏多奇怪，因而“小秦”就改称“阿琴”。

爸爸实在是不会干活的，幸而家里弟兄姊妹多，大多散落在各大城市中，经济都富足得很，两个姑姑也都是留过洋的学生，还有几个亲戚定居在了国外，可以说是很有经济实力。惦念着家里的老母和老三一家子，各处的姑姑叔叔伯伯婶婶都往家里寄钱。

开始的时候还很好，可是后来镇上的小邮局总是会挂出牌牌，写上 ××× 家的又汇了多少款。这下可不得了，镇上的人都知道了。于是干部领着人来，把那些钱都收走了，家里还是什么都不剩下。

没有法子，爸爸便想了一个主意，让阿琴去伯母家里取钱。伯母家离阿琴家相距有 100 多里路，还要盘山走夜路。于是阿琴七八岁时的周六日都是奔波在路上度过的。害怕吗？也许吧，可是家里所有的生活费都在自己手里，又怎么能害怕呢。

到了 20 世纪 50 年代时，因为国内的统一与安定，家境开始渐渐好转，阿琴已经不用取钱了。

逃往新疆

时间一转眼到了 1961 年，阿琴 19 岁，上大学了。可是成绩很好的她只上了不到半年的学便被退回家，因为政审不及格。

怎么会不及格呢？阿琴一直到现在都清楚地记得，自己的评分表上说的是：“社会关系复杂，不予批准。”家里是大地主、大资本家，亲戚中有共产党地下党，但也有国民党高官、嫡系，甚至还有留在英国美国的族人。这样复杂的家世，自然是划归到成分不好的那一栏里了。

从 1957 年开始，国内掀起了“反右”运动。而家庭背景不好的阿琴一家，自然是率先受到冲击；也就是这一年开始，阿琴的人生又被推入了另一个轨道。

进入60年代，三年自然灾害使人们变得脆弱而盲目。他们急于找出一个答案来解释之前的困境，而上层给出了一个“很好”的答案：因为我们的社会主义建设队伍中存在着阶级敌人。在一种奇异的狂热之下，人们开始批斗所谓的阶级敌人。

在这期间，阿琴的奶奶去世了。在此之前，阿琴的父亲刚刚听闻，之前想要收养阿琴的秦夫人一家，已经移居美国了。而此时的胡家正面临着“文革”的巨大冲击。阿琴听说了，只能是摇摇头。

奶奶去世时，守在奶奶身边的只有阿琴一人。奶奶临走前，躺在床上，不说什么，只是拿了两个东西递给阿琴，说是祖宗留下来的，以后要是遇到什么难事把它们卖了，也就不愁吃喝了。这两样东西，一个是金锅铲，是当时用来搓烟灰的，上面雕了两条精致的龙，从旁侧盘上来扭在一起，盘成了一个手柄，好看得紧；还有一样阿琴也看不出是什么，只感觉是一块石头，滑滑的，很有手感。奶奶嘱托的这两样东西，阿琴小心翼翼地收好放在她的包裹里。

奶奶去世后不久，阿琴和她的一位初中老师联系上了。这个老师很有才华，在“文革”初期，口无遮拦，张狂得很，结果被迫逃到新疆。老师在信上劝阿琴：“到新疆来吧，我猜到你们上不上学，不如到新疆来，这里还好点。”

阿琴还有别的选择吗？也许放在别的时代会有许许多多的选择，但是在当时，“文革”中的一切就如同真理般，我们不得不选择既定选项。

于是在阿琴19岁那年，她和另外两位出身同样不好的同学踏上开往新疆的火车。

那时候的铁路还不是十分发达，从重庆到新疆，要整整七天七夜。由于出身不好，担心被列车员发现，阿琴和她的同伴便不停地表扬列车员，在他们的意见簿上写些好话，哄得列车员高兴得很，对她们也十分照顾。

新疆，新疆是什么样呢？ 19 岁花季的年龄说不爱幻想那是不可能的，更何况是受过良好教育的年轻的阿琴。

从南方到西北，从富庶到贫困，所有这一切对于阿琴来说都是未知的。她的人生就在这趟火车上，默默地转了一个弯。

初到新疆

现在的新疆是旅游胜地，甜美的瓜果和西域风情着实令人心生向往。但是在20世纪六七十年代的新疆，这里还是一片戈壁，苍凉荒芜，人烟稀少。

阿琴到了新疆，就进了生产建设兵团。

南方的姑娘哪里禁得住西北呼啸的狂风，还没到几天，身上、脸上全被吹开了口子，整整掉了一层皮。刚到新疆的时候，身上穿的还是风衣皮鞋，用当地人的话说就是洋气得很；可现在却要穿上粗糙的衣服，下地干活。

这一切阿琴都坚持了下来，但是之后发生的一件事，却让她难过得几天几夜都没睡好。

那天阿琴像往常一样早早出去干活，晚上回来的时候习惯性地摸了摸枕头底下。结果她震惊地发现：奶奶送给她的两个宝贝不见了！她又四处找了找，真的不见了。她可以肯定是被人偷了。

新疆和自己之前的生活不一样。不单单是地理位置、气候环境的变化，更是这里的人、这里的社会和之前完全不同。当时人们的生活都比较贫困，尤其是在经历了三年经济困难之后，对自己的东西财物都看得很重。

自从来了新疆以后，她就将那两个宝贝藏在枕套里，趁没人的时候时不时拿出来看一看、摸一摸，仿佛家人还在自己身边。可现在，奶奶留给自己唯一的东西也被人偷走了，阿琴顿时感到了一种极端的无助和委屈；自来新疆以后一直没流出来的眼泪，此刻终于落了下来，心里钝钝地痛。

可是东西不见了，阿琴也不能声张，因为这是资本主义的东西，就算说出去也只能是给自己再添麻烦，所以到底还是认了这个哑巴亏。最令阿琴难受的，是她一直到现在都不知道那块石头是个什么东西。

虽然一入疆就遇上这样糟心的事，但毕竟是少年心性，渐渐地也就过来了。加之阿琴本就是个能干外向的人，在勤勤恳恳工作之余，自然也帮着场部写写新闻稿、表扬信，做做统计、会计一类的工作。因为性子随和，所以阿琴很快就得到了大家的欢迎，还获得了场部的表扬。

于是场部的人就找到阿琴，商量着要调她去做教师。就当阿琴满心欢喜地准备去做教师，充满希望地幻想着未来的生活会变得更好时，又发生了一次变故，硬生生地改变了人生本来的轨迹。

当年和阿琴一路去到新疆的还有一个李姓的姑娘，也算是阿琴的同学，在几个人中间她的成分最好。当时因为阿琴她们的成分都不好，地主子女是报不上户口的，所以她们几个就瞒报了自己的出身，上了户口。

而当这个李姑娘听说阿琴要去当教师了，立刻不干了，觉得心里极度不平衡。于是她做了一件事情：去向领导告发阿琴瞒报身份。

结果可想而知。阿琴没能当上教师，那个位置让另一个人顶了，阿琴还只是一名普通工人。

从千金大小姐变成一位普通工人，还要忍受别人的嗤笑和排挤，对于一个 20 岁的女孩子来说的确是件很艰难的事。

不过，阿琴遇到了一个人。

成 家

阿琴和她未来的丈夫是在场部通过别人介绍认识的。

只一见面，阿琴就觉得和他很谈得来。两个人都爱看书，但一个是因为成分不好没上成学；另一个是因为家里太穷交不起学费，也没上完学。二人这样一说，颇有些惺惺相惜之感，也对对方产生了好感，很快就定下了婚事。

不过当双方将照片寄回家乡征求家人意见时，双方家长竟然都不同意。男方家里说："这一看就是个娇小姐，我们家池子小，养不起这条大鱼。"女方家里说："一看长得五大三粗的，就是一介武夫，没什么文化，不合适。"

丈夫是河南人，那个时候的人对河南人的评价并不是很好，但是阿琴却并不在意。因为她知道丈夫是个好人，是个优秀的人。而且丈夫十分好学，自己很努力，对未来孩子的教育也有很好的规划。

两人情投意合，所以最终这桩婚事还是成了。

按照阿琴的看法，丈夫对自己的确是很好。因为曾经是千金小姐，所以阿琴对家务基本上都不太熟练。不过这些也不用她操心，连做饭也都是丈夫来做，他们生活得很幸福。后来家里又添了四个孩子，也个个听话懂事成绩优秀。

阿琴 30 多岁时，人们对成分看得不那么重了，而她有文化，又能写会算，领导有意愿提拔她做会计员。阿琴想着这很好啊，不用天天下地了。但是这时候丈夫也要做团长了，如此一来，家里的孩子就会没人照看了。

这时已经是20世纪70年代末了，“文革”已经结束，一切百废待兴，人才极度匮乏。阿琴夫妇一直对未能读完书抱有极大的遗憾，所以他们希望自己的孩子一定要考上大学，拥有一个好前程。

阿琴和丈夫想来想去，最后还是让阿琴继续当工人，照顾孩子。毕竟，孩子读书、能有出息，才是最重要的。

1990年，家里最小的孩子也考上了大学。这样一来，阿琴家的四个孩子都是大学生了。这在当时的新疆、当时的条件下是少见的，连阿琴家附近大学教授家的孩子都没有这样的先例。也就是在这几年，丈夫通过自学，考过了农机专业，得到了正高职称。阿琴家的日子真是羡煞旁人。

晚　年

2000年，阿琴58岁了。年过半百的她已经退休三年了，儿女也都各自成了家。但就是这一年，阿琴的丈夫因脑血栓去世了。由于丈夫的去世，阿琴的情绪低落了很久。大女儿看不过，就带着妈妈回到北京和自己一起居住。

渐渐地，阿琴也看开了。大儿子、大女儿都在大学里当教授，小儿子在一家公司里当总经理，小女儿在金融机构工作，四个孙子孙女又都乖巧听话，阿琴觉得自己这一辈子已经很圆满了。而生老病死人之常情，她无法改变，不如就顺其自然。她的一生已经遇见过无数次超出她能力的变故，不都安安稳稳地度过了吗?

阿琴就是我的外婆。在搬来北京后的13年里，她一直陪在我身边，是我最亲密的人。

她出生在一个变化最大、动荡最多的时代，这样的时代让她无力改变自己的命运，因为对于整个大历史来说，她只是不名一文的小卒。然而她的努力和奋斗，最终让自己的儿女过上了好生活；她的努力和奋斗，最终获得了成功。有千千万万个她这样的人，在为让这个社会变得更好默默奋斗着，为了让自己的子孙可以生活在一个能够做梦，又能够圆梦的时代而献出了自己的整个青春盛年。

历史能够影响人的一生，一代人也可以改变、影响一段历史。我总觉得一代人有一代人的品格，是因为他们生活的时代本身就带有某些特质，而这些特质最终作用在他们身上，形成了这个时代人们的一种共通的性格。对于外婆来说，在那个历经战乱、饥荒、“文革”，充满硝烟和混乱的年代里，人们的命运不属于他们自己。但恰恰是这样的时代，才会塑造出一群最坚韧最拼搏的人。他们不怕吃苦与流泪，他们向往着光明与自由，他们抗争着命运与历史的束缚，努力做出一些改变。哪怕这些改变很细小很微弱，但是千万个细小的改变凝聚在一起，就能形成改变社会、改变时代的巨大力量。

也许他们最终都不会在历史上留下姓名，后人也不会知道他们究竟为现在和未来付出了什么，但是这些都不重要。每个人的存在都是合理而不可或缺的，无论社会环境如何，我们永远都不能忘记奋斗。不是随波逐流，不是得过且过，而是要进取，要抗争，我们的每一分努力最终都会反映向社会，从而影响到历史和我们的后人。

说实在的，我们所有人，都是站在父辈甚至是祖辈的肩上生活。因为是他们为我们铸就了一个安定和平的环境，一个温暖祥和的社会。

他们，是最伟大最勇敢的奉献者。

光辉岁月，戎战夕拾

——细听外公抗美援越的回忆历程

戴宁祎/江苏省锡山高级中学　　**李勇琴**/指导老师

窗口的桌旁那个俯身挥动笔杆的身影，像是定格住了的老电影。在他的娓娓叙述中，一幕一幕如潮涌动。那越南的一草一木，越南儿童的纯真笑靥和战场上的炮火轰鸣，敌机坠落的滚滚浓烟……他似是要将那些回忆刻入生命般，一笔一笔地勾勒着。光辉岁月便从这里起航。

暑假，我在外公家无意中翻出了几张旧照片，是外公年轻时身穿军服拍的。我询问了妈妈，这才知道外公曾经是一名上过越南战场的军人，一生经历坎坷，这引起了我浓厚的兴趣。趁着空余时间，我采访了外公，了解了他当年的经历。以下是外公口述的内容。

采访人：戴宁祎

叙述者：杜生泉（外公）

9岁入学，19岁入伍

我出生于1943年2月15日南泉的一个小村庄，在本村读完初小，高小考入南泉中心小学校，15 岁考入南泉中学，18 岁考入南泉高中。当时在农村能进入高中上学的人很少，我是班级的体育委员，也是学生会的军体组长。

因为家境贫困，放晚学后我常常帮助家人劳动，如割草、养牛、采桑叶、养蚕等。公社化后我的父亲身体不好，于是每天放学后我便代父亲劳动来挣得工分，所以每天我都要吃过晚饭后夜深人静时才能有时间做作业温习功课。虽然如此，我的学习成绩在班上还是很优秀的。（说到此，外公的脸上露出了一丝骄傲。）

我 19 岁时，也就是 1961 年 8 月读完高一升高二之际，正值国家困难时期。原来高中生是免征兵的，可由于当时高中生吃国家的定量，而粮食又非常的紧缺，国家为了减轻负担也开始打破常规在学校和工厂征兵，我因此也被选中入伍了。

1961 年 8 月入伍后不久，我被分配到南京军区 100 团二连，驻地浙江金华。在当时来说我的文化底子在部队还是挺高的，没多久我就担任了连部的文书。由于我所在的部队抗美援朝时打得非常英勇顽强，而二连又出了几名战斗英雄，如伍先华等，所以被评为了英雄二连。战争结束回国后，我们部队两年来一直在搞营房建设，以及在和平的情况下，研究如何训练部队。军长李德生选中了二连进行试验，想要训练和总结出一套教育方法。我入伍时已进行了一年多，我当文书的时候这项活动正进行得火热。到 1964 年研究成功了，也就是全国闻名的郭兴福教育方法，所以在当时我的文书工作就比别的连队忙得多。

在我入伍前的老兵基本是从农村征召的，他们家庭条件都很苦，文化低，有的还是文盲，但他们为人都心地善良，忠厚老实，生活艰苦朴素，我还成了他们的文化教员。在部队当了两年的文书后，我获得了三等功，成了连队提干的培养苗子。但在 1964 年政审时因为伯父之子杜振新在台湾，与家里有通信来往，犯了提干的大忌，我再怎么努力、表现优秀都是无济于事。提干无望，只能等待复员，但是连队首长考虑我工作兢兢业业，又有较高的文化，不让我退伍，还让我光荣地加入了中国共产党，并下了命令让我当班长，不久我便被派去带新兵。不料当时由于国际形势的变化，我所带的新兵班没有带回自己的部队，却被北京军区要求去补充某部空军高炮四连指挥排电话班，仍由我担任班长。

参加抗美援越战争

1964 年 8 月，美国制造北部湾事件，开始轰炸越南民主共和国。我到了北京军区高射炮部队，仿佛第二次服役，一切都感到陌生和不习惯，但没有办法，只能自己不断调整和适应。在那里经过半年左右的紧张学习和训练后，我们接到命令，部队准备在 1965 年后出国援越抗美，而我负责带一个班，有一部分机和四部电话机，主要任务是确保通讯联络畅通。

我所在的部队原来驻防天津，我们于 1965 年年底乘火车，经七天七夜到达了临近友谊关的一个小镇。一路上战士们饱览了祖国大好河山，品尝了各地的风味，我们也受到了当地政府和人民的热情关心。十来岁的小孩看到我们的车队总是会举起手喊“叔叔你好”。作为回报，士兵中有四个天津小伙下车表演一段天津快板，展现了军民一家亲和革命的乐观主义精神。当时我们的伙食标准也由一天 0.45 元，提升到一天 1.2 元，高炮司令员还特地从北京赶来参加出征誓师大会，并做了重要讲话。

一天夜晚，我们的部队越过友谊关进驻谅山，正在保养武器时，突然空中飞来两架 F-105 美国战机，看上去是匆忙逃跑似的，没有扔炸弹，我们也没有开炮，以后的五六个月没有看到一架敌机。

据说谅山是越南北方的第三大城市，却见不到公共汽车，没有像样的房子，老百姓也早已疏散。到了丘陵地后灌木丛生，只有零星的农田，唯一保存良好的铁路大桥也不过两三百米长，很窄，只能通过一列火车。我国的火车线可直达河内，越南的火车只能在我国火车轨道的一旁另铺一条轨道才能开。他们的火车看上去很小，鸣声也很小，只有每天下午六点有一列满载我国援助越南物资的火车开过，上面写着“中华人民共和国”，每当这时，我们便深深地感到祖国的伟大和气势磅礴。

由于我们在谅山快半年没有打仗，部队就向前开，到一个叫克夫的地方，离河内不到40公里。当天下午三点左右，突然飞来一大批敌机，黑压压的一片，为首还有一架较大的指挥机，像一群老鸭子向我们迎面游来。

我们部队抽调了南京的四管高射机枪、北京的10000米高炮和我们天津的37炮组成了一个加强团，有效射程分别是1500米、3500米和10000米，当敌人离我们约8000米时北京的高炮首先开火了，敌机一见地面开炮的火光就四处散开往回跑，没进入我们防空范围，一架也没有打下来。虽然飞机炮弹飞得都很快，但只要飞机改变方向或加快速度，炮弹就完全偏离了目标，无法击中。于是我们总结经验，一定要把敌人放进来，近距离开火，一般在三到四千米开火最佳。

不出所料，后来每当敌人来犯时，我们总是先沉稳地等待着，待有利位置时突然开火打敌人一个措手不及，屡有收获。在克夫我们打了30来仗，捡到飞机残骸上的牌照31块。值得一提的是有一次敌人共来了八架飞机，被我们打下了五架还生俘了一名飞行员。副营长专门带着部队的通讯员和越南人民争抢击落的飞机，这次他特地把车子开到了我们阵地，车里装满了飞机的残骸，他拿出从被俘的飞行员身上获得的投降书和钓鱼钩及线给我们看。

我仔细地看了投降书，字是印在一块不大的绸缎上面的，共有13个国家的文字。我记得内容是："我是美国的一个公民，不幸来到了越南战场……被你们俘虏了……希望你们把我送到有美国人的地方去，美国政府会奖赏你们的……"每个字下面还印着拼音字母，看得我们惊呆了。美国兵是如此的怕死，是骗来当兵的，是少爷兵……那份投降书引起了我种种想法。钓鱼钩也是用来救生的，据副营长讲，美国兵若飞机受伤了，会尽力往海里开，跳伞到岛上去，以钓鱼维持生命，美国政府会派直升机来救他们的。

可能因为教育制度不同，美国士兵的心态和我们大相径庭，我和弟兄们都觉得美国士兵投降挺可耻的，如果我们被抓肯定不会这样没志气，还没打仗就已经把投降书给写好了，还用这么多语言。但其实美国士兵不是这么认为的，他们觉得这是一个求生的方式吧，很正常也很自然。美国士兵作战遵循的原则是："留得青山在，不怕没柴烧"，而中国士兵的作战原则是："人在阵地在，与阵地共存亡"。

我在联络时了解到美国军队等级是十分森严的，并不像所谓的"平等自由"一般。在飞机被击落后，美国飞行员就跳伞求生，我发现那降落伞是有好几种颜色的。如果是白色，则表明是低级军员（中尉以下），不用救援；如果是红白夹杂的，一般是上尉或少校，要尽力救援，情况紧急也可放弃；如果是红色的，则表明是中校或上校军衔，别的飞行员得想尽一切办法保护抢救。这样救人的方式我们还是第一次见识到，感觉特别新鲜，也很震惊。

在越战时期我部主要跻身于后方，保卫桥梁和仓库，我的主要工作是保证通讯畅通，因此经常要外出巡视电话线。有一次已近傍晚，我和一名战友下山去巡视，回来的时候却迷了路，正在走投无路之际，我们碰到了一位越南女子，她在北京读过两年书，能讲一些普通话，她问我们到哪里去，我们便向她询问A号公路在什么地方，她便领我们上了A公路，我们后来顺利地找到了自己的阵地。事后我们感到很欣慰，深深感到当时越南人民对中国人民的友好，战争离不开人民群众的帮助，这也是我们争取胜利的保障之一。

越南的火车搬运站，搬运工全是女的，我们曾为保护一个搬运站驻守了一段时间，没有看到一个男的，大概是由于战争造成的吧。

平时如果没什么情况，我们就在阵地待命，随时准备打仗。越南5—10月是雨季，天气很热，蚊子虽小，但咬起人来很痒，我们晚上值班不得不戴上面罩，扎紧衣裤口。我们的给养会从国内按时运到，所以条件并不艰苦。早晨可以听到国内有关“文化大革命”的广播，总政还会组织小分队经常到阵地慰问演出，东方歌舞团也曾来此地演出。每个月我们连队也会自编自演，开文艺晚会一到两次，每逢中国节日或越南节日，会送一些慰问品来，如水果香烟等，还能读到华侨日报，所以我们当时的生活并不枯燥。

但是战争是残酷的，一旦接到我国驻越南大使馆的通知，我们便马上做好战斗准备。每次接到命令，敌人有百分之九十的可能性都会来轰炸，而且规模也较大，但由于我们事先准备很充分，每次都取得了较好的战绩。

记得有一次敌人来了八架飞机，我们共同击落了五架，得到了上级领导的表扬，可是第二天敌人马上又来了十多架飞机，专门对北京10000米高炮的一个连队进行了报复性攻击。那里离我们的阵地只有1000多米，敌战机对临近的兄弟连队发射了火箭炮炸弹100多枚，还发射了1枚导弹，兄弟连队死伤了好些同志，但后来在友邻部队的支援下我们很快就把敌人的进攻打退了，再后来敌人的战机就很少来了，有也只不过是一两架侦察机。当时我们部队被誉为“像钉子一般”捍卫着越南的领土。后来过了一段时间调防回国，当我们正在宁明开庆功会的时候，传来了接替我们的部队遭到美军600多架次飞机轮番轰炸、我军死伤很多的消息，我们在难过的同时也庆幸和感慨：看来美军也是欺生不欺熟啊！

美国的战机确实比我国的先进得多，种类也多，不过我们出兵是秘密的，结果我们胜利了，其中的原因耐人寻味。

不畏艰难，患病仍坚持工作

1969年3月，我退伍回家。一年后被安排到中国高岭土公司做矿工开发稀有金属。当时的工作条件很不轻松，我记得基本工资是一个月35元，每天每次下矿井就补贴四毛钱作为营养费。当时我们采矿得深入地底去掏白泥，三个班不间断地凿，挖一米多就用木头撑起来继续往前挖——矿下的条件非常艰苦，环境也很恶劣，很多人都受不了。我记得和我一起去的有20名复员军人，没几天就有五个人跑回了家，而我却不愿当逃兵，想脱胎换骨地适应变化。谁知道由于我从没干过这样的重活，仅仅半年的时间就把身体给搞垮了，患上了严重的肺结核病（尘肺病）。后来就回家治疗，觉得差不多了也不肯在家歇着，又马上回到单位工作。结果没多久病情又发作并加重，然后再养病。等身体好一点了，又继续去上班。变成养病、工作、养病、工作的状态，反反复复直到55岁才退休，因为这我也落下了终身的毛病，其中的艰辛只有自己能体会。

安度晚年，乐在其中

一开始我的退休工资是比较低的，还一直治病，要花掉不少钱，生活条件也比较差。不过这几年，我们的福利待遇也逐渐在提高，看病报销的额度也比以前多了。尤其是从去年开始，政府念着我们这些打过仗的老兵，每到中秋和春节的时候，就会给我们参过战的老兵每人发 1600 元的补贴，还有一个礼包。生活也没有以前那么艰苦了，我感到很欣慰，我也感谢我们的党和政府没有忘记我们。三个女儿也经常回来看望我，我也很高兴。

退休后我几乎每年都要和南京军区 100 团的无锡战友聚会一次。使我最高兴的，是 2012 年 11 月原二连的干部战士共 60 多人在太湖疗养院聚会，我见到了当年的连长、排长和副排长，后来我们一起到蠡园、灵山去玩，还合了影，我们一起聊起了当年的部队生活，感慨万分。

那片黑海里是我的青春

——记爷爷的煤矿人生

原禹/江苏省锡山高级中学　　**张雪亚**/指导老师

有诗人道："当夜深更沉，月入梦乡，你可听见那源自地球深处的隆隆炮响？当旭日初升，斜照东窗，你可看见那长长的煤龙呼啸着奔驰远方？""如果你到八百米深处走一趟，就会心纯若水。到采掘工作面看一看，就会知道什么是真实的普罗米修斯，什么叫作当代的硝烟战场。"

在中国山西这个天然煤矿的富饶之地，乃至很多煤域地区，无数工人正在井下马不停蹄地作业，没有人知道这片黑海到底有多深邃，没有人知道自己会在哪一天被它吞噬，但是井还是要下，因为青春是注定埋藏在这片黑海里。

石圪节煤矿，正是爷爷的那片黑海。

著名作家路遥的代表作《平凡的世界》中主人公的家乡就以石圪节为背景。而爷爷的历史同样在此书写。

很久以来，提起矿工，人们想到的是浑身上下只有牙齿是白的"黑人"，瓦斯爆炸、一氧化碳中毒、透水、特大透水……往往是这些灾难性的报道将煤矿工人推到人们眼前，而一阵痛心和同情之后，他们又淡出人们视野。

我想写的是正是爷爷，他与所有曾经的、现在的、为煤炭事业付出了或正付出青春的人们，组成一个庞大的群体。那是一群铮铮铁骨的矿工，在没有光明的地下，挖掘着光明和热能，在燃烧的煤炭里，在点燃的灯火里，都有他们的生命和注视的目光。

但当人们安享光明与温暖时，有多少人能够想到他们——600万煤矿工人？有多少人能为那些采掘光明与热量的人重重地书上一笔？但谁又能否认，正是盛产光和热的煤矿，心中装着光和热的矿工，给这个世界带来了温暖，成就着GDP的辉煌？中国的井下工人和煤矿工作者，他们每个人都是行走的历史书。他们的历史需要有人为他们去书写。

尽管矿工常年搏击在地下，被称为太阳照不到的部落，可他们渴望把目光投向世界，投向天外，迎接和欣赏从东方升起的第一缕阳光。

半工半读　养家糊口

爷爷还小的时候，正是人民公社、“大跃进”、大食堂，一开始真是好，吃喝不愁，然而赶上苏联修正，国家还债的时候，大家都消极怠工，到食堂打饭也只有米汤，与其说是米汤不如说是煮过小米的清汤寡水。“一碗米汤里看不见米，只看得见天上的月亮”，爷爷无奈地说，“三年饥荒的时候，家里过得不比从前，不说吃树皮、草根，也差不多，就那人们也是抢。”

接着，本是上学年纪的爷爷的生活被那股疯狂的浪潮打乱了：搞政治运动，到处贴大字报，戴着红袖章跟着高年级的红卫兵上街批斗“臭老九”、“黑五类”。

不幸接踵而来，太爷爷在一次意外中因公殉职，使原本的生活难上加难，爷爷是家里的长子，剩下一家七口，弟妹六个，全都指望爷爷了。一头是家里，一头是学业，爷爷难以抉择。终于，为了养活一大家子人，爷爷初中毕业就不得不放下手中的书本，接受分配工作，并且放弃了在市里较清闲的职位，选择到艰苦而薪水高的石圪节矿区工作。

1968 年，爷爷在潞安矿务局参加了工作，扛起赚钱养家的重担，但是对学业不忍放弃的爷爷做出了另一个决定——他报了矿大的培训班，开始了半工半学的辛苦生活。

“我就天天跑矿大的培训班，一点一点学，这人哪有学完的时候，老话说活到老学到老，再说我那正年轻呢，哪有不学的道理。”

每天的工作非常疲惫，作为初来乍到的新人，更是得揽过最重最累的活，爷爷每次从井下上来都是蓬头垢面，一身煤灰。然而爷爷坚持白天上课，晚上动工，或者白天上课，晚上动工。总之，学习是爷爷生活不可割舍的一部分。

终于，凭借不懈的努力，爷爷完成了学业，拿到了国家煤炭工业部颁发的珍贵的技师资格证。

扒煤车　买粮食

那个动荡的时代，人人都背老三篇——《为人民服务》、《愚公移山》、《纪念白求恩》，去食堂打饭先得背《毛泽东语录》，背不下来就不给打饭。但就算打上饭也好不到哪去，有时候连糠都吃不上。

那会儿全国不安定，山西也不太安定，甚至还有各个派别之间打来打去，炮弹在空中横飞，有一回把粮库烧着了，熊熊大火就那么毁掉了人们的口粮。一城的百姓，最后发到手的粮食都是黑乎乎烧后的渣子，可没有办法，只能那么吃。

一度实在没吃的，眼看着一家陷入饥荒，走投无路。运煤的煤车一辆一辆时常打这儿经过，驶往河南一带，那声声鸣笛给了爷爷主意——扒煤车。

爷爷注定和煤有着无法言说的缘。当爷爷只身一人来到铁轨边，眼前停着一节节装满煤炭的车厢，那么熟悉，那么亲切。他为了给家里买上粮食，在满车黑乎乎的煤炭中，曲下自己的身子，随着颠簸的车厢，在寒风中在饥饿中，在漫漫的黑夜和白天，怀着莫名的希望，来到了河南。

去河南的一路艰辛，终于换来了能供一大家子吃上一阵的红薯干，爷爷担起的是作为长子作为大哥所能担的所有担子。还有，对煤炭有了更加难以言说的感情。

四百米　八小时

爷爷每天在井下400米工作八小时，站在铁板、铁栅栏做成的罐笼中，手抓着罐笼上冰冷的螺纹钢从地面渐渐消失，降到100多层楼深的地下，一路上，没有别的颜色，只能看到身边黑兮兮的工友们头上的矿灯灯光，隐隐约约看到那一个个在400米井下鏖战的身影。看，“那是一双双攉煤的手，扒矸的手，握风镐的手、开煤机的手、擈钢钎的手、抬钢轨的手、打木垛的手、搬风筒的手”。（张亚明《中国牌矿工：东方高地的深呼吸》）听，这片黑海里充斥着铁轨与矿车的摩擦声，岩层渗出的地下水叮叮咚咚的声音，或近或远的爆破声。

远远的，还有一个巨大的锋利的圆盘，高速运转着，煤层一层一层砸落，被它吞噬，那片黑海一点一点蔓延着，无人知晓到底哪里是头。

爷爷的井下装备一开始只有柳条编的帽子，现在都早已淘汰了，只保存在矿史展览室中。地下安全没有保障，而在前面采煤是最危险的。

井下老鼠的叫声肆无忌惮——没有人会伤害它们，爷爷说在井下，它们是精灵一样的宝贝，因为有老鼠的地方，人就能去，它们是指示安全的精灵，或者说，它们与爷爷，与所有同在这片黑海里的人的生命息息相关。

三个班次，八小时一班——那片黑海里永远有辛勤工作的人。或许人们不知道每一吨煤都是 400 米下不见天日的一线矿工不分昼夜地挖掘、搬运，一铲一铲地将它们装在矿车里，看着它们从黑海底部慢慢上升。

终于，八小时后，当罐笼从地面升起，爷爷踏上一条通向浴室的暗道，洗去满身的黑色，再接受紫外线灯光的照射（这是在后期条件好了以后）——长时间的阴暗环境对人体的伤害是不堪设想的。从井下上来等一阵子后，爷爷才能保证眼睛可以接受日光。

道道重创　岌岌生命

我曾注意到爷爷头上那道长长的疤痕，却不曾想过它背后有悲壮的故事。直到在书柜里翻腾时，看到一本书，纸页泛黄，毫无疑问有些年头了，书中夹着一张古老的纸币，而这一页，写的不是别人，正是爷爷，赫然醒目的标题《献身煤海志不移——记石圪节煤矿开拓队副队长原书齐》。

1978 年初春，爷爷正在井下干活，一块岩石砸在他的左脚，说皮开肉绽、鲜血直流真是毫不夸张，立刻抬到医院，检查出两个脚趾骨折断，来看他的亲友都说，伤成这样就调离井下吧。爷爷没听，心想年轻人受点儿伤很正常，没什么大不了的，伤没痊愈就回去了。

由于坚持下井工作，家里人太担心爷爷的安全，甚至一度反对他从事井下采煤一线工作。爷爷一边做着太奶奶和奶奶的思想工作，一边养伤，伤一好就又回一线了。

结果一次在井下抢险时，爷爷头部受了重伤，整个头开了长长的一条口子，连续几天昏迷不醒，经检查是重度脑震荡，在医院几天几夜的抢救下，才算脱离了危险。大家都嘱咐爷爷这次伤好了一定要调动工作，太奶奶在病床前泣不成声，念叨不停："上次叫你调工作，你硬是不听，你可一定要听我的话，千万别再去受这份罪了啊。"矿领导也担心爷爷的伤势，要给他调工作，可爷爷硬是不干，都给谢绝了。

1980 年，爷爷当上了综掘队队长，每年带领全队职工超额完成掘进任务。就当爷爷再次甩开膀子大干时，没想到再次意外受伤，脸上伤口缝了 7 针。但这一次他没告诉家里，因为若是家里知道了，肯定说什么也不让他干了。于是只在医院住了七天后，爷爷再一次回到井下。

爷爷是幸运的，相比他的工友、劳动模范屈天富，他至少保住了一条命。在一次事故中，屈天富爷爷被炮炸伤，肚子被炸开，肠子露在外面，连续做了几次大手术，输了 3800 毫升血，伤愈出院后，仍然坚持战斗在井下第一线，最后以身殉职。

看到那些同自己一样恪尽职守的同志，爷爷就这样始终坚持着——从事井下工作 30 年，先后三次身负重伤，仍不离开第一线，受到全矿职工的一致好评。我念着书上写的："（原书齐）爱上了煤矿工作，立志在矿上干一辈子，为祖国的煤炭事业贡献自己的一切。"

爷爷笑道："没那么伟大……那是我的工作，不挑肥拣瘦是应该的，你说是不是？"

勤俭办矿　焕然一新

在矿上职工教育时，爷爷看到了以往那些比自己工作更艰苦的同志们，那是日本人占着矿山的时候，工人们过着牛马不如的悲惨生活，被当作畜生使。

新中国成立前，依旧都是人工采煤，没有机器，全凭工人掘、运、搬，然后用筐往外慢慢拖出来。人们对那个时代的血泪控诉不绝于耳："家有半口粮，不来下煤矿；吃饱糠疙瘩，不来石圪节"，"有女不嫁东西旺，每日每夜挂心肠。初一十五歇个班，脱下一堆黑衣裳"……

直到20世纪70年代末，我国的采煤技术还十分落后，煤炭工业呼唤综合机械化。

对比自己，爷爷感慨万千，尽管机械化程度很不高，但条件已有了大进步，工人受到了起码的尊重，矿上建了个澡堂，让工人们从井下出来后能直接洗净身上的煤灰，虽然来晚了往往就得忍受伴有煤灰的浑浊的水。

矿领导经常给工人们讲：一根金属支柱的价格是180元，相当于当时一辆飞鸽牌自行车的价格，等于八级工两个月的工资。在勤俭办矿"十个一"精神的大力倡导中，矿上不请外人做工程，工人们自己组队下井采煤、打矿。爷爷组织工友下井干活，没有额外的加班费，每个工人只有两个馍、两个糠疙瘩作为犒劳。

1980年3月，爷爷终于等来了拨下来的第一套进口设备下井。井下渐渐变得灯火通明，摆脱了脏、乱、险的环境。工人在井下工作时会收到地面的送餐，井下也有供工人们暂时休息的区域。以前上下班靠双脚步行，后来骑上自行车，再后来都换上了汽车。现在走进石圪节煤矿，首先映入眼帘的是工业广场，是石圪节政治经济文化活动的中心。正面是办公大楼，东面有大食堂，南面有矿工俱乐部和工人文化宫，西面有作为生产一线指挥中心的梅花形调度楼。

随着时代的进步，随着井下防护设备、采掘工具、除尘工作的逐步改善，越来越多的煤矿工人的安全得到了保障。同时，随着工业的发展，煤矿采掘、防尘喷雾、运输等环节全部机械化，对于工人的要求也从体力消耗升级为技术水平；以前在煤矿工作一辈子没有不受伤的，而现在很少有受过伤的；以前一个采煤班组需要 60 人左右，现在机械化生产只需要不到 20 人。

党员书记　劳动模范

爷爷能吃苦，为人真诚老实、勤劳肯干，作为自学成才，而且实际成绩突出的职工，在一年一度的各种评选中，被评为先进工作者、出勤标兵、劳动模范，甚至被评为局里的劳动标兵。爷爷一直保留着一张 1975 年先进工作者的奖状，那代表一个年轻人受到全矿职工的赞扬和敬重，得到领导的认同肯定，是一个 20 多岁的小伙儿获得的至高荣誉。一张张早已泛黄的奖状，记录下这个年轻人不可磨灭的非同凡响的青春。从爷爷的眼神中，从爷爷粗糙的手抚摩它们的动作中，我感受到他对那段青春的怀念和那份无悔的自豪。

入党后，爷爷多次被评为优秀党务工作者、优秀党员，后来矿上领导考虑到爷爷年纪大了，就把爷爷调任到机关当党支部书记。爷爷的工作转变为发展党员、调动工作、收缴党费……虽不用下井干活，却要给一个支部几百号人操心。

调到井上工作后，爷爷依然心系井下——因为那片黑海里有他的青春，与煤矿这份终身的感情，是怎样也无法割舍的。矿上有规定，地面人员不得随意下井，为了仍能下井考察工作保证井下安全，爷爷专门向上级申请批准，终于获得了入井资格证。

在矿上干了30年，爷爷的事迹发表在《长治日报》上，被写入《矿山英雄传》、《通讯报道选编》等。

现今的石圪节矿，同所有老矿井一样，在半个多世纪的辉煌后，于20世纪末走到了苍劲的晚秋，而当年那个在工作中勇挑重担、哪里困难大就在哪里干的小伙儿，也年过花甲。爷爷把大半辈子投入煤炭事业中，把自己的青春深深地留在了那片黑海里。

外婆的十五年下乡之路

——是不堪回首还是青春无悔

倪铭竹/江苏省锡山高级中学　　**李勇琴**/指导老师

1964年，党中央、国务院发布了《关于动员和组织城市知识青年参加农村社会主义建设的决定（草案）》。这是党中央、国务院第一次发布指导知青下乡的纲领性文件。中央为此成立了“知识青年下乡指导小组”和安置办，各地区也成立了安置知青下乡的专门办事机构。

到今年，整整49年过去了。一代意气风发的知识青年，已然霜染双鬓，生命步入夕阳。

历史书上对于那段过往并没耗费多少笔墨，甚至一带而过。我找到了外婆，希望可以通过她的切身经历，拨开历史的迷雾，一探究竟。外婆欣然应允了我的请求，和我细细道来她曾经的知青生活。下面整理的便是外婆蒋建清口述的内容。

一、满心怀志，赴知青之路

1964年年末，我17岁。家虽在无锡城里（东门），但毕竟有七个兄弟姐妹，也不可能实现人人读高中、大学的理想目标，上了几年学，意思意思也就够了，重在实干。几个姐姐也早早地找了工作，帮着爸一起担起家中大梁。那时，我初中毕业已两年，一直歇在家等工作分配。居委会来动员我们上山下乡，让我们积极响应党的号召。家里几个兄弟姐妹都有工作，就都不肯去；而我却总是等不到机会，咬咬牙，冲着主任那句“在城里待个十几年都不一定会有工作分配下来；而下乡，干得好，三年就可以调回来工作了”，就想去报名。大姐刚好回来，得知了我的想法，把我拦了下来，死活都不肯让我去，怕我吃苦。就这样，我错过了第一批集体下乡到淮海农场的机会。

后来，听说第二批机会来了，我实在不能压抑自己心里的冲劲。毕竟，我还年轻，志在四方，想为国家献上自己的一份力，改造落后的农村；而且觉得只要吃上三年苦，就可以过上好日子，何乐而不为？我就去找了隔壁家小姐妹，说了这事，两人一拍即合，二话不说就一起报名去了。我们家人知道这事时，已经晚了，既然无法阻止，只得唉声叹气地收拾东西，准备为我们送行。

当时车子在解放路上等我们槐古街道的 103 个人。街道里来送行的人很多，都舍不得自家孩子，车上小伙子、姑娘们也难压抑离愁别绪，看着家人都忍不住哭了起来。是啊，也不知道前面的路什么样，只能蒙着眼往前冲。我暗咬牙，憋回眼泪，下定决心，一定要吃得苦中苦，早日回来！

二、插队下乡，环境恶劣

说来也是运气不好，这第二批插队下乡是去往溧阳汤桥公社的，比起集体下乡，工钱少了，日常生活也更为艰苦。

我被分进小杨大队的陈北生产队。小杨大队共 30 人，六人一个生产队，共五个生产队。每个生产队分三间茅草屋，当地茅草屋都是土墙（干打垒），每间宽度至少一丈二尺、进深一丈四尺、檐墙高一丈，几大间一字排开。屋面稀稀拉拉胡乱盖了一层薄瓦，小雨还行，大雨天就四处都在漏雨，冬天透风，夏天钻蚊子，墙角用泥巴垒了一个灶台。刚一建成便匆匆搬入，墙是湿的，地是湿的，一踩一个脚印。环境恶劣的呀，和家里完全没法比，我也因此深切感受到了城乡差距之大。

外头别的房子也半斤八两，有的甚至还不如我们住的。

一家家原住居民听到动静，全出门来看热闹。他们的衣服都很单薄、很旧，打满补丁。中老年人皮肤黝黑，而小孩子看着都灰头灰脑，放眼望去也没见着几个衣着平整的。可以算得上是“穷乡僻壤”了罢。

洗澡更是问题。没有独立的浴室，洗澡完全仰仗村里的那口锅。半月一次澡，男士优先。等到男人全洗完，那洗澡水早就又黑又臭，如同泥淖，这时才是女人出场的时候。我在刚开始的那段日子，即使皮肤再脏痒，头发再油腻，也没敢接近那锅。两个月过后，实在忍受不了全身上下的痛痒了，闭着眼睛，捏着鼻子，跳进了锅，英勇“就义”，大有“壮士一去不复还”之感！

唉，真希望可以早点回城啊！也不知道这样的生活什么时候才到头。

三、学农活，吃得苦中苦

17 岁，连锄把都捏不稳。怎么办？练！既然是“知青”了，就是劳动力了，得了工分就要干活。

刚下乡没多久，就遇到开春整秧田、育秧苗。整秧田要水，一个公社才三五部抽水机，轮到我们大队时，五个生产队抓阄排队，决定谁先谁后，哪个队抽多少小时。按预定时间到预定生产队去抬抽水机时，哪个生产队都想多抽几个小时，你去了后他不让你抬，为争抽水机，打架的事也出现过。

抬抽水机是个力气活，20马力的老式抽水机足足有千多斤，要用“龙杆”架起抬，八个壮劳力才能抬得起，旁边还要几个人轮换、扶持。路窄坡陡，非常吃力，再遇上下雨，那就更难了。我们作为女人只有抬水管。抬水管也不轻巧，铸造的生铁水管，15厘米粗，每根四五米长，100多斤重。两个人要抬上个三四里路，咬着牙还是坚持下来了。

一路上的口号震天响：“下定决心！不怕牺牲！排除万难！争取胜利！”

秧田早已三犁三耙，然后就是平秧田。根据田面的宽窄，五六个人一字排开，人手一根扁担，倒退着用扁担将耙平的田分成若干小块，每一小块都要“田平如镜”。

平秧田既要把握整块田的平，又要把握每小块的平。倒退着用扁担往后刮，水往后流。扁担一提，水回流到身前。五六个人，扁担此起彼伏，田里的水一会儿往前，一会儿往后，一会儿往左，一会儿往右，才刮了五六米，眼花缭乱，分不清东南西北。一时像晕车一样，天旋地转，站立不稳，一屁股坐在田里，浑身湿透，惹得众人一阵乱笑。

平秧田是个技术活，要有方位感，没有两三年的实践经验，根本刮不平。生产队里的姐妹因此也对务农一事完全丧失了兴致，隔三岔五就相约逛街，等家里人供养。更有甚者，搔头弄姿，寄望嫁一农户。就这样，六人中就我一人坚持天天务农干活，她们和我日益疏远。

不过也是，队里的日子太艰苦。每日，饭虽有余，菜却不是经常有的。除非逢年过节的，农家送来点咸菜，要不然便只能啃一小碟萝卜干。每逢受惠，生产队里总是感激涕零，就差跪下来拜几拜。平日里，萝卜干也不是一直都有的，没了的时候，便沾上一点酱油，起码嘴里有些滋味；碰上没酱油的日头，也罢，就泡些盐水，蘸着吃点；到了连盐都没了的时候，就两眼泪汪汪，有苦说不出了。

四、始终难忘，“民工建勤”

始终记得有一次，大队队长通知第二天要“民工建勤”。问老农才得知，原来所谓的“民工建勤”是：县上到区里的公路是石子路面，每年一次将大量片石运到公路上，并锤成碎石，按一定形状码好，便于养护工人随时维护路面之用。碎石任务由全区各公社分解到各生产队，每队三到五立方米不等，在指定的时间地点完成。虽然我们公社没有通公路，但也要完成维护公路的任务。

天还未亮，浓雾弥漫，石板路上就响起了脚步声，是各生产队的筑路大军开进的队伍。我队也陆陆续续融入其中，几个姐妹撇撇嘴，做做样子，也加入了我们。浩浩荡荡，只闻其声，不见其人，很是壮观。

到了指定路段，太阳慢慢出来了。队长派人联系了附近农户，安排两三人去做午饭。队里补助每人四两“二斗米”，也就是“风车”二斗里流下的秕谷加工的碎米，又去农家领了些许蔬菜分给了大家。众人都很高兴。在缺衣少食的年代能有蔬菜吃，是很令人振奋的，也是调动人们积极性的有效手段。

而后，其余的人都纷纷四散开去，各自为战，到附近找石头。公路年年要维护，附近哪里有那么多石头？但是上级不管过程，只要结果。只苦了公路附近的住家户和生产队，公路附近一二里内的保坎石、圈坟石、堰沟石……只要是石头，只要没有人看见、干涉，看准机会，三下五除二，装进碳兜，挑起就跑。几十号人，有的挑，有的锤，几方碎石不在话下，中午稍微熬一下便四方四正地码成一堆。

这时已是盛夏，皮肤晒得通红通红，疼得要命。过了两天，不那么痛了，但是全身都起了泡。再后来，泡瘪了，一层皮随之脱落，像蛇蜕皮一样。

后面的几年，干的活有所不同，唯一不变的是，年年都要脱一层皮。

五、巧遇姻缘，共结连理枝

第一年，我一人，扣除分配的粮食、实物折价，得了 13 余元，也是队里唯一一个交了公粮还拿了钱的；其他人都是到城里面去买公粮再上交。因为这个，组织认为我表现最好，是最勤奋实干的，提拔我做了大队妇女主任。

上任后，已是“文化大革命”时期（1966 年 5 月左右），正逢“四清”工作队分团来公社考察。工作队里的人大多随和，很快就和大家打成了一片，特别是那个政法组的副组长骆富生一直来向我了解妇女工作。

其实，和那个副组长的关系也是非常戏剧化的。当时，我并不知道他对我有意，且认为他正值壮年，虽是英俊潇洒，但家里也是应该有了伴的，指望不得。

直到后来，1966 年年底，工作队解散撤回，他当即给我寄了封信过来，让我向大队里某某、某某、某某问好。偌大一公社，只我一人收到这信，心里也就明白了几分。

我还是按部就班地回了他。

过了没多久，又一封信寄来：清妹，你有没有吃过糖了？（有没有结婚？）

我怒，斥回：我就一 19 岁的小姑娘，根本谈不上吃糖！

……

两人也就一直有书信来往。

1967年开春，我母亲去世了。我很伤心，告诉了他。后收到回信：“亲爱的妹，你不要伤心，你的妈妈就是我的妈妈，我也很伤心的……愿我们两人成为大风大浪中自由的鸳鸯……”

之后很长一段时间，我们虽身在两城，但一直没断联系。是他在精神上支持着我，陪我度过了这情绪最低落的时期。

渐渐地，我习惯了他的存在。两人的关系也就因此确定了下来。

知青队伍越发壮大。

来年年初二，我嫁给了骆富生，到宜兴宜丰公社务农。

唉，婚都结了，回城的旨意也还没下来，心里一点儿底都没有。

那时，富生虽已是宜丰公社书记，但家还是靠我来养。他的钱全

1969年，宜丰公社教师于苏州虎丘山留影（左一为蒋建清）

部交给了我婆婆养老，所以我还得继续做着农活。较之从前，多了的只有水田里的蚂蟥。下田干活时，都是光着脚的，脚伸出来，上面就会多上五六条蚂蟥，越拉越黏在身上，挣脱不得，只有离了水田，用稻草捋开才好。有时候，晚上会梦到成千上万蚂蟥上身，然后倏地被惊醒，整天胆战心惊。就连女儿出生，也都没空在家陪她，而富生也一直忙于公社建设，最后只好把女儿一起带去水田，我下田，就把她独自放在岸边的摇篮里，没有人照料。

好在三年后，小学招五名民办教师，公社看我表现优异，分配给我一个，从此摆脱了那样的生活。我不想辜负公社对我的期望，进修、培训，事事都没马虎过，奋发向上，也赢得了一致的好评。1978 年，我又被当地服装厂招去做出纳会计，工薪高了些许。

六、返城，15年终止

不用再整天等待，不用再苦苦盼着消息；1979 年，我终于得以返城。

本着不断力求上进的原则，返城后，我又进修了会计专业。后工作于光明内衣厂，做主办会计。富生也于1981年返城，任水利局主任。阖家团圆，过上了安稳的生活，总算是苦尽甘来。

当初以为的三年之期，遥遥无望，一晃就是 15 年。期间尝尽各种艰辛，百般滋味，最为美好的青葱岁月就此耗费。

听说，有一首知青诗歌这样写道："我们说青春无悔 / 是因为无可奈何 / 要自我安慰"——自我安慰，不能接受自己的青春被操控，难以面对自己的青春无意义，这才是"青春无悔"的真相。

我想，这说中了我年轻时的心声。最初一同下乡的兄弟姐妹，留在农村的居多，他们实在无法忍受那种超出正常范畴的艰辛，放弃了未来，就在渺小的田地里成家立业。虽然熬到了最后，以坚强打败了艰难，也许我为此感到骄傲，但更多的是惆怅。诚然，我们当初怀着理想主义出发，但决不应该因为这部分理想主义，就遮蔽掉它背后的迷茫、苦闷。我们的青春不能一展拳脚，不能用来做自己真正想做的事，可以说，这个时代辜负了我们年轻时的拳拳赤子心，而知青下乡，埋葬了我们的青春。

现在年纪大了，许多事情都看开了，颇有点看透红尘的味道。世界不会像我们所想的那样非黑即白；世间没有绝对，对待事情也就不那么锱铢必较。

怎么说，这都是我走过的历程，算是以一种无可替代的方式更深入地了解了我们安身立命的国家，较之后人多了重生活体验。平常心待之，不喜不悲，倒也淡然。

精彩
片段

高考！高考！

李夏/北京市一〇一中学

第二天一早天还没亮她就起床了。黄土高原的早上是多么冷啊，用小荣的话说就是：妈你鼻子里还喷着白气呢。雪梅穿了一件不算厚实的棉袄，里面穿了一件长袖的衬衣（到了正午热起来要把棉袄脱了），从锅子里抓了一个昨天剩的馒头就夹着课本走了。家里到学校的路上要翻一个小土坡，雪梅就在土坡上借着昏暗的晨光开始背书。丈夫在每一篇要考察默写的课文题目旁边轻轻地点了一个墨点，在信中说明了这些篇目一定要背得滚瓜烂熟，闭着眼睛都要默写得出来。雪梅从第一课背起，她小声地念着，背着，时不时地啃一口馒头就算把早饭吃了。她就在这里背到天亮堂了，等着看见别的老师经过这条路往学校走，再收起书本快步跟过去。

雪梅深知背书一定要仔细，默写的分数扣得极严。所以她每天早上什么也不干，就是背语文书，从第一篇背诵篇目，背到最后一篇，再倒着背回来。觉得容易写错的字形就在书上标记上，每一次她都认真地标记了很多易错字，书上被画得密密麻麻的。她没有时间默写这些课文，其他的时间有其他的科目，所以她从未将这些文字写过一遍，但由于她的标记，她特别记住了这些可能会写错的字，一年以后在辅导班里默写的时候一个字也没有写错，这是后话。

午休和课间的时间，雪梅争分夺秒地把学生们的作业和试卷批改出来。雪梅作为骨干教师，每两年要教一批初三初四毕业班的学生（老家那边是小学五年初中四年的制度），工作量很大，有的时候忙不过来她就让学生自己判卷子。那时候的学生都是发自内心想要学到知识考个好成绩的，这样的情况下也没有一个学生会对自己的错误网开一面。雪梅就用这些挤出来的时间把工作做完，甚至在学校也能做一些习题，等到回家以后就可以做一做数学和一些理科题目了。高考的外语课目雪梅选了俄语，俄语自己在初中学得很好，多看看书就好了。

等到晚上把所有的活都干完了，雪梅会取出煤油灯，将里面的灯芯捻得极小，才敢用。家里过得很拮据，灯芯小就省油。不过这样一来煤油灯的光亮就会忽明忽暗，像风里的烛光一样来回跳动，这可苦了雪梅，做题的时候很费眼力。

日子就这样一天一天地过着，雪梅觉得有点委屈自己的学生，就挑了个日子告诉他们自己打算参加高考的事情。讲台下一片哗然，同学们觉得老师自己有孩子还要上班，学习高中的知识简直就是天方夜谭。不过当雪梅将自己背诵的课文展示给大家的时候，他们也被感动了。雪梅和他们是同一年考试，雪梅打算明年参加高考，这拨孩子正好是明年参加中考。学生们很懂事，不再像初一初二那样打闹，自己有问题开始学会私下里解决。他们看见老师这么努力地读书，就时常以此勉励自己，这是榜样的力量。而他们的这些行为，雪梅全看在眼里，她自己也觉得身上充满着使命感。她一定要考出去，至少为了这些可爱的孩子！

她所学的所有课程全都是依着课本里的例题自己看懂的。偶尔有不会的题她就只能一遍一遍地看例题来想解法。丈夫时常寄一些习题会来，可是这些习题没有答案，她自己也不知道做的对不对。后来她回忆的时候才想起来自己第一次拿到有答案的卷子，就是高考以前的模拟试题。

“文艺”外公，“钢铁”专业

严牧心/北京市一〇一中学

1957年夏季，外公15岁，在梅河口海龙县第三初级中学就读。1958年，“大炼钢铁”运动席卷全国，全民办钢铁，学校也不例外，老师、学生均参与其中，在校园东北角，砌起一座土高炉，师生几经奋斗，也没有炼出铁来，只目睹了火花，“收获”了熔渣。在“钢铁元帅升帐”的日子里，每个市民都要为年产“1070万吨钢”做贡献。外公路过县委大院的铁路旁，只见红旗飘飘，人山人海，锤子在响，鼓风机在叫，数座高炉蹿着火苗，真可谓“灯火辉煌”、“热火朝天”。

深更半夜，外公站在炉顶的跳板上，用铁锹往冒着蓝火苗的炉口加料，外公和炉口间根本没有防护栏杆。想想当年站在炉顶的外公也就是我现在的年纪，而他对一氧化碳中毒、高温崩料都没有概念，果然是“无知者无畏”啊！

我问外公，为什么要学生炼铁？难道学校没有勤杂工吗？外公笑了，告诉我，当时的教育方针是“教育为无产阶级政治服务，教育与生产劳动相结合”，而教育的目标是培养“普通劳动者”。外公以分班为例进一步说明道：学校不是按学生学习成绩分班，是按学生的体能划分。把学生按强、中、弱的体能素质，划分为三个档次，学校按学生体能分配强度不同的劳动项目。外公所在的年级有六个班，每个档次两个班，外公是中等体力班的成员，当然要去土高炉顶加料了。外公还记起当时一件好玩的事：学校大会上，校党委书记教导学生说“不要成为一个肩不能提篮、手不能担担的人”，他把“手”和“肩”这两个词用错地方了，全体学生哄堂大笑。我想，在那些孩子里，15岁的外公一定也笑得响亮开心吧，那个大笑的男孩子根本顾不上对自己夜半炼铁的命运自怨自艾。

但是，还只是中学生的外公并不知道，大炼钢铁的运动实际上已经改变了外公的命运，让他在面对专业选择的时候倾向于天平的另一边——自己并不擅长的一边。

相伴再走五十年

王瑞琳/中央民族大学附属中学

夏日明媚的阳光斜映入屋子，洒在他蹙起的眉头上。那是 1964 年，那个对着录取通知书苦笑的年轻人是我的姥爷，这年他 21 岁。因为不是“根红苗正”而没有通过政审，因为是扁平足而没有通过体检，当同班同学收到北京大学、吉林大学的录取通知书时，他盼到的却是只有政审不通过或是体检不合格才会去念的师范院校的通知书。俗话说：家有三斗粮，不做孩子王。“师范学院”这几个字是那么刺眼，像是在嘲讽着他。在当时当工人是最光荣的，更何况这里是“中国工业的长子”——辽宁。在工人阶级领导一切的思潮引领下，姥爷毫不犹豫地扔掉了师范学院的录取通知书，到工厂去当了一名工人。

“闯关东的人都是为了活着”，当看到电视剧《闯关东》中的这句话时，姥姥表现出了难掩的激动。是啊，闯关东的人都是为了活着，无论是清朝末年的大批农民还是 20 世纪 60 年代的姥姥一家。

凛冽的寒风灌进了四处漏风的车厢，车厢中拥挤嘈杂还充斥着各种异味，它像一位步履蹒跚的老人一样终于停靠在了她要到达的目的地——辽宁抚顺，那年是1963年，那个寒风中一步一踉跄的瘦弱身躯是我的姥姥，这年她17岁。从山东莒县到辽宁抚顺，一条1500多公里的长路，一段前途不明的未来。“不是日子过不下去了，谁愿意冒险啊。”我清楚地记得姥姥说话时的神情。从小父母离异，最后连生父与继母的家庭都出现了变故，生活给这个才17岁的女孩出了个大大的难题，而且生活的艰辛才刚刚开始，三个没有一技之长又几乎是手无缚鸡之力的女人（太姥姥、姥姥、姨姥），三张要吃饭的嘴，却没有一份收入来源。最后迫于生计的三人只好靠制作山东煎饼为生，小小的饼铛支撑着全家人的希望。

昨日青空已逝，满目正气长存

高紫玉/青岛大学附属中学

那大概是1939年的一个初春，曾外公才加入共产党不久，他回村子的时候经过一段长长的河堤，一抬头看到不远处一队日伪军扛着枪正往这边走来。那时他带着枪，口袋里还有一封密信，要是被日伪军抓住，后果不堪设想。他心里一急，赶忙趴下顺着河坝滚了下去。可那时正是枯水期，河里半滴水都没有，四下一望，也没有可以藏身的地方。曾外公正急得要跳脚，这条河上的老河工却不知从哪里跑了出来，把他拽进了河岸旁的大棚，让他赶紧躲进柴火堆里去。

哪知老天不饶人，日伪军军官把河工喊了去，要他烧水给他们喝。这下可把河工和曾外公吓得不轻，柴火堆一搬，人就被发现了，到时候两个人都跑不了。河工咬了咬牙，强作镇定，一脸恭顺频频点头弯腰，转身进了大棚。他把唯一的铁锅端了出来，捡了块石头往锅底狠狠磕去，锅底被砸出了个大洞，那老河工就抱着那破了底的铁锅走了出去，做出一脸愁容，说锅破了，没法烧水了。那日伪军军官看了以后，破口大骂了他一顿，却也只能愤愤地走了。

曾外公爬出柴火堆，看着老河工，眼睛却湿润了，老河工的大棚可谓家徒四壁，为了救他却连锅都给砸了，这一下又不知道要挨几天饿。也许就是从那时起，曾外公发誓要一辈子两袖清风，给老百姓办实事。

全国的抗战局面开始愈演愈烈，可贪生怕死的土匪顾七却经不住日军的威逼利诱，投降了日伪以后，在曾外公的乡里当起了鬼乡长。这顾七狗仗人势，在乡里几乎无恶不作，抓人逼款，强买强卖，乡民们眼看陷入了水深火热的生活中。曾外公对这顾七实在忍无可忍，可硬拼又不行，必须智取，他左思右想，突然就想出一个妙招来。

曾外公利用一块区委书记的腰布做了面假日本国旗，又搞到了两个伪军胸章，带着十几个人冒充伪军绕道去顾七的据点。顾七这老狐狸也是狡猾得很，他叫乡丁扛旗来迎，查看真伪，自己率乡队躲在离乡公所半里之外的乱坟场等待消息。曾外公看破了他的意图，先将乡丁骗到屋里绑了起来，然后冲着乱坟场大声喊骂他“通八路”、“明天请你去谈谈”。果然，顾七听见了非常害怕，赶忙跑来接待，结果给曾外公生擒了回去，带回驻地枪毙处决。这顾七还抢了个寡妇准备当晚成亲，结果不想是黄粱一梦。鬼乡长被枪毙，可谓大快民心，人人都对曾外公赞不绝口，说他为人民除了大害。

曾外公也十分高兴，激情澎湃地写下了一首《计擒鬼乡长》：

顾匪求官鬼子投，忙来乡长胜王侯。

一方腰布为旗幌，两个胸章作钓钩。

假骂数声擒贼首，略施小计摘民瘤。

洞房花烛成虚梦，未做新郎已断头。

在风雨涤荡的岁月里

李靖怡/东莞中学松山湖学校

新婚夫妇本该如漆似胶、缠缠绵绵地度过新婚的日子。可是，二叔公与二叔婆却完全不是这样的光景。“结婚20天，上级领导让我归队，参加志愿军抗美援朝。我清楚地知道迟早会有这么一天，我一直在数着日子。我的转业证上写着：‘转业建设，生产待命’。作为有经验的老兵，我还是要随时待命。这一辈子，我最对不起就是我的妻子。她等了我太久太久了。”二叔公提及此，哽咽地说。此时无声胜有声，我的二叔婆颤抖着手拍了拍叔公的肩膀。

1950年6月25日拂晓，朝鲜战争全面爆发。中国人民响应党中央发出的“抗美援朝，保家卫国”的号召，组织中国人民志愿军，于10月25日开赴朝鲜前线，与朝鲜人民军并肩作战，抗击联合国军。

1951年6月，二叔公在二叔婆殷切的目光中离开家赶往朝鲜。作为一位年纪轻，有丰富作战经验的老兵，二叔公进入朝鲜后成了54军130师火箭炮连的一名炮兵。火箭炮连专门攻打敌军的坦克。二叔公在炮连里必须重新学习并训练射击、发射火箭炮、扔手雷等。“在陌生的环境里重新学习一切很难，但是为了胜利，我必须要学习。我们火箭炮连在获悉敌人的进攻路线后，必须漏夜行动。在坦克出没的路上，挖一个大坑，这样第二天，经过这儿的坦克就算毁了。”

1953年7月27日晚，朝鲜人民军、中国志愿军进行最后一次大反击。“与我们作战的是南韩李承晚首都师，是南韩最精锐的部队。敌军一共派出三个团的兵力，分别是：老虎团、铁团、装甲团。这三个团全是20多岁的小伙子，年轻气盛，不怕牺牲。敌军头戴钢盔，手持美式装备。而我54军130师全部都是有经验的老兵。”我的二叔公在最后这一场战争中不幸被炮弹击中，前线救援队立刻把他送到后方的医院去。由于二叔公的伤情严重，当夜就被送回到哈尔滨第 26 军医院里抢救。“我被击中了脑袋，当场口鼻出血，休克了。后来救援队的战友告诉我，当时的我下巴都被炸得皮开肉绽，露出森森白骨。小腿粉碎性骨折，大腿也被炸了一个大窟窿。本以为我可能就这样就没了，哪知道竟然撑过去了。”二叔公在哈尔滨第 26 军医院里整整待了六个月才康复出院。

那些亲历者与缔造者

任思飞/山东师范大学附属中学

作为山口村党支部书记，我的奶奶兼任村民兵连指导员。国民党特务登陆的小滩村，距山口村只有约六公里。奶奶接到上级通知后，立即放下正在吃奶的两岁女儿（我的大姑姑），率领全村民兵奔赴村北侧的山口水库。该水库是周边地区的一个战略要地，其一，水库下游有数个村庄，一旦大坝被炸毁，成千上万村民的生命将受到严重威胁；其二，水库大坝上是烟台到威海的省级公路，该公路如果遭到破坏，烟威两地的公路交通将被阻断。

奶奶率领的民兵，负责山口水库及周边地区的警戒任务，其后参与搜索渗入的武装特务。

从汽艇上下来的武装特务虽然全部着便装，但与普通百姓截然不同。他们走路躲躲闪闪，一会儿隐蔽起来，一会儿又快速通过。其踪迹逐渐被我方掌握。

海阳县虽然驻军人数不算很多，但是加上地方民兵，我方人员几乎是漫山遍野。所有道路，均被设岗。

登陆后的武装特务这时发现情况对其极为不利。他们在派遣前接受训练时被告知，大陆非常贫困，民众食不果腹，几乎全部衣不遮体，一旦在沿海登陆，只要振臂一呼，起义的民众就会应者云集。这一在我们看来颇为荒谬的说法，被国民党方面灌输给其武装人员。这样，他们才敢以区区 16 人，在山东胶东半岛登陆。

奶奶了解到，被抓获的特务后来供述，他们夜间在农田里潜伏时，有人偶然被尚未收获完的地瓜蔓子绊了一跤，低头一看，蔓子上结着大个的地瓜。此时他们判断，出发前被告知的信息严重失实，快到冬天了，地里还有不少残留的没收完的大地瓜，这样的地方，老百姓怎么会没有饭吃？奶奶说，真实情况是，1958 年“大跃进”后，1960 年遭遇自然灾害，但 1963 年情况已明显好转。

但对特务们而言，既然来了，那就硬着头皮往前走吧。16 人兵分两路，一路是两名尖兵，他们趁夜色先行前往玉皇山，该山地势险峻；另一路 14 人，先潜伏在沟堰等处，待尖兵发来信号再行动。这些特务装备精良，配备消音器的手枪、无线电通信设备、压缩食品乃至鸭绒睡袋等一应俱全。但是，这些试图隐藏起来的特务发现，此地根本无处可藏，因为道路、田野、山岭，几乎到处是前来抓捕他们的人，多数是民兵，陷入人民战争的他们已是无路可逃。怎么办？

最终，14 名特务撕下衬衣，挑在头顶，向我军投降。另两名尖兵在前往玉皇山的途中，发现情况不妙，临时潜伏进杜家山里。在对 14 名特务迅速审讯后，得知还有漏网之鱼，我解放军与民兵展开地毯式搜索。搜索到杜家山时，一位班长发现一个山洞，准备入洞搜查，躲在洞中的特务开枪射击，这位班长牺牲，两名特务随后被我军击毙。

后来审讯得知，这些武装特务绝大多数是台湾“国防部军事情报局”从国民党军中搜罗的原籍在胶东半岛及周边地区的人员，他们对当地地形等相当熟悉。其原拟在山口村东北的玉皇山安营，并扩充武装组织，这些人中，县长、区长等职务都已委任。其行动计划中，包括炸毁我方港口调度楼、破坏水坝等设施。哪承想，他们 16 人登陆仅一天多，就被我军全歼。

大海中的英魂

龙海莹/广州市铁一中学

“我还记得有个战友，真名忘了，只记得他姓郑，外号是大海。”爷爷说道。在抗美援朝时期的早饭桌上，郑大海总喜欢开一个玩笑：“明天早上还一起吃饭啊。”“因为在这场战役中，作战时的牺牲总是难免的，每天起床后吃早饭时，身边总会少几个人。”爷爷说道。所以，这种特别的玩笑是战友之间的祝福，期望他们可以圆满完成任务，平安归来。

冰山下的医客

褚蕴琦/无锡市大桥实验学校

70年代时，阿克苏出现了一种叫作“出血热”的疾病，传染性极强，死亡率也很高。医院的医生护士都惧怕这种病，推脱着不愿照看患者，重担便落在了作为护士长的奶奶身上。奶奶告诉我说：“当时也不知怎么了，就勇敢地站出来接了这个任务，当时可真是不要命哟！”那时的奶奶才刚生完小叔，奶奶一狠心，便将刚满月的小叔放在了祖母家，不眠不休治疗照顾病人，为病人端药，注射，安抚病人情绪。

医生无能为力，奶奶只好负责将病人护送到上级医院。不幸的是，在乘车途中发生了车祸，汽车侧翻连车带人一同栽进了路旁的湖中。奶奶奋不顾身，抱住病童，孩子在朦胧中抓住奶奶拼命挣扎，奶奶奋力将他拖上岸，自己却呛了好几口水，差点葬送在湖底。奶奶在回忆这段经历时笑言："当时真傻，怎么就不顾自己？"漫漫长夜，奶奶就坐在火堆边和同行的人员唱起《团结就是力量》，直到东方露出鱼肚白，才有人来救援。

漫漫求学路

李蕙媛/山东师范大学附属中学

面对种种选择，爷爷按着当时"党的需要就是我们的第一志愿，党指向哪里就奔向哪里"的口号服从组织上分配，到了教育战线。可是当时以教师为代表的知识分子正被当作"臭老九"批斗，地位极其低下。看着手中不费吹灰之力就被批下来的调令，他并没有抱怨，不是心中没有顾虑，而是因为经过了岁月的洗礼，他有了自己的信念。他相信教师的队伍终会有平反的一天，毕竟命运之神不会永远那么不公。

劳模是怎样炼成的
——大姑姑的奋斗史

赵嘉雯/山东师范大学附属中学

那时候咱还住平房，离工厂特别远，也没有公交车，每天上班要走七八十里路，还要三班倒。我那时候也才十七八岁，和你们现在差不多大。一开始也是新鲜着呢，没有感到工作很劳累，看到一台台织布机整齐地排列着，高端着呢。但是工作了一段时间以后，才知道当一名纺织工人是真累啊，每天八小时不停地围着机器走啊走，没完没了。一个班下来，浑身像散了架一样，靠那里，就一动也不想动了，真后悔当初不该进什么纺织厂。

妈妈的理发店

刘祥哲/山东师范大学附属中学

妈妈说："这么多年，我也看到了一些理发的变化。30 年前，女人不是两条大辫子就是一头齐耳短发，想要搞个美容最多也就是抹个雪花膏。如今，头发今天剪成短的明天接成长的，今天烫成卷的明天拉成直的，今天染成黑的明天变成红的紫的，正是长短曲直任人选择。而传统的理发店也逐渐被遍地开花的'美容美发店'、'发型设计室'所取代。虽然是'毫末技艺'，但却是'顶上功夫'。"

爷爷的点滴岁月

——个人在历史中的"源"与"缘"

陈培如，陈培意/山东师范大学附属中学

1948 年，随大部队参加济南战役，这是爷爷当兵生涯中最激烈

的一仗，也是最后一仗。这场战役打得十分艰难，虽然解放军死伤要远远小于国民党军队，但还是死伤惨重。炮火声、枪弹声、号角声、呼喊声融合在一起，扑面而来，令人窒息。爷爷所在的那个排里，除了爷爷和排长之外的战士全部牺牲。排长因为炮弹爆炸时躲闪不及，被炮弹皮击中，腿部的肉给削去了。爷爷也中弹负伤。

爷爷的峥嵘岁月

张明珠/山东师范大学附属中学

美国第七舰队的飞机来回循环地轰炸，为什么呢？原来美军是要来救掉入海中的驾驶员。“这个时候，我们卫生员及部分后勤人员跑到了阵地上，大家都用随身的手枪和步枪对准了飞机开枪射击（这时候的飞机都飞得很低）。”爷爷说，“当时，我们就看见一架架飞机拉着浓烟往南飞回去了，有的没飞多远就掉入了海中，那时候的心情真是高兴啊！”

大舅爷的抗美援朝故事

李馨/清华大学附属中学

有一天晚上，大舅爷他们到清川江掩埋尸体。从开始的痛彻心扉到后来的沉默孤独，而真真面对着自己身边的老战友一一战死时，就是已经铸造成钢铁的心，也被击碎得难以修复。大舅爷抚摸着拿出的照片，指着上面两个女孩说，这是两个朝鲜女孩，当时她们友好热情，我们都挺喜欢的，尤其是这个人——老赵，哎哟！可喜欢这俩姑娘了，开玩笑时，非说着要把这个朝鲜姑娘娶回家。

平凡的回忆　不平凡的母亲

梁晓敏/东莞市第十高级中学

母亲心想：这下好了，弄伤人了。母亲急急忙忙地上前问：没事吧，额头还好吧？要不要紧？这男子并没有回答她，而是用手指了指地上的书。母亲便蹲着把书一本本地捡起，交到了男子手中，只见男子急急忙忙地抱起书，也没顾额头的伤，用手轻轻地拍去书上粘到的灰尘，朝母亲一笑，说：没事没事，以后小心点就好了。这时母亲才看清这男子的面容。“算不上帅气，但却给人温暖的感觉。”这是我母亲对父亲的第一印象。

游泳渡江去高考

杨汉全/广东省肇庆中学

所有的渡船见此情景，为了保险，都不肯过江了，绑在一起，抛锚，停在岸边。可这个同学还要高考啊！于是他求这个求那个，没人愿意开船，他急得像热锅上的蚂蚁一般，最后毅然决定，游泳过江——他脱光衣服，把衣服、准考证和其他一些考试用具顶在头上，游泳过江，赶来考场。他游泳的感受与困难我不得而知，但纵使只是游过珠江，就不是一件易事，更别说冒着台风、头顶文具了。

历史岁月，岁月历史

朱琪/江苏省扬州中学

山上的环境并不好，他却要整日整夜地坚守在高炮炮手的位置上，实在撑不住，休息一下，让预备炮手暂时代替一会儿。老衡需要时刻保持警惕，高炮永远都必须是蓄势待发，以保证能够最快进入战斗状态。因为他们不仅需要保护越南火车站以及当时正在建设中的机场，山下还有一群无辜的民众每天担惊受怕，需要他们的投入与警惕。老衡需要防备美军飞机的随时轰炸，与战友们的导弹、飞机协同对抗美军的空中袭击，这怎么能有半点马虎！

铭勋

江良鹏/山东师范大学附属中学

如立功说明书上所说："他在吉林省金屯战斗中率领一个班的力量阻止了一个营以上的兵力进攻，打退了敌人的二次反击冲锋，共消灭敌人一百人以上，他和四个战士坚持到后续部队来，在撤退中还扛上两支枪背上一个伤员后撤退。"虽然只有这么短的一段话，但我们可以想象得到当时战斗的激烈程度——全班几乎战死。

他的奋斗

李昌锦/东莞市常平中学

“疼吗？”他抬眼，妻子正心疼地望着他。

他有些愧疚地握住妻子的手。他的妻子，读过夜校，上过大学，却甘愿随他至此，用瘦弱的肩膀扛起沉重的铁锤，当一个技术工人。她从未过过好日子，却不抱怨什么，把自己的一切都交与他。若不是她，他怕是坚持不到现在。

“那能有多疼？我咋能这不抗打？”

“我打铁的时候就在想，谁戴这铁玩意儿？可哪想到是给你戴的……家里粮食不够了，幸好老唐家今天下午偷偷给了点儿粮食。孩子都挺好的。”妻子强忍泪水，轻柔地帮他清理伤口。

神秘出现的毕业册

——浮出水面的一代人曾奋斗过的青春

舒宇心/江苏省锡山高级中学

一次，易叔叔去东莞见客户，坐了三小时公交车，路又颠簸不平，摇得他直想吐。到站后为了省钱，他竟走了四公里路去客户那里，烈日当空，汗水不断地流，咸咸的汗水顺着额头流进眼睛，难受得连眼睛都睁不开。好不容易到了目的地，结果那时客户还不想见他，一直等到下班，他才硬着头皮去跟客户说了两句话。开始客户还以为他请客吃饭，但他没钱，哪敢有那意思啊。客户没给他好话，实际上是回绝了他，以后再打电话就不再理他了。回忆起这件事，易叔叔满是心酸。

爷爷和学习的故事

何时/安徽省安庆一中

十几里的山路，爷爷带着才上初一的学生挑着担子，走了一年。铁矿石在高炉里炼得红红的，让人以为钢铁要炼成了。但是，出来的只是铁饼一样的东西。听到这里，我不禁问："你们难道不知道炼不出来吗，还炼了整整一年？"爷爷回答，当然知道，可是没人敢讲，因为那时候，会被打成右派。爷爷说那时的学生，只有在阴天下雨或者炼钢累了时，才会上一节课。说到此，爷爷摇摇头，唏嘘不已。

故土故人

有两个故乡的人

徐琼依/浙江杭州第二中学　　**朱阿海**/指导老师

一、都是摆弄机器

台州—昆明，两个相距1000多公里的城市，却是我爷爷生命地图上留下最为深刻的足迹的地方。

我不知道能否将爷爷称作知青。40多年前，十万上海儿女奔赴天山南北，支援边疆。那时，在上海当了五年兵的爷爷，也光荣地成了这其中的一分子。然而他不像大多数上海本地人，奔向那广袤的戈壁滩，而是坐了三天三夜的火车来到了温暖瑰丽的“春城”昆明，成了云南省建机械化公司的一员。

“家里穷，上班了就可以拿工资，补贴家用”，谈到去云南的原因，爷爷的回答朴实无华，“还有啊，云南是个好地方啊，一年到头都很暖，以前在家里冬天我都会生冻疮，去了那边就好了。”讲到那段时间的经历，病床上的爷爷眼睛里迸出一丝光亮，挺了挺身子试图让自己坐得更直一些，像是一个干了件好事而期待得到表扬的孩子。

爷爷在云南的两三年，有一半多的时间是在工地上度过的。

“军队里我是机枪手，到了工地上开的是推土机。”

“机枪手多威风啊，后来开推土机，您会不会感觉不太习惯？”

“都是摆弄机器，一样的！”爷爷乐呵呵地笑着，语气里完全没有我想象中的巨大心理落差，而是一种豁达，彻彻底底的豁达，甚至连自嘲都不带一分。

“你们建的楼有多高啊？”

“高着呢，20 多层的都有。那个时候啊，我们吃住都在工地上，每次出去干活，不到半个月不回家。最长的时候五六个月都在外面。有一次，在昆江正推着地呢，小组长把我拉下来，说你妻子病了，发了高烧……我坐了半天的车回家，过几天你奶奶好点儿了，我再回去，地也就扔在那儿没动。我是小分队里的骨干，其他人没人会开推土机，就算会，也没人敢接手。那块地难推啊，泥块里面还夹了好多石块，得要有经验的人才能动得了手。”谈起这件事儿，爷爷不无自豪，花白的眉毛一颤一颤的，差一点就想蹦下地来给我就地表演一番。

“哈哈，爷爷那时候还蛮厉害的嘛。”我笑道。病房里的气氛开始活跃起来，爷爷的话匣子也打开了，几位病友七嘴八舌地问起爷爷那时的故事。

后来，我又去采访了爷爷当年的老战友、一起支边的老朋友和我的伯伯、伯母。河川奔流，终归入海，一个厚重的故事，从不同的角度合拢起来，轮廓渐渐清晰。

二、部队——我们都是神枪手

1950 年，朝鲜战争爆发。6 月 28 日，毛泽东发表讲话，号召：“全国和全世界的人民团结起来，进行充分的准备，打败美帝国主义的任何挑衅。”同日，周恩来代表中国政府发表声明，强烈谴责联合国侵略朝鲜的罪行，号召：“全世界一切爱好和平正义和自由的人类，尤其是东方各被压迫民族和人民，一致奋起，制止联合国在东方的新侵略。”

1950年7月6日，周恩来再次发表声明，指出联合国安理会1950年6月27日关于朝鲜问题的决议为非法，中国人民坚决反对。1950年7月10日，中国人民反对美国侵略台湾朝鲜运动委员会在北京成立，并在1950年7月14日发出《关于举行“反对美国侵略台湾朝鲜运动周”的通知》。抗美援朝运动开始波及全国，形成第一个高潮。

1953年2月，抗美援朝的最后阶段。20岁的爷爷，作为志愿军被招到了部队当兵。

整个家乡都沸腾了：那个时候他大哥还在当兵，三弟还小，一家有两兄弟是军人，这在当地是很少见的。当了兵可以去外面开开眼界，又可以为国家争光，这正是那个年代的年轻人们淳朴而又美丽的梦想啊！激动万分的爷爷，偷偷拿出大哥穿军装的照片，想象自己穿上的样子，心情越发澎湃。的确，穿着军装的爷爷，眉目硬朗，英气逼人。

刚刚到部队的时候，爷爷精力很足，每天负重跑十公里也不觉得累，他说，锻炼好了身体才能上阵杀敌，为国争光。除了日常训练，爷爷什么活动都积极参加，文艺会演上他会表演唱歌。“我们都是神枪手，每一颗子弹消灭一个敌人；我们都是飞行军，哪怕那山高水又深……”歌声里充满了对未来的希望和年轻的热情。

因为表现出色，爷爷当了班长，还成了部队里的机枪手。如果要上战场，他就是前线上冲锋的主力。爷爷曾不止一次地抚摸他那把足足有九公斤重的机枪，称它为自己的老伙计，还有一个副射手老林负责机枪的三脚架和弹药的携带，帮爷爷装弹、送弹。奔赴朝鲜的途中，爷爷常开玩笑似的跟老林说：“要是我战死了，你就接过我的枪，继续杀，不能让敌人小瞧了我们中国人的厉害！”

1953 年 7 月，当爷爷所在的部队行进到距离前线只有 600 多公里的地方时，突然传来了胜利的消息。爷爷清晰地记得，当《朝鲜停战协定》在板门店签订之时，他突然激动地流下了眼泪。他激动，因为祖国终于在世界上扬眉吐气了一番；他失落，因为没有机会在真正的战场上试一下自己的枪技；他庆幸，因为自己不会成为战场上的一具白骨……谈起这件事，爷爷的心里五味杂陈。

“你知道吗？老林这些年身体不大好，去年似乎……”爷爷想起部队里亲如兄弟的战友，突然有些哽咽，他们感情之深厚令我不禁为之动容。

“不过，如果我真去了前线，可能就没有你爸和你啦。”爷爷突然话锋一转，脸上露出一丝释然的笑容，“你们可得感谢上天啰！”

我和爸爸不约而同地笑了，那是感恩。

三、家乡——就等着那一声锣响

1958 年爷爷退伍回了家，想学点技术，就去农场里开拖拉机运货。有时候顾不上吃饭，烈日当头还在外面运货，从这个村到那个村，汗如雨下。

那几年正是经济困难的时期，但是人们更有一种不怕吃苦的精神。吃的是稀饭，勒紧了裤腰带照样干活、插秧。从来没有一个人叫苦，或是倒下。这是一道坎儿，一旦迈过去，这个人便会和普通人有些不一样。他们不会那么容易地被大千世界所诱惑，也不会轻易地为淤泥的污浊所臣服，而是一直低着头，咬着牙，坚定从容走自己的路，留下一个坚毅的背影，任后人瞻望。

“那个时候大家都穷。因为我是复员军人，又在农场里干活，基本上也没饿肚子。别人家就没这么好了。有时候隔壁邻居的小孩哭着喊着要吃东西，我就送碗粥送块红薯，能帮就帮一把，都是一个村的，不容易啊。”虽然困难，看见了比自己更弱小的人，爷爷仍不忘伸手扶持一把。邻里之间的感情，格外至真至纯。

在农场里干了一年，爷爷因为识字，成了村里的会计。军队造就了爷爷雷厉风行的做事风格。纪律是铁，没有人可以拿鸡蛋去碰铁板，但是偏偏有人不相信，妄图钻纪律的空子。那时公社里按劳动记工分，有个人白天偷懒被举报，扣除了工分。他私下里带了两张大饼找到爷爷想求情，但是爷爷坚决地拒绝了他。“人可以穷，但不能没有骨气。”这是爷爷的执着，军人的骨气。

他们当时不知道的是，一场巨大的边疆移民垦荒运动已经在酝酿之中。这场运动，不仅改变了我爷爷的一生，也改变了整个中国的社会面貌。

早在1953年，国民经济“一五”规划就规定，“五年内，将扩大耕地面积3868万亩”，国家要“适当地增加农业的投资，开垦更多的荒地”。李富春在国家“一五”计划的说明中强调，在“一五”计划期间，“应该积极地进行宜耕荒地的调查和勘察，完成一亿亩以上荒地的勘查工作，至少完成4000万亩到5000万亩荒地开垦的规划设计工作，为第二个五年计划大规模地开垦荒地做好准备”。根据“一五”计划的规定，中央农村工作部的意见被批准，当年就有18个省市上报了移民垦荒的计划。

在“大跃进”期间，“劳动力不足是加速边疆和少数民族地区社会主义建设的重大困难”，“为了使得边疆和少数民族地区的社会主义建设事业能够逐步地同内地一样地获得迅速发展，齐头并进”，中共中央决定发动支边，从其他地区调劳动力支援边疆。

锣鼓已经架起，就等着一声令下，送来震天动地的雄音。

四、昆明——为了那个梦

1958 年 8 月的北戴河会议做出发动内地青壮年支边的决定，计划在 1958 年至 1963 年间从内地河北、河南、山东、江苏、安徽、湖北、湖南、浙江、广东等省区动员 570 万青壮年到内蒙古、东三省、新疆、甘肃、青海、宁夏、云南、海南、川西等边疆和少数民族地区。经过两年努力，有 17 个省、自治区动员和安置支边青壮年及退伍兵 99.7 万人（另有随迁家属 44.6 万人）。我的爷爷也热情地响应了这个号召。

支援边疆建设就意味着去了之后可能一辈子都不再回来，就像一棵白杨，深深扎根在边疆的土地上。支边的人最好有一技之长。爷爷是复员军人，既认字，又会唱歌、算数、开拖拉机，符合所有条件。更重要的是，他在当兵时种下的一个朴实而美好的梦想——为祖国的建设奉献自己的一分力量，终于有机会得到实现了！怀着一份期冀和永远不回家的决心，爷爷踏上了开往云南的火车。

20 世纪 50 年代，三藏公路竣工，金华到昆明的火车也已经成功通车。爷爷坐着那绿皮火车，看着它在山间穿梭，出了一个山洞就是一座高架桥，桥的尽头又是一个山洞。为了修成这条铁路，国家和人民克服了许多难以想象的艰辛。

“我离开你奶奶和大伯来到云南昆明之后，因为会开拖拉机，很快就学会了开推土机，还成了小队里的骨干成员，跟着队长跑了很多偏远的地方。推土其实很关键，不推土你建不了高楼，因为到处都是小土坡，长满了杂草。光推还不行，还要推平了，压紧了，楼才能建得高，建得稳。”

“那个时候的推土机可没现在这么先进，三天两头出点小毛病。刚开始我也不知道怎么回事，找修理工来才能重新开工。后来我问他，原来是底下总是被一些小石子堵住。我就用土办法，自己做了一根棍子剔那些小石子，倒也挺有用，后来我就把这个经验介绍给其他小队。但土办法也不是每次都有用，有一次，把小石子剔掉还是开动不了，我就在一边观察到底发生了什么，一不留神把脚压伤了，到现在脚趾还有点变形。”

病床上的爷爷没有穿鞋，他的目光一直落在那只畸形的大脚趾上，那指甲龇牙咧嘴地蜷缩着，绝口不言它当日所经历的痛楚或是所见证的成果。在昆明的十几年，爷爷的建筑公司建了数不清的楼房，大多都是些工厂。随着一座座高楼大厦平地而起，云南的经济也随着往上节节拔高。

“你看，因为受伤，再加上后来长期劳累，身体也不好，我提前退休，在云南又待了十几年，然后才回了老家。”讲到提前退休，爷爷的语气里没有一丝不甘或是失落。因为在云南支边的十几年，在远离家乡、只身拼搏的岁月里，爷爷少了一份年轻的莽撞自大，多了一份面对孤独和困难不气馁、不放弃的淡泊。他明白，所有的不如意都将溶解在过往的岁月中，而它们的出现，恰恰增加了我们生命的密度。

“退休后为什么不马上回家呢？”我忍不住问。

“在那里住惯了吧。”爷爷的回答很简洁。听爷爷说，后来，那个年轻时的梦对于他来说，就不仅仅是一个梦了，而是一种坚持下去的信念，一种具体可感的生活，支撑着他在异乡辛勤地劳作，直至把自己完完全全地交给那片土地。我相信他是把云南当成了自己的第二个家乡，他是奔腾在昆明大地上的一条大江，把活力与激情带到那曾经荒凉的土地上，但是他时不时也会化作一片云彩，瞭望自己千里之外的故乡。

五、后来——云彩终会落在故土

“后来你奶奶也断断续续地在昆明住了几年，生了你二伯和爸爸，我们就把他们交给外婆了。等我回家，他们都大了。”

爸爸插了一句：“后来想想，我们可能是最早的留守儿童呢。”

听爸爸和伯伯说，他们曾去云南住过一段时间，而爷爷却常常不在家，一出去就是好几个星期，有时甚至半年都见不到他。那时我爸爸只有四五岁，伯伯也不过十多岁。奶奶出去补鞋补贴家用，他们两个孩子就待在单位分配的单身宿舍里面，一直眺望着外面的马路。单身宿舍只有几平方米大小，除了一张床、一张小桌子、两条小板凳和烧饭的灶台，几乎什么都没有了。房檐上有一只大喇叭，天天唱着那个年代的歌：“各民族兄弟干劲冲天，要让边疆处处赛江南”，那就是我爸爸和伯伯唯一的娱乐。

“我们苦，你们也苦。那些年大家都苦，但是好像又很幸福，因为生活很充实，充实了你就没有时间想自己的辛苦，知足常乐。”爷爷把头转向我，“不知不觉几十年就这么过去了，想想也没发生什么特别的，但就是忘不了。”

的确，支边的老一辈复员军人们，把青春献给了他们驻扎的地方。他们或是在铁路上挥洒汗水，或是在工地上操作机器。他们的奉献，不仅仅是那被压弯了的脊背。他们，是新中国建设道路上最平凡的一个个背影。但是他们的集合，便是足以翻天覆地的力量。

据记载，内地移民的到来极大地促进了边疆地区的开发建设，荒野变良田，戈壁建新城。支边垦区的人们，务工、务农、经商。许多人夏去冬归，既解决垦区、林区劳动力不足问题，又解决了一些困难地区农民的生计问题。他们的到来促成了学校科研机构的建成，成为巩固边防的重要力量。

是啊，他们，是一簇永不熄灭的火焰，映红了边疆广袤的荒原，也照亮了我们心中的一方角落。

蒙冤校长张敏之

李知勉/山东师范大学附属中学　　**钟令彩**/指导老师

“二姑父”身份之谜

在家里，每当说起与国外有关的一些事情，姥姥总要絮叨这样一句话：“我有个二姑在美国，几个孩子都是博士，很有出息；二姑父新中国成立前当过烟台中学校长，让国民党枪毙了。”时间一长，我估摸着姥姥的二姑父一定是像在电视剧上经常看到的、领导青年学生反对国民党反动派的地下党员一类的人物，怎么着也算是一位革命烈士。

直到2013年春节前的一天，姥姥忽然拿着一份报刊对全家人嚷嚷起来：“二姑父原来是国民党呀，是被国民党诬陷为共产党，错杀了！”一会儿是共产党，一会儿又是国民党，姥姥的二姑父到底是个什么人？那份期刊的名字叫《快乐老人报》，那篇文章的题目是《八千山东师生流亡迁台遭血腥镇压》（《快乐老人报》2012年10月22日十六版），一段重要的历史随即在我眼前露出冰山一角。直到这时我才弄清楚，姥姥常挂在嘴角的“二姑父”叫张敏之，二姑叫王培五。他们因为1949年台湾有名的历史冤案“澎湖案”而闻名：张敏之被无辜枪决，蒙冤半个世纪；王培五忍辱负重，悉心培育子女，并奔走呼号，张敏之沉冤终得昭雪。

要做教育家

进入互联网搜索，很多信息跳跃而出。张敏之1907年生于胶东半岛的牟平县，16岁考取了当地初中名校先志中学。他在校期间加入国民党外围社团“平民学会”，高中毕业后，由山东省国民党党部保送报考中央党务学校，成为党校第一期毕业生。1928年春天，国民革命军北伐，张敏之组织北伐宣传队在山东南部活动，首次参加北伐宣传工作，进一步了解了北伐的意义。

党校毕业后，张敏之担任了国民党“党义教育训练班”训育主任，讲授三民主义。在班上，张敏之认识了来自济宁县的高才生——姥姥的二姑王培五，两人成了一对恋人。王培五因为学习成绩非常优秀，张敏之给她颁发了《三民主义》与《建国大纲》两本书作为奖品。张敏之家境贫寒，而王家是名门望族，虽然王家反对这门亲事，但王培五坚持己见、毫不动摇。在两人谈论婚嫁阶段，张敏之对王培五说：“我很穷，没有什么聘礼，当初当奖品的那两本书，就算是我的聘礼吧！”王培五回答说：“我家虽有钱，但也不会带什么贵重的嫁妆，我自己就是无价的活嫁妆。”王培五后来常向友人开玩笑说：“我嫁给了三民主义。”

虽然张敏之是忠实的三民主义者，是国民党党员，但是由于对国民党内的官僚腐化、争权夺利、各立山头等现象十分不满，张敏之不愿涉足所谓党务和政治，上海复旦大学经济系毕业后，他担任了济南第一师范学校训育主任。他曾明确表示：“我要做教育家，我办的是教育，不是党务，爱国与爱党是两码事。”这一席话代表了当时知识分子对国家对民族的基本态度——教育救国。在他的苦心经营下，没多久济南第一师范就成为名校。

漫漫流亡路

由于日寇的入侵，那个年代注定成为一个“安不下一张书桌”的年代。1937 年 8 月，张敏之被国民政府教育厅提升为山东省立烟台中学校长。这时，抗日战争全面爆发，张敏之企图给学生们寻找一个良好的学习环境，一张“流亡地图”由此展开：

1939 年年初，日军扫荡，张敏之为避免敌机轰炸伤及无辜学生，迁校至牟平山区的青山村，这是他首次带领学生流亡。

1941 年 5 月，张敏之率领学生从牟平撤退至鲁南沂水，开始第二次流亡。因支持军需，同学们大多营养不良。

1942 年 7 月，张敏之奉省政府之命率领师生前往皖北，途中饿死者不计其数。到了安徽阜阳，其他山东学生不断投奔而来，山东省立高中改为国立，张敏之任教务主任，是实际负责人。

1947 年春，在解放战争的号角中，解放军进攻皖北，张敏之为避战乱带领学生再度流亡。在徐州，当局要求就地遣散学生，但他基于身上的责任，自己护送学生返乡。

张敏之爱生如子。学生的流亡生活非常艰辛，物质缺乏、交通不便，吃不饱、穿不暖，思家乡、想亲人，有的整天愁眉苦脸，有的失去奋斗方向。张敏之常常安慰学生，鼓励学生，遇到有老师缺课，他便拿起粉笔，开始代课。台湾东吴大学终身名誉校长杨其铣在《我所认识的张敏之老师》中说：“我多次听过他上课，觉得每句话都是智慧的结晶，像一个亲人在传授饱经风霜以后的人生经验，那是最成熟、最诚挚，也是最严肃的一章。”

张敏之严以治校。1943 年，山东临时中学招生实行“宽进严出”的原则，凡是山东沦陷区来的学生一般都会收留，但上课认真、考试严格。南京市退休教师丘淙源在《忆张敏之校长二三事》中说：期终考试有主科两门或副科三门不及格的一律留级，毕业班学生不得毕业。留级不受名额限制，谁讲情都无用。

张敏之以身示范。在流亡生活中，他常年只有两套衣服换穿，同事看不下去，送了一套西装料给他，但从未见他穿过。张敏之认为，在战乱中健康第一，只有跑得动的人，才有生存的机会。因此，他每天早晨带领学生晨操跑步三四公里，从不间断。

张敏之办学民主。教师上课他放手让老师发挥积极性、创造性，不加干预。他鼓励学生组织文学社、歌咏队、诗社、剧团、报社等各种社团活动，连伙食也是各班自己推举伙食委员，直接参加食堂管理，提升学生自立、自治、自律和自我管理的能力。

张敏之无愧为一位天生的教育家，真可谓：严师风范傲青松，一轮明月耀星空。爱生如子教有方，难忘同舟雨和风。（《悼张敏之校长》，刘献鼎）

魂断澎湖

1949 年年初，张敏之率领山东烟台联合中学师生辗转上海、南京、湖南等地到达广州，并决定全部师生共同到台湾。经多方恳请，台湾军政长官陈诚勉强同意山东学生赴台，但却附有条件：一是思想动摇、不拥护蒋介石者必须剔除；二是 17 岁以上的学生必须应征入伍。多数教师和学生都不同意第二个条件，因为 17 岁学生一旦入伍，不但失去了上大学的机会，甚至连高中毕业证也拿不到。

1949 年 6 月 22 日，烟台联合中学师生登上了开往澎湖的轮船。

抵达澎湖后，因当时澎湖兵源短缺，澎湖防卫司令李振清想把这8000多学生都扩充到军队中。由于多数学生不愿当兵，对此加以抵制，导致7月13日发生学生与军方的流血冲突。冲突中，学生们向张敏之哭喊道："我们要读书，不去当兵！张总校长，你怎么不要我们呀？我们要跟你读书！"

张敏之为维护学生权益，挺身抗争，台湾军方以莫须有的"匪谍"罪将其抓捕。当时的报纸记载，张敏之的身份是"中共胶东区执行委员"：

"张敏之于民国三十五年（1946年）冬，在青岛由匪干周孟英、刘次箫等介绍加入匪党。初在文化工作研究会工作，并利用新闻记者在联谊会等名义，从事吸收文化新闻界人士，参加共匪组织。嗣后于卅六年秋，又奉匪命令，利用训练难童，及青岛自卫队等机会，从事宣传共产主义，发展组织升任为共匪东区执委，奉派在烟台联中领导匪新民主主义青年团。

"随后他又偕同邹鉴吸收五个学生，均以流亡学生身份为掩护，散布谣言、煽动学潮、扰乱治安、破坏政府。其最显著的不法行为，为联中学生自烟台、青岛等地流亡上海，转赴湖南，于三十七年（1948年）间途经杭州时，张匪敏之、邹匪鉴、刘匪永祥等，藉端领导全体学生，捣毁杭州车站。迨本年六月，该校又迁徙广州，政府乃将所有流亡学生，悉数拨递驻澎湖之陆军第卅九师编训，冀为国家有用之才。

"据该匪等，竟不知洗心革面，仍遵奉匪方命令，潜伏军中秘密活动，阴谋破坏建军工作，并分别着手调查部队主管姓名、装备情形，及要塞地等，图为匪徒进攻时内应，达其颠覆政府目的，王匪光耀又迭将该团在军中活动情形，向香港匪方报道，经陆军第卅九师查获，报由本部派员将该匪犯等扣押解部，除其余匪徒党羽，另案办理外，案经审明合予判决。"

王培五回忆录《十字架上的校长》封面

1949 年 12 月 12 日早晨，台湾国民党“《中央日报》”等刊登集体枪决“匪谍”张敏之等人的文章与照片：“台湾岂容奸党潜匿，七匪谍昨伏法。”这是蒋介石在台湾施行白色恐怖、牵连人数最多的“澎湖案”。被枪决的七名“匪谍”中就有张敏之。一个忠实的三民主义者，做了国民党的枪下之鬼。

“澎湖案”这桩历史冤案经常被议论，但从无正式记载。1999 年，95 岁高龄的张敏之遗孀王培五，以口述历史完成《十字架上的校长》一书，才使真相大白于天下。当年 12 月 10 日，柏杨先生在《中国时报》的人间副刊上发表了《没有终结不了的暴政》，介绍了《十字架上的校长》这本书。

良师慈母

张敏之死后，王培五顶着“匪属”的恶名，带着六个子女过着颠沛流离的生活。据她在《十字架上的校长》中说：“我原名王沛兰，嫁给丈夫敏之后改为培吾，以示培育自我；丈夫因遭冤屈亡故，流落台湾时为避特务，又改为培五，沿用至今。”通过改名一事，足见其生活之艰辛。

在长年的蒙冤生涯中，经过近30年的奋斗，王培五成为台湾各界公认的杰出教育家，桃李满天下。台湾现任领导人马英九当年在建国中学就读时，就曾受教于王培五。王培五的子女也很争气，六个子女有五个在美国获得博士学位，事业均很成功。王培五对教育的贡献，足以告慰为此献出生命的张敏之。柏杨在《没有终结不了的暴政》中对她大加赞赏：“我崇拜张夫人，她用五十年之久的时间，和邪恶争斗，所付出的痛苦，使人不忍细想，而这正提供了我们一个尊敬的榜样，一个战胜巨大邪恶势力的尊严的榜样，她表面上可以低头，内心却永不屈服！”

王培五对故乡山东仍有很深的感情，曾四次回乡探亲，并在教育方面继续为家乡做有益的事情。王培五及其子女们认为，对张敏之及当年在台冤死师生的最好纪念，是在张生前工作过的地方做好事。基于上述考虑，2000年，张敏之的子女以“张敏之教学基金会”的名义捐款十万美元在百年名校、山东省级重点学校烟台二中建了一座高六层、总面积3500平方米的教学实验楼。他们还在烟台二中设立了“张敏之教育基金”，奖励品学兼优的学生。

2001年，“张敏之教学楼”落成之际，美籍华裔物理学家、诺贝尔物理学奖获得者丁肇中教授为其题写了楼名。丁肇中在《致同学们的一封信》中说：“小时候常听我父母谈起张敏之先生的事迹和在教育上的贡献。”两家结缘，也是因为“澎湖案”。1949年11月张敏之被解送台湾，山东旅台朝野人士极力陈词相救，其中就有丁肇中之母王隽英女士。营救虽以失败告终，但原来素不相识的两家却开始了交往。

2008年，台湾当局“内政部”根据各界人士、山东流亡师生冤案幸存者及受害人亲属的强烈要求，在澎湖县马公岛上建了“七·一三事件纪念公园”，提醒世人不要忘记“七·一三”事件。

后 记

在整理张敏之、王培五相关资料的时候，我深深感受到，“教育”、“流亡”成了这两位著名教育家重要的人生经历，他们的伟大品格也正是从“教育”和“流亡”中真切体现出来。

张敏之是一位忠诚的三民主义者，也是一位国民党党员，但对蒋介石国民党政府的独裁政治极为反感。于是他拒绝政治，对教育事业投入无比巨大的热情。“我要做教育家，我办的是教育，不是党务，爱国与爱党是两码事。”正是出于内心对教育的那份挚爱，在一段相对稳定的时期内，在他的苦心经营下，很多学校都变成了名校。可以想见，如果这种局面一直持续下去，他将为国家和民族培养出许多优秀人才，他的“教育救国”梦想可能会部分实现。

但是，1840 年以来的中国，注定就是一个革命与动荡的年代。短暂的安宁，不久就被打破了。于是，张敏之不得不率一众学子，开始迈上艰难而漫长的流亡之旅。流亡，因为外族入侵，大好河山被日寇的铁蹄践踏，在刺刀透发的寒光中，生命朝不保夕；流亡，因为国内纷争，无情的炮火摧毁了家园，不得不背井离乡。在流亡的过程中，很多学生营养不良，甚至饿死途中。烟台、牟平、沂水、皖北、徐州、南京、上海、湖南、广州、澎湖——我盯着自己画出的那张涉及半个中国的“张敏之流亡路线图”，不禁深深感喟：“中国之大，竟安不下一张书桌”，说得不就是这样的事情吗？

反观今天，经过改革开放以来的加速发展，我们国力不断增强，经济水平提高，生活舒适安逸，没有炮火，没有敌人，无须流亡，这一切和平安宁是多么可贵啊，这样的生活、学习环境应该值得我们好好珍惜。

每个人心中都有一个美好的理想，即使身处乱世也是如此。学生们长途跋涉，被迫流亡，一是为求生，二是为学习。如果说求生是一种本能行为，那么学习则是心中的梦想。为生存，张敏之总结了一套“战乱生存哲学”，即每天早晨带领学生晨操跑步，只有在战乱中跑得动，才有生存的机会。“活下来”是个基本要求，而对学习的渴望，对知识的求索，却更像学生们心中炽热的火焰，支撑着学生们穿越了半个中国。时光如果能够倒流，设想一下，若仅仅为了活下来，8000多流亡学生完全可以按照国民党的要求去补充兵源，当兵打仗，澎湖案就断然不会发生了，历史定然是另一番模样。

我依稀回到了 1949 年 7 月 13 日，看到学生与军方冲突的混乱场面，手无寸铁的学生们喊的是：“我们要读书，不要去当兵！”也正是因为要帮助学生实现读书的梦想，实现自己“教育救国”的梦想，张敏之仗义执言，不幸搭上了自己的生命，但这个梦想仍然无法实现。为了学习的权力，失去了生存的权力，最终两种权力都失去了。“澎湖案”的实质，是一个著名教育家与穷兵黩武的独裁政治之间的冲突。“我不该轻信国民政府的谎言，我不该让我的学生随着我逃台……”，这是张敏之最后的遗言和悔恨的泪水。张敏之的伟大就在于学生在他心中永远处于第一位，听到哪里有学生，自己的心思就向那里偏移，并最终为学生献出了生命。“秀才遇到兵，有理说不清”，在一个穷兵黩武的政权面前，人权是得不到丝毫保障的。

资料中，对张敏之的流亡生涯记载很详细，对王培五的流亡记载很少，但王培五一直陪伴在张敏之身边，这让人非常敬佩。在张敏之被害后，王培五则在另一种流亡中体现了伟大的品格。她顶着“匪属”恶名，常遭特务监视，带着六个子女四处流浪。按照一般情况，母子们可能都活不下去。但王培五不但在漂泊生涯中将英语教学工作做得极其出色，成为知名中学教师，而且将其六个孩子拉扯成人，培养成才，自己也成了百岁老人。这是一个伟大的女性。历经如此坎坷，饱经如此风霜，竟如一棵青松，顶天立地坚忍不拔，演绎出一段令人叹服的精彩人生。

王培五的心中一定也有梦想：她认为黑暗遮不住光明，罪恶必将暴露于阳光之下，如果不是《十字架上的校长——张敏之夫人王培五回忆录》一书，恐怕张敏之永远申冤无门；正如柏杨《〈十字架上的校长〉推荐序》中所说：千斤冤酷出海底，一片丹心争日光！感谢这个时代，祝福所有为争自由尊严而奋斗不懈的人！王培五一定认为养育子女是对张敏之生命和梦想的最好延续，将子女教育成才是对张敏之生命和梦想的最好回报，因为张敏之就是为学生争取学习权力而死的。但愿英灵得慰藉，五洲桃李酬青天。王培五启示我们，人最可贵的，就是时刻守护自己心中那一份执着和梦想，并为此勇敢地活下去，活得更充实、更精彩。

耕耘者严淡心

沈平冰清/江苏省锡山高级中学　　**张雪亚**/指导老师

在江苏省无锡市东北角与江阴接壤的地方，小镇张泾坐落在斗山与东高山脚下。几百年风雨中，这里曾走出“风声雨声读书声，声声入耳。家事国事天下事，事事关心”的东林党领袖顾宪成，也成为闻名遐迩的“教师之乡”。世世代代的文化传承，让这座宁静的小镇卧虎藏龙，孕育了许多文化艺术之才。今年暑假，我走进这座小镇，寻找他们中的一员，聆听严淡心先生的艺术人生。

自2009年从锡山特校校长岗位退休后，严淡心的日子空闲了很多。每天为家人准备一日三餐，养花、练琴、摄影、陪外孙打球……可他仍坐不住。每周两天更新网上学校，办《朝阳》报纸，同时，他有了更多时间待在自己的书房，拥享艺海，捣鼓那些陪伴了他一生的爱好。

严淡心的书房里，还有两瓢葫芦打了草稿没有开工。不久前，镇上文化馆推荐严淡心一家参加无锡市太湖读书月“十大书香家庭”评比活动。电视台到严淡心家拍摄这个家庭的读书环境、藏书、作品、证书以及祖孙三代的读书故事，挖掘书香家庭如何成长。当严先生将一沓厚厚的申报材料交给文化馆时，对方有点不相信怎么有那么一大堆材料，他伸手比画了一下，笑笑：“那一堆已经算少了，我有的还多着呢。”

并不是严淡心夸张，他的人生，他在文学艺术上的耕耘，岂是几张纸能够草草概括？

书香世家艺传承

自己的人生，严淡心是这么概括的：从城市到农村，从农田到讲台。

严淡心 1949 年出生在无锡张泾教师之乡寨门，八岁随调到《无锡县报》工作的父亲迁往无锡县城居住。1966 年“文革”开始，严淡心随父下放回张泾，读了七年半的书，拿到了初中毕业证，开始了在广阔天地里十几年的战斗。

严淡心的父亲是民间工艺美术家严烈。在他的作品集《严烈墨韵刀艺》中有这样一段自述：“少也贫，涉事早。十四从教，十六治校。1947 年投身革命，矢志追随党，未负日久路遥。深受吴文化之浸染，从小热爱艺术，暮年更倾情于笔墨，融思于刀剪，得生趣于创造……”严烈曾经是一名乡村学校的校长、地下共产党员，被错划为“右派”。虽与艰难困苦为伴，但乐观之心不变，在刻纸、篆刻、吹塑纸雕、三管书法（一水一墨，右手同握，正侧运笔，落纸交融，具有立体感；再以左手补跋落款，遂成“三管”）上颇有成就。其中三管书法、吹塑纸雕为其独创。他 1995 年被联合国教科文组织、中国民间文艺家协会授予“一级民间工艺美术家”的称号；1999 年，又荣获“世界华人艺术大奖”和“华人艺术家”的荣誉称号。

许多人都惯性认为，严淡心是因为有这样一个了不起的父亲才走上艺术的道路。确实，父亲在他的艺术道路上点了盏灯。但是，严淡心坦诚地说，父亲并不是他的老师，他也根本没有拜过师。家里的兄弟姐妹多，家庭负担重，父亲为了生计根本抽不出时间将自己的学识传授给孩子。父亲丰富的藏书是幼年严淡心的宝库，他在藏书中寻找到感兴趣的东西，然后自己一个人照着书临摹、制作……他很小就学会了自己学习，也从中找到了自己真正喜爱并值得他钻研一生的东西。对于严淡心从小表现出的天赋与兴趣，父亲也会偶尔指导。家里丰富的藏书几乎在“文革”中毁于一旦，其中不乏精品，只有一小部分幸免于难。但相比其他的孩子，严淡心是幸运的，至少他还拥有书，陪伴他度过了那个文化“荒漠”的年代。在别人丢掉书本、扔掉农耕工具去搞革命的时候，他在看书自学。他的第一首诗，成于1972年3月，其中一段是这么写的：“昼耕公社万顷田，夜读主席千章书。状元频出三百六，英雄遍地能用武。”共同下放的人抱怨在田间浪费生命。严淡心用艺术武装自己。

教师讲台初成长

人生的转机，从农田到讲台，从30岁开始。

1979年，严淡心顶替因常年生病而提前退休的母亲，接任小学教育的工作，家里还有几亩田未脱手。8月炎炎夏日里，严淡心在和姐姐一起布置张泾供销社的橱窗，张泾小学的校长去看了他一眼，“觉得人长得高高大大”，就收了这个已经30岁却仍旧踌躇满志的青年。校长不知道，这个没有上过师范、“顶替”母亲的青年人，日后竟在教育岗位上找到了英雄用武之地。

严淡心的第一个工作是教三年级数学。没有上过师范，没有受过培训，甚至没有试讲，9月开学第一天，他就站在了讲台上，拿起阔别已久生疏的课本。慢慢地，摆脱了初当教师的力不从心，严淡心逐渐适应了这个职业。第四年，跟着班级进入四年级，并成为班主任，严淡心开启了一扇门。

班主任工作有一个大头是组织少先队活动，这是学校非常重视的一块内容。严淡心通过多年读书、绘画、书法的积累，带着孩子们“写写、画画，设计各种活动”。他的学生经过几年培养，到了五六年级只要中午点个题目，下午第三节课就可以流畅地展示他们自己设计主持的班会活动。严淡心将少先队活动开展得丰富多彩，一下子就在老师中脱颖而出。

做班主任四年后，严淡心成了张泾辅导区少先队总辅导员，指导辅导区十五六个小学的少先队活动。凭着自己的特长、功底，严淡心在教师工作中表现出自己的特色。

严淡心为当好总辅导员付出了许多努力。20 世纪 80 年代，电灯还没有进入所有平民百姓家庭。晚上为了策划活动，在乡下简陋的屋子里，严淡心在油灯下设计活动。当整个村庄都进入梦乡时，他的煤油灯仍亮着。第二天，带着凌晨刚刚写好的策划、任务，严淡心骑着自行车一所一所学校跑，布置给片区每一个学校，指导开展各类活动。十几年间，严淡心想出了许许多多的点子，引领许许多多的孩子在丰富多彩的少先队活动中前进。在这期间，严淡心在繁忙工作中抽出时间，接受正规的师范教育。六载寒窗为一纸，得来全凭苦功夫。1995 年，严淡心升任张泾中心小学校长。

特校园里勤耕耘

1997 年，严淡心调往无锡市锡山区教育局工作，半年后，被任命为锡山特殊教育学校校长。无锡市锡山特校是一所为聋哑和弱智儿童提供学前教育和九年义务教育的综合性特殊教育学校，严淡心负责学校的艺术教育、党支部工作及教科研组织。

多年来锡山特校一贯注重聋生的艺术教育，在舞蹈、书画方面都有较好的师资和基础。特校大部分是聋哑孩子，他们虽然失聪，但心灵手巧，模仿、动手的能力较强，对艺术的兴趣也特别浓厚，尤其喜爱工艺美术。随着国家新一轮基础教育课程改革，实行国家课程、地方课程、学校课程三级管理后，严淡心把工艺美术作为校本课程来开发。他亲自策划校本课程，进一步改革艺术课程，他的到来给特校的艺术教育注入了更多活力与创新，将艺术活动带到了每个孩子身边。

在严淡心的书法组里，有一个聋哑孩子跟其他学生有些不一样，他戴着红领巾，年龄却明显比身边的同学大。原来在老家，没有专门的聋哑学校可上，他错过了读书的年龄。他的大伯到无锡发展，在了解锡山特校后自己出钱把他带到无锡，在锡山特校学习。锡山特校除了普通课程外有丰富的校本课程，他在这里还会学习烹饪、缝纫、艺术。

每到校本课时间，他会和几个同学一起去书法室。严老师给他们安排了字帖，每次两节课的时间，严老师会和他们一起练书法，给他们指导。听不到声音，这也让他和伙伴们更加专注，沉浸在书法的世界里，充分体会书法的笔墨神韵，他非常陶醉，两节课的时间过得很快但很充实。

他的同学们在每周这个时候，会拥进不同的教室，他们的活动丰富多彩：绒线穿编小挂饰、工艺剪贴画、十字绣；工艺编结、工艺挂盘、金线围贴画、刺绣；刻纸、彩绘脸谱、石膏浮雕、工艺壁挂活动……他们在参与工艺制作实践中学到了许多美术知识，不知不觉提高了艺术素养和动手能力。

仅仅用一把手术刀，加上细心与耐心，刻得细腻精致的刻纸；发挥想象力的“工艺挂盘”；剪好图案后把金线用牙签粘上胶水贴在图案的外廓的“金钱回贴”；严校长亲自和一位来自苏州精通刺绣的老师挑选各色毛线，为孩子们设计图案、配色的绒线壁挂；严淡心教孩子用肥皂做胚，浇石膏做成，再发挥想象力绘制的脸谱……严淡心带领书法组，又是其他组的总负责，出主意、帮忙、解决问题，都少不了他的身影。因为有着扎实的美术功底又不断学习，许多工艺品严淡心都会为聋哑、智障的孩子亲自设计图稿，一步步指导制作。严淡心亲力亲为，每一个活动，都融入了他对特殊孩子的关心。

严淡心亲自编了《版画》、《彩绘脸谱》、《绒线壁挂》三本教材，通过教材让学生了解工艺美术的特点及其在社会生活中的独特功能，培养学生热爱工艺美术、热爱生活的情趣。然后通过每周两课时的工艺制作实践，让学生在九年中初步掌握三到四门工艺的制作方法，在工艺制作的过程中引导学生进行简单的创作，提高工艺制作的综合技能。

因为孩子特殊，艺术教育更加艰辛。一种简单的工艺，需要通过了解、讲解，先从简单的开始做，一个学期，每个孩子都会有一点小小的成就，可以做出几件精美的工艺品。每年六一节，严淡心都会策划一个展示活动，让孩子看到自己的成果展示在大家面前；每年，严淡心都会将孩子们的成品拍照，制成一本纪念册，将其中优秀的作品推荐到全国参加比赛，往往都载誉而归，或推荐发表到杂志刊物上。特校的孩子们看到自己的作品受到认可，在这过程中学到了知识，找到了自信心。师生在艺术的雨露中共同成长。

直到现在，严淡心的电脑里还有专门的文件夹存放了数码相机时代开始每一年每一份学生的艺术成品，按照年份、参赛获奖、不同的课程分别整理，无论看到哪一张图，严淡心都记得背后点点滴滴的小故事。

严淡心在锡山特校策划了许多为聋哑、智障学生设计的活动。直到退休后，他还帮学校策划了一台六一庆祝活动。随着社会进步、医学发展，聋哑学生逐渐减少，特校招收是培智班，即招收的都是智障孩子，要为他们量身打造一台节目，学校还是请来了严淡心。环保时装秀、说唱脸谱、歌舞、课本剧表演……虽然只有几个节目，但是学生们、老师们付出了近一年的努力。其中严淡心安排的课本剧是《美丽的丑小鸭》，他特意选了这篇课文，亲自改写剧本。他选这出戏的目的，是希望孩子们像丑小鸭一样，虽然与普通人不一样，但通过自己的努力，相信自己，追求梦想，在未来也可以变成美丽的天鹅。

在九年的锡山特校学习结束后，有些孩子将会进入无锡市特校，完成等同于普通高中的课程，大多能考上大学或大专。严淡心记得最清楚的是一个叫顾宏杰的孩子，他自小酷爱书画和工艺美术，经努力考取了长春大学工艺美术专业，毕业后从事工艺设计工作，几年来，他设计的两百多件产品被公司采用，18 次获“销售超产奖”，公司的 92 项专利中他占了 61 项……从这个孩子的身上充分反映了学习工艺美术对聋人终身发展的特殊作用。从锡山特校走出了很多这样的孩子，学校丰富的艺术课程无疑给他们带来了许多新的选择机会，也为他们的人生给出了一种新的回答。

特校 12 年，许多学生在严淡心的指导下获得全国美术比赛大奖、在杂志发表文章。1999 年，二年级葛蓉蓉同学的绘画作品在省比赛中获年龄组第一名，并作为“中国残疾人小画家代表团”成员出访瑞士。严淡心特殊教育的论文屡次获奖，被评为锡山区“师德先进个人”。

从严淡心开始，锡山特校有了丰富的艺术课程。严淡心是这些艺术课程的总负责，也担任了大大小小的准备工作、教学指导，许多作品严淡心都亲自为孩子设计。大多数指导老师并不是直接写的严淡心的名字，但每个孩子、老师都不会忘记严校长为他们的付出。

回到 1979 年，严淡心在接任成为一名教师后写了一首诗，《从教》：

未料而立入儒林，
方知锄把比笔轻。
学业已随浩劫去，
不误桃李倍辛勤。

踏上教育岗位 30 年，严淡心始终谦虚、勤奋，借助自己在艺术方面的特长，充分发挥自己的组织能力，在教育的土壤上播种、耕耘、收获。

艺术园地撒芬芳

2009 年，严淡心 60 岁，他为自己的生日做了一份特殊的生日礼物，诗集《山野溪语》，里面将他从 1972 年开始写的诗集结成册。他印了很多份，送给了自己的老同事们，作为纪念。这一年，他退休了。从 1979 年到 2009 年，他刚好在教师职业上工作了 30 年。

退休后，严淡心想专注美术工艺研究，推辞了“锡山区教育协会”、“关心下一代工作委员会”等许多职位与活动。2008 年新成立的锡山区朝阳网上家长学校再三邀请，他答应去帮忙，给网上学校设计活动、更新网站内容、编《朝阳》报纸、偶尔接待客人。他说这样的工作比较清净，很少有人打扰，能够静下心来阅读、挑选文章，在网上操作、策划活动。

他退休后另一份工作是为无锡市锡山区、新区合并成的“第三责任区”的中小学督学，他与另外 14 人分工，到辖区内各个中小学校监督执行教育法规、办学方面的情况。随着政策变化，这项工作在今年由在职人员兼任。严淡心有些惋惜地说，如果不是因为政策，他一定会继续这项工作的。

退休后，严淡心完成了一系列“纸艺书法”作品，利用废旧包装完成各种主题的艺术作品。纸艺书法原料为硬纸板或各类包装盒等废旧品，用小刀制作出书法汉字。书法是一种艺术形式，废物利用则体现了严淡心的环保态度。纸艺书法是严淡心独创，名字也是自己取的。在退休后的两年内，严淡心创作了20余幅纸艺书法。他说，有许多包装盒虽然精美，但回收困难，与其资源浪费，不如从中发现它们在艺术中的生命。现在他时刻留心，遇到好的硬板纸、塑料盒、酒瓶，都会琢磨一番它们的用途。严淡心热爱生活，他会为每一个微不足道的事物驻足，以艺术的眼光发掘，从生活的各个角度寻找艺术创作的源泉。

除了自创的纸艺书法，严淡心还自学了葫芦雕刻、天鹅蛋绘画、烙画，不久前还准备学习《北魏皇家墓志二十品》。虽然在教育领域有工作，生活琐事繁多，但严淡心的艺术创作与学习没有停过。他做了这么多，不为获奖或成名，就如他的名字“淡心”，心素如简，人淡如菊，淡泊名利，他安安静静地待在自己的书房里。艺术伴随他一生，给他的生命创造了许多机遇，现在仍是他不竭的动力。

对于一生都在耕耘的严淡心来说，今年64岁的他还有很多事情没有做，在教育上，在美术上。人生从来不嫌太年轻或太老，一切都才刚刚好。

他乡六十年

张天旭/中央民族大学附属中学　　**袁昌顺**/指导老师

一

1945 年 8 月 15 日，阳光明媚。东北侵华日军士官家属住宅区。

“我回来了”，樱子蹦蹦跳跳地走进了家门。不知怎的，家里一片寂静。又喊了几声，不见回应，她推开门，只见素日被母亲打扫得干干净净的室内一片狼藉。她有些慌乱，一不留神，似踩到了什么，却是一台收音机。

呆板干涩的声音传出：“我们兹宣布日本大本营及在日本控制下驻扎各地的日本武装部队，向同盟国无条件投降……”

樱子惊呆了。她不敢置信地后退，颓然坐在地上。年幼的她也终于明白父母的去向了。她突然感觉很累。做军官的父亲一直教导她要为天皇尽忠，告诉她大日本皇军是最正义最勇敢的人，而她也是一直这样单纯地相信着。但为什么自己被抛弃了？为什么战无不胜的皇军会失败？她抱着膝盖默默啜泣，泪水顺着脸颊缓缓流下……

远远地传来鞭炮声和欢呼声，更有人大喊：“小日本完蛋了！我们胜利了！”不知过了多久，嘈杂的脚步声由远及近，她不禁向墙角缩了缩。一群人闯了进来："哟！这还躲着个小丫头！"随即，她被人拖出了屋子。阳光太刺眼，她不由自主地闭上了眼睛。

夏日当空，心如冰渊，过了一会儿，她被一阵痛楚惊醒。一群衣衫褴褛的小孩正朝她狞笑，朝她丢石块，冲着她身上吐口水，还一边喊着："打死小日本！鬼子该死！"她惊叫着往前跑，木屐不知掉到哪去了，她的双脚被粗糙的沙土磨出了血，和服下摆也被沿路的灌木撕碎。起先还能听见孩子的叫喊声，后来声音渐渐听不见了，但她丝毫不敢放松，竭尽全力地向前跑。体力渐渐不支，眼前阵阵发黑，嗓子也似乎有了铁锈的腥气。终于，她再也跑不动了，精疲力竭地倒在地上。

天真蓝啊……就是那一角怎么隐隐泛红，还带着黑气……

她昏昏沉沉地想着。等等！她猛地一惊，一股不祥的预感浮上心头。

正常的天会是红黑的吗？她不由一颤，恐惧的种子埋在胸口中，迅速抽枝发芽。她扶着地咬牙站了起来，试图快跑回去却有心无力，摇摇晃晃地向前挪去，累了就在地上爬，她白皙的手脚都磨出了鲜血，在她身后迤逦出一道凄美的殷红。当她终于回到家门口的时候，只见火舌正在建筑上妖娆起舞，火焰似礼堂的幕布，拉开她未来58年的悲欢离合。漂泊的号角已然奏响。

不！不要……黑暗渐渐袭来，疲惫与宁静像一匹厚重的裹尸布，将她的四肢百骸紧紧卷缠。

这一年，她13岁，正是豆蔻年华。

二

"老伴，你怎么把这个小日本捡回来了！你忘了咱儿子就是被日本人打死的吗！”

“我怎么可能忘，但这个小姑娘这么可怜，她什么都不懂啊！”

“你就是心软，她父母都是日本人，长大后肯定也不是好人。把她丢出去自生自灭吧！”

“老头子，我们都一把老骨头了，她又没犯错，还被遗弃了，总不能见死不救。不如我们积点德，收留她吧……”

“唉……算了，就听你的吧。”

“嘘……你看见她好像动了一下吗？”

“她醒了！”

樱子艰难地睁开眼，发现自己正躺在简陋的炕上。一对年迈的老夫妇正用复杂的眼神望着她。她张了张嘴，却发不出声音。老夫妇喂她喝了些水，又喂了她一些米汤。见她神情恍惚，对望一眼，叹口气便离开了。樱子茫然地望着稻草与炉灰糊成的天花板，心却渐渐平静下来。

她的伤渐渐好了，和老夫妇相处得很好，也学会了比较流利地和人用汉语交流。但她却没有朋友，没有人愿意理睬她，那群孩子更是一见到她就用弹弓石子打她。因为收养她的缘故，老夫妇也被整个村子疏远了，平日热情的村民见到他们无不侧目而视，甚至有人在背后悄悄骂他们“汉奸”，樱子听到这些话气得哭了，恨不能冲上去与他们理论，但却总被老夫妇劝住。樱子明白了老夫妇每天对她日渐慈和的微笑下隐藏着怎样的疲惫，每天被流言蜚语包围却要顶住压力坚持自己决定的他们让她不由肃然起敬，他们佝偻的身影、温和的笑意是樱子一生中最难忘的记忆。虽然她没有叫过一次“爸爸妈妈”，但他们不是亲人，胜似亲人。多年后樱子回忆起这段往事时，满是皱纹的脸上绽出一个温柔清浅的笑容。

日子就这样漫不经心地流淌，从老夫妇口中她也听到了许多与她接受的教育完全相反的说法。最初她不敢置信，但后来却渐渐明白了，自己与父母奉为圭臬的不过是军国主义的谎言，她知道了大和民族并非是世界上最优秀的民族，建立大东亚共同繁荣圈也只不过是精心粉饰的谎言。樱子常常想，为什么会有那么多人被骗了呢？为什么大家都相信他们的话呢？疑窦是个雪球，一旦生成就越滚越大。

七年后，老夫妇相继逝世了，临终前拉着她的手，告诉她："孩子啊，不管别人怎么说你，我们知道你是无辜的，这也是我们不怪你还收养你的缘故……唉，我那死去的儿子也是无辜的啊……都是战争啊……樱子啊，现在你还年轻，如果有一天，你能回到你的家乡，我不图什么别的，只希望你能把这里你看到、听到的事情告诉他们啊……"她含着泪答应了。为二老下葬后，她一个弱质女流独自艰难度日，过着饥一顿饱一顿的日子。有好心的大婶实在看不下去了，偷偷劝她找个好人嫁了，别再这么折磨自己，但是樱子只有苦笑。村民虽然不再对她怒目而视，但也绝对谈不上和蔼可亲。大婶想了想，告诉她自己有个侄子因为家里穷一直娶不上媳妇，但为人淳朴憨厚，如果樱子愿意就嫁给他吧。樱子和他相处了几次，觉得他确实是个老实人，就同意了。没有盛大的婚礼，没有浪漫的誓言，两人磕了三个头就算是结婚了。为了避免村民的流言蜚语，樱子改名为董樱，一是随夫家姓，二是"东瀛"的谐音，他们结婚后不久就搬离了村子，从此再也没有回来过。

三

婚后男人待她很好，但他们之间没有爱情。未来的 47 年里，他们相濡以沫，甚至连一次争吵也没有，与其说是夫妻不如说是兄妹。"文革"时期，时局动荡，许多不知多少代以前的关系都被挖出来批斗，但他们因为严守口风，加之搬来时间不太长，也没被查出什么端倪，因而幸免于难。若说有什么遗憾，便是老来方得子，樱 37 岁时才生了个儿子。生活没有浪漫，养儿子，娶媳妇，抱孙子，年华如水流过，将她的如墨青丝染成了苍苍白发。他们从没有互相说过一句“我爱你”，但 2000 年男人临终前，拉着她的手说：“我等着你。”她笑了，泪水滑落，说：“好，可不许赖账，到时候可别认不出我。”男人费力地点着头，在她的怀中安然离世。

男人的离开使她越发寡言少语。半生漂泊异乡，她也已渐渐淡忘自己日本遗孤的身份。记忆里那个明眸皓齿的和服少女樱子也成了遥远的过去，似一幅水墨画般朦朦胧胧得不真切。如果没有后来的事情，她大概也会如其他老妇人一样，白天洗洗涮涮，傍晚出去散散步，跳跳老年迪斯科，含饴弄孙，安度晚年。

直到那一天，儿子和儿媳双双出差，孙子出去取牛奶时发现自家邮箱中有一封信，收件人却不认识，于是奇怪地问道：“奶奶，有人姓山本吗？这是不是我们老师说的复姓啊？”樱正在做饭，听到孙子的话顿时呆住了。半晌才在小孙子困惑的目光中解下围裙，用抹布胡乱擦了擦手，颤抖地接过信封，收信人一栏用汉语与日语双语写就的“山本樱”直直刺入脑海中。58 年前的往事缓缓浮上心头。这些年来她从没有流过泪，不是故作坚强，而是她的心像一朵蓄满雨的云，只要轻轻一挤就会大雨滂沱。

好一会儿，她才勉强撕开信封，抽出信纸读了起来。原来，当年她的父母接到日本战败并无条件投降的消息时，就被为了尽可能保存实力的军国主义分子强行转移，好多人来不及联系家眷就被推上飞机，而樱的父母就在其中。回国后他们一直没有放弃寻找大女儿，但在 1972 年中日建交前，他们无法亲自到中国寻女。好不容易有机会时，樱早已隐姓埋名，远遁他乡，当年的老人大多已不在世了，少数活着的也不清楚樱和丈夫到底去了哪里。就这样阴差阳错，樱的父母直到病逝也没能找到他们。为此，她的父母特意留下遗嘱让其他两个子女，也就是没有和父母一同来华的樱的弟弟和妹妹一定要找到樱或她的后人，并将遗产的三成留给了他们。现在日本政府通过户籍调查与资料对比进行确定，召集所有因战争遗留在他国的日裔后人及其家眷，恢复他们的日本国籍，提供工作或养老金以及住处，信末最后一句话是:“你愿意回家吗？”

樱颤抖着，回忆起那久远的近乎湮灭的往事，她不由得泪如雨下。倘若只有她一个人，她自是愿意回去的，不为了优厚的待遇，不为了叶落归根的传统，只是为了半个世纪前对老夫妻的承诺，为和平尽一份自己的力量。可是她现在有儿子，有孙子，她如何能抛下他们自己孤身漂泊过海？好在善解人意的儿子儿媳在经过商量后决定支持母亲的决定，为了照料她的生活还放弃了在中国的工作，陪同她一起前往日本。至于孙子，就交由儿媳的姐姐代为照顾，每年寒暑假去日本看望他们。

风烛残年的老人再次踏上旅程，同样的言笑晏晏，同样的合家欢乐，63 年前一个国家侵略另一个国家，而 63 年后两国建立了和平的纽带。时隔整整一甲子后她重新踏上日本的土地时，对迎接自己的弟弟和妹妹含泪微笑：“我回来了”，恰如 1945 年改变她命运的那天。不同的是这次她改变了命运——不仅改变了自己的命运，更改变了无数热血少年的命运：为了让日本少些被军国主义荼毒的少年，少些参拜靖国神社的政要，她拖着病弱的身躯在日本各地奔走演讲，现身说法，呼唤和平，反对战争，引起了很大的反响。

面对历史不可抗拒的车轮碾过，为何有的人悲观厌世，有的人乐观坚持？愿山本樱的故事能带给我们启示。

后　记

谨以此文献给董夫人——她就是本文的主人公山本樱，也是我最敬重的长辈之一。文中的孙子是从我小学一直到现在最要好的朋友。董夫人迄今已在日本居住十年，长期致力于中日和平事业。感谢她在听说此次活动后特地给我打越洋电话讲述当年的遭遇，感谢她耐心而忠实的叙述。

以下附上山本樱女士的生平简介，便于读者对当时的时代背景有更深的了解：

1932 年	出生于日本名古屋市。
1940 年	8 岁，随父母来到中国。
1945 年	13 岁，8 月日本战败，她被遗留在中国吉林省境内某不知名小村，同年被一对不知名老夫妇收养。
1952 年	20 岁，老夫妇去世。
1953 年	21 岁，经人介绍与丈夫董万里先生结婚。
1956 年	24 岁，离开村子，与丈夫搬到当时吉林省省会吉林市并定居，同年改名为董樱。
1969 年	37 岁，长子出生。
1996 年	64 岁，长子结婚。
1998 年	66 岁，长孙出生。
2003 年	71 岁，4 月接到日本驻华大使馆召回信，11 月回到日本。
2013 年	81 岁，思路清晰地完整叙述当年的经历。

外婆家的“乡间民谣”

孙咏康/山东师范大学附属中学　　**孟伟**/指导老师

第一曲 · 回乡缘起

“好不容易在外面混出个样子，他又吵着要回去，这日子没法过了！”一位少妇怀中抱着正在吃奶的婴儿向一位老妪哭诉道。老人家明显是有些焦急地说：“你也不想想，这年头，谁肯要你这个带着两个女娃儿的女人？”“那俺也不回去，盼着出来了，再回去怎生过活啊！”少妇依然执着……两人的争论还在继续，在僵持近一小时后，女人最终只得点头妥协。

这位年轻的母亲是我的外婆，成功说服她的是我的太姥姥，而“他”自然是我的外公。

我的外公当时的职务是张店火车站的副站长，娶了同乡的美丽姑娘，在铁路食堂当工人的外婆。由于夫妻俩都是工人，他们的三个孩子也都在出生时就拥有了城市户口，外婆对这一切感到心满意足。外公外婆本来都是乡下孩子，外公复员回家通过努力考取了济南铁路学校，外婆也几经辗转才摆脱自己的农民身份。此时，外婆无论如何也接受不了外公重返农村的决定。

连续几日处于焦虑状态的外公意识到危机迫在眉睫，在陆续递交三封言辞恳切的回乡申请书后，领导终于批示同意。而这个时候，外婆也终于爆发了，她对外公吼道：“为什么？要回去你自己回去！”刚下班回到家里的外公皱皱眉，坐到椅上缓缓说道：“你也看到王汉三的脖子都肿啦。这几天你在家坐月子不知道，王汉三成天都挂着大牌子游街……”不等外公说完，外婆惊诧道：“怎么，连站长都被批斗啦？”“这几天我爬高上梯地在墙上写大字，他们才暂时没把我揪出来，但我估计下一个就轮到我啦！”“你有什么错处啊，再浑编排人也不能够的！”外婆的声音有些颤抖。外公长叹一口气，说：“我没告诉你是怕你担心，接连几日，他们把我娘是地主家的大小姐这档子事儿翻出来，说我成分不好，可你也知道，在我很小时，家就没落了。还有一件事他们揪住不放，就是前几天我和王汉三合计着买了台收音机，就是想听个广播啥的，那帮人发现后竟然说我俩偷听敌台……”这与外公曾当过国民党的兵有关联，不过后来他的部队已归入解放军的编制了。“他们还调查了咱的邻居，那个知青，问他我有没异常情况呢。”外婆瞪圆了眼睛，她这才知道了这几天发生在外公身上的一切，她同时也理解了外公是在为整个家庭的命运做抉择。外公接着道：“回到农村，虽然苦点累点，但起码安稳些。”外婆抚摸着熟睡的孩子，眼中缓缓流下了清亮的泪。

第二曲・孩子们的新尿布

大颗大颗的汗珠顺着脸颊的弧度滴到铁盆壁上，双手反复揉搓着尿布上难以褪尽的黄渍。洗毕，外婆将家中仅有的两块尿布晾晒在院中的阳光下，回想起今日坐在榆荫下乘凉的几位同村大妈的言语：“这是谁家的孩子啊，成天换崭新的尿布。”外婆的脸上泛起一丝酸楚的苦笑，“谁又知道俺一天洗涮这两块布多少遍呢……”仅领着铁路局分给的几亩薄田，还须赁老百姓房屋居住的外公外婆家拮据不已，自然没有多余的钱买新尿布，可生性倔强的外婆不想让别人看了笑话，故将生活的一切细节都尽力抓起。不知不觉，重返农村已经多日，外婆似乎看到了以后生活的图景……

第三曲 · 一双双连裤袜

大饥荒的脚步还未远去，村庄地头一片衰败的景象。外婆家又添了新人口，仅靠几亩薄田生活难以为继，于是外公与外婆商量着在种地之余打点些小买卖来糊口。不久，他们在村东头向大队承包了一小间房，做起了车马店的生意。郭店村东头是当时的一条“主干道”，那时，路上几乎没有几辆汽车，大部分都是拉脚力的壮劳力和马匹及驴子。所谓拉脚力，他们往往长途跋涉将大宗货物从一地运向另一地，需要在间歇时补充能撑时候的食物。鉴于此，外婆便在旅店中打起了锅饼，正好满足了他们的需求。

一时生意红火，外公外婆也越发顾不上家里和田里的事务，八岁的大姨和五岁的二姨被送进了村里刚刚成立的郭店小学，三姨当时才两岁，可外公的母亲眼看外婆生的全是女儿，即使闲着也不会帮着照管孩子。外婆没有任何办法，只得每天早上将她放在炕上，再使劲往里推推以免她顺着炕沿滚下来，点好炉子，然后把院门紧紧锁上。可即便如此，外婆也难免整日悬心，每天中午在打完锅饼后，她顾不上吃饭也要跑回家来看看孩子。

那天正值寒冬腊月时节，外婆照例跑回家来，一进院门刺耳的哭声就传入了耳中。外婆心中咯噔一沉，连忙推开房门，只见小小的三姨满脸涨得通红，简陋屋子里呼啸的风让哇哇大哭的孩子脸上皲裂得骇人，她正在地上不停地跳来跳去，满脸痛苦的表情，渐渐地竟泣不成声了。外婆的心里像被刀割般的疼痛，她看到孩子身边是煤炉子，也许是孩子下地围着炉子玩烫着了，但也来不及多想，便在三姨的身上搜了好一番，什么也没找到。小小的三姨哭着哭着就睡着了，外婆将她小棉袄连脚裤脱下，竟在里面滚出一块仍然散发着滚烫热度的煤渣来。外婆的泪顷刻间喷涌而出，她很难想象那烧红了的煤渣炙烤在孩子幼嫩的肌肤上是怎样一种撕心裂肺的疼痛。

自此后，那块疤痕便随着三姨成长，成了她难以抹去的印迹，后来已长到如膝盖这般大了，醒目地盘踞在大腿上。再后来离开农村嫁到城市，喜欢穿裙子的三姨从来没有离开过一双双连裤袜的陪伴。

第四曲·中秋之夜　泰山之巅

那日正值中秋节，农人们像往常一样起了个大早。在那样艰苦的岁月里，即使是过节，乡亲们也要惜时做农活，你会看到田间一排复一排劳作的身影。不一会儿，天上淅淅沥沥地下起了雨，越下越密，人们只得停住手里的活儿，待村长吹响歇工哨后纷纷返回家中。过不多久，村头的大喇叭中传出村长的声音，通知人们大队组织全村成人今天下午坐车去泰山玩，整日深陷于繁重农活的村人脸上漾起满含期待的笑容。

“车？啥车？村里可没啥车啊……”三姨在心里疑惑着，不过转念又道：“爸、妈，咱一块去，你们都 60 多岁了，何况现下还有点阴天了，去爬泰山得有人陪。”外公外婆点点头。那时人们家中没有表，全村便指着村南边大槐树下吊着的大钟，村长每日敲钟报时。说话间，下午四点的钟声响起。三姨同外公外婆走向村口集合地，看到两辆大卡车，卡车没有顶棚，十分简陋，但村人们还是觉得非常稀罕。大家不一会儿就拥满了车厢。卡车轰隆隆地行驶在通向泰安的凹凸不平的土路上。交谈中，三姨得知这两辆大卡车是村长向村北边的军修所借的。

这军修所顾名思义，负责军队损坏武器的维修工作。每每修好大炮一类的军械后，都会向所后的开阔杂草丛中试发检验，孩子们听到这声音都会像过年般开心，大炮响起就像是打响了发令枪，他们像比赛般冲向那片杂草丛，娴熟而迅捷地捡拾炮弹爆裂后残余在草丛里的铅皮或其他金属皮，离那不远是一个小型废品收购站，孩子们便会争抢着用自己手中的“战利品”换回几分钱。这些有关军修所的片段正是二姨记忆中的童年光阴，可现在的她，作为一个初初长成的少女，对军修所却是一种由衷的艳羡。她会和同村其他女孩子一样，在干农活的间隙羡慕地看着那些从军修所中走出的与她们同龄的少女，但很快三姨又会低下头去，不想让她们看到灰头土脸的自己。军修所中都是军人的家属或住在济南到这儿来上班的工人，有着干净白皙的脸庞，穿着漂亮的花裙子，打着三姨从未见过的精致小洋伞，与乡下女孩儿形成鲜明的对比，她们的一切都会经常出现在三姨的梦里。

三姨这样想着，眨眼就到了泰山脚下。傍晚天已暗了下来，早上没落完的雨此刻又断断续续地下将起来。人们从车上陆续下来，面对眼前被薄雾笼罩着的泰山，一个个兴高采烈。第一次出远门的三姨难以压抑心中的兴奋，她的脚步渐渐加快，不知不觉就赶上了同她一样激动的队首的同村青年们，在这些年轻人爽朗的笑声中，三姨眼前的风景渐渐变幻地快了。

忽然间，三姨好像想起了什么，大声地喊叫了数声，却无人应和，她抛开队伍，飞奔着往山下冲去。她不断地往山梯的两旁张望，焦灼急切地搜索。渐渐地，泪水模糊了她的双眸，她也顾不得擦干，她不断地大声呼喊着，汗水咸咸的，跑到她一路张着的嘴中。渐渐地，暮色四合，巍峨的泰山此刻露出它那狰狞的面孔，似乎要将三姨裹挟在它的黑袍中，三姨直奔下去，终于在泰山十八盘那里，看到了两个苍老的身影。“爹、娘！”她大声呼喊，“咋在这呢？叫我好找！”三姨破涕为笑，外公也长舒一口气：“这不，你妈腿疼又犯了，实在走不动了，这儿太陡，我也背不上她去，也找不着你，也喊不着你。”外婆也放了心，口中念佛不止。

外婆歇过好大一会儿，腿好些了。三人再匆忙上山，这黑灯瞎火的，必须得找到村里的大队伍。他们在黑暗中摸索，断断续续、走走停停，加紧赶路一直爬到山顶，终于找到了一个来找寻接应他们的村人。直翻过南天门，才到了位于后山的一所气象站，只见村人们簇拥在气象站的小仓库里，见他们平安归来，连忙上来关切问候。村长宣告太晚回不去了在这待着过中秋吧。小黑屋中乱鸦鸦的，山顶的气温骤降，凛冽的风吹在身上，竟寒噤不断，用外婆自己的话说，简直像打败了的日本鬼子。但即使如此，村人们依偎在一起，聊聊家常，盘算着明日一早起来看日出，还是体会到了闲暇之余能获片刻欢愉的别样幸福。

第五曲 · 三姨的农耕时代

20 世纪 70 年代末，改革开放的春风还没有吹遍中国的大地，家庭联产承包责任制尚未普遍实行。外婆的村庄还沿袭着生产队的模式，后来，责任到人的号角吹响了……在那时的田间地头，终日劳作着的都是黝黑黝黑的青壮年男子，但如果你细心，会发现在一块较偏僻的地上，有一个美丽的姑娘耕耘复耕耘，而那位姑娘，就是我的三姨。前几日村里大队通知，要每家每户出一个常年的壮劳力，每人会分到一块责任田，用自己的劳动成果换取工分，在粮食收获的季节凭工分获得粮食，过年时会有年终决算，分给一点钱。别人家犹可，独外婆家犯了难。外婆生的都是女孩，老大老二考到了济南，其余的女儿都还在上学，而外公外婆已是花甲之年，平时相扶持劳作还可，但要作为常年的固定劳力，却是谁的身体都吃不消。

这时，另一段插曲事件发生了……

“你真的决定不再复读吗？”外公焦急地询问此刻正满面泪痕的三姨，三姨有说不出的酸楚，她在心中对自己怒吼：“曹心萍啊曹心萍，恢复高考的头年大姐考上了，第二年二姐也考上了，怎么到你这就不中用了呢？为啥偏偏差那三分呢？”外婆在一旁插话道：“你要是不复读，不还是得待在农村吗？去吧，俺和你爹供得起。”三姨咬了咬嘴唇，心下自忖：“大姐二姐都考到城里去了，虽说每月都会省吃俭用地把自己的助学金省下来寄回家里，可那也仅能补贴家中一小部分的吃穿用度。几个妹妹还小，都在上学，正是花钱的年纪，若自己继续读书，家里的负担又会加重不说，那地里的农活可不能交给老父老母来干吧，不能眼看着爹或者娘和别家大小伙子一样去当壮劳力吧！”想毕，三姨擦干眼泪，狠狠地点点头，对外公外婆说：“我不念书了，我留在家里干活，我去当那个劳力！”

第二天，三姨起了个大早，她扛起锄头铁锹就走出了院门，觉得只有把全部的精力投注到务农上来，自己才能忘记那条高考疮疤，是以一早赌气连饭都没吃就下地干活去了。初时还能连续用很大的力气把脚踩在铁锹上直直地按到土里以活络板结的土壤，可渐渐地，越来越强烈的饥饿感袭来，毒日头似乎要将她单薄瘦弱的躯体榨干，炙烤出的汗水将她后背的衣襟湿透，她胸口的烦恶气焰好似要溢出来，不知不觉中，两眼一黑，三姨晕倒在土地上。转眼已是正午饭点，外公外婆相顾徘徊，怎生也等不到三姨回来，外公因别事被人叫了出去，外婆不放心，便去地里找三姨。终于，转过几家房舍，迂回过几道田埂，外婆分明看见了倒在地上人事不省的三姨。外婆一把将她抱起来，三姨脸上的汗珠大颗大颗地滴在外婆手背上。外婆举目四顾无人，只得焦急地大喊求救，可外婆家的这块地，偏僻得紧，四周荒草丛生，离这里最近的人家也已经回家去吃饭了。外婆那时已上了年纪，而且腿脚一直不好，但无奈惶急之下，只得咬咬牙，反复试了多次才将已经二十出头的三姨背在身上，一步三滴汗地背回了家中。

经过这次中暑事件，三姨又坚强了许多，她心中明了，自己已经走上了一条不能回头的路，她要为自己的选择负责。

时值黄河治理的特殊时期，流经济南北部泺口地区的黄河河段总体呈悬浮趋势，河面高出地表丈许，必须得在汛期到来之前完工，否则周围村舍将会严重受灾。当时济南干河工实行轮村制，通常在某一时期征发同一片区五六个村庄的全部壮劳力出河工。三姨也就这样，随着浩浩荡荡的一队人向黄河进军。

出河工的那段日子，不无艰辛却也透着专属于那个时代青年的点点浪漫情怀。三姨说，她能在这里感受到青年们跋涉在戈壁或开垦北大荒般的热情。每日的工作主要是搬运石块或从别地铲土搬来以加固堤坝，男青年们血气方刚，会主动搬运那些大石块，将剩余的小石块留给为数不多的几个女同志搬。还有很多植树的工作。她们平日七八个女生一起打通铺住在小李村的一户贫穷农家里，住处是在那户人家院中的一隅低矮粮仓内，每日要花一个多小时乘车去黄河。虽然艰苦，但对不常离家出行的女孩子们来说却也新鲜。就这样，几个月在汗水的浸染中不知不觉就过去了。出完河工后，他们返回本村，继续务农生涯。

在这之后的几年里，中国农村陆续地实行了家庭联产承包责任制，三姨的负担减轻了许多。再后来，她嫁到了济南，也就彻底与她熟悉的农耕杂务、乡村生活告了别。但那段岁月中的辛辣甘甜却汇聚成一股复杂的情感交织在她的心头，给她的生命留下了无法抹去的痕迹。

第六曲 · 炉子夫妇和“鸡大婶”

外公在乡间，除了做农活外，更多的时间在教书。他教授的科目

我们的家史

——中学生笔下的那些年

主　　编：李远江
出 版 社：鹭江出版社
页　　数：336
定　　价：36 元
装　　帧：平装
I S B N：9787545908565

《我们的家史》一书于 2014 年 12 月正式出版，现已开始征订工作。单册定价 36 元，鹭江出版社为参赛师生及家长提供团购优惠。

一次性订购 20 册以上可享受 80 折（28.8 元 / 册，含运费）优惠
一次性订购 50 册以上可享受 78 折（28.1 元 / 册，含运费）优惠
一次性订购 100 册以上可享受 75 折（27 元 / 册，含运费）优惠
一次性订购 200 册以上可享受 70 折（25.2 元 / 册，含运费）优惠

请将书款汇至：

户　　名：福建鹭江出版社有限责任公司
开 户 行：厦门工行东区支行
账　　号：4100023819200008206
咨询电话：+86-10-53691180

汇款时请一并提供详细的收货地址和联系人姓名、电话。

鹭江出版社

2014 年 12 月

“全国中学生历史写作大赛”在全国广大师生的鼎力支持和火热参与下已经举办了四届，为了配合第五届大赛的进行，大赛组委会组织编纂了“第三届全国中学生历史写作大赛获奖及优秀作品集”——《我们的家史》。

本书收录获奖作品中的大量精彩片段和照片，并与高中历史教材、相关文献资料对照，对准备参加第五届全国中学生历史记录大赛的同学有一定的借鉴和指导作用。

浙江大学历史系教授 陈新

青少年在自主的历史探索中追寻亲友的生命痕迹、感知历史的深度；他们学会敬畏历史、敬畏生命，也在内心中构绘自我的青春图景。书写身边的历史，留下人生的轨迹。

任志强

既让年轻人重新认识他们的父母，也能增进他们对历史的尊重、对长辈的尊重，以及对家庭的尊重。

《南方都市报》

在中学生们的笔下，人们看到了婉转隽永的陈年往事，看到了跌宕起伏的生命历程，也看到了90后们别样的观察和思考。

《中国青年报》

因为这样的思考与表达，历史那种冷静的质感，获得了某种温度；历史那种铁一样的光泽，泛出一些动人的波纹。

繁多，那些知识也都是他在当兵时夜读学习，打下了扎实的底子。

冬日里的寒风凛冽刺骨，终日呼啸着从简陋的教室窗棂间穿堂而过，刮在学生们的脸上。外公决定重新给教室盘个大炉子，一连几天他都会在教完课后蹲着盘炉子直至深夜，后来又接连盘了其他几间教室的炉子。自此，学生们可以在温暖的教室中读书学习。

而外婆也是个盘炉子的好手，她制作炉子的工艺流程更为复杂，是给每家盘那种放在墙旮旯里的、支上锅便能生火做饭的三角炉，这种炉子移动非常方便，比灶台好用得多，据说是外婆在劳动中总结经验自创的。而她和外公一样，挨家挨户做炉子都是义务劳动。

外婆的邻舍大妈有一个外号——“鸡大婶”，外婆称呼她为朱大娘。她的家道艰难，很早就没了老伴，她用一己之力挑起全家的经济重担，艰难地供子女们读书。外婆在家境富裕时常常会接济她。她的日子过得虽苦，可心却宽，是个乐观豁达的老太太。一次，她家的老母鸡下蛋了，可家里竟找不到一只抱窝鸡，又没有钱去集市上买回一只。她不能眼看着一个个鸡蛋废掉，索性拿出条压箱底的大白毛巾，往自己厚实而肥硕的腰间一系，然后把鸡蛋横七竖八地往这毛巾中放起来。在天气明显转暖的春天，她竟淡定地裹起脱下来已好一阵的大厚棉袄，棉裤腰一直延伸至胸部，一面是肚子一面是袄，保证了鸡蛋能享受双重温暖。她连晚上睡觉都要裹着，不敢翻一下身，上厕所时，要小心翼翼地将鸡蛋一个个拿出，上完后还要再放回去。20 多天后，便能感受到小鸡仔啄破蛋壳的轻微颤动，好在她的肚皮厚，就算哪个鸡雏猛然用力过大也无妨。后来亲自孵小鸡已成为她的传统，也成了村里女人们长年的谈资。每次孵完小鸡后，她走在街上都会不无骄傲地对闲聊的乡妇们宣布：“俺又抱出一窝小鸡来！”女人们便会嬉笑不止，而“鸡大婶”的生活也确实因此而生动活泼起来。

一个人的回家路

叶妍彤/广东省清远市第三中学　　**侯少龙**/指导老师

“宗耀！解放军来了！”一声急切的呼叫，穿过洞开的大门，穿过半掩的窗户，如惊雷般砸在太婆的心上。正在收拾房间的太婆冲出大门，看着冲进屋子的小伙子叶明，然后转头跑进房间，把早已收拾好的包袱塞进刚闻声迎向小伙子的太公怀里，厉声说道：“快从后山跑，再迟就来不及了！”太公看着妻子和三个幼小的儿子沉默了，迟疑着没动。泪水一下涌出了眼眶，太婆死命拽住太公往后山拖，哭着催促：“快跑！不然你会被枪毙的！”太公顿了顿脚，狠狠心，转身跑了。

这一跑，就跑了 30 多年。

逃

故事发生在 1950 年 4 月的一个下午，故事中的“宗耀”是我的太公。解放军兵临城下颠覆了他的余生。

太公生于 1909 年清末广东清远源潭镇踵头村的一个贫农家庭，祖祖辈辈都是普通的贫农。踵头村拥有人口 100 多人，贫困而落后，因为人口少，村民胆小怕事，常常被邻村霸占田地。这让靠一把锄头生活的村民更加难以维持生计。太公从小就跟随母亲锄地干活，练就一身强壮的身体，而且小时候读过几年私塾，颇有一点见地，在村上算是个“有勇有谋”的壮汉子。1940 年，31 岁的太公不甘心穷困潦倒地过一生，就纠合了附近村庄十几个同样孔武有力的小伙子当上了土匪，专门向有钱人收保护费。

踵头村虽然是一个小地方，但土财主还是有的，而且京广铁路从源潭镇穿过，偶尔也会有一些有钱的大户到来。人数不多的太公一伙渐渐闻名于外，特别是附近有几个钱、常常带着打手耀武扬威的土财主，闻“宗耀”丧胆。

其实太公本性善良，不是家里实在揭不开锅也不会走这样一条路。因此，太公常常告诫他的手下不许干出欺负百姓的事情。他们一般住在家里，抢劫完后，除了满足自己一伙人的家庭需要，也常常把得到的钱分给同村比自家还穷的人。他这种劫富救贫的行为得到了村里人的默许。

1949 年 10 月，中国人民解放军解放了广东，12 月全国大剿匪运动开始，华南分局和广东军区联合发出《剿匪指示》，明确规定了剿匪第一阶段，以军事进剿为主，配合政治争取，对土匪开展分化瓦解工作。太公他们显然被定义为“土匪”。早已经看清楚形势的太公一直惶然不安，但对家的眷恋让他一直不肯下定最后的决心。

1950 年 4 月，剿匪大军推进到踵头村。这一天，解放军来到太公家的院子里，把太婆母子四人抓了起来，也召集了全村子的人。带队的解放军逼问太婆：“叶宗耀现在在哪里？”太婆低着头说：“不知道。”带队的解放军急了，一下把太婆推倒在地，厉声说：“你是他老婆，怎么会不知道？！”但不管解放军怎么逼问，太婆也不改口。解放军无可奈何，只好转头问村民：“叶宗耀是土匪。你们不要隐瞒，告诉我们他去哪了？”令人惊讶的一幕出现了：不管解放军怎么问话，村民就是没有一个人吭声。解放军以为村民被吓到了，于是，他走到一个村民面前，和蔼地询问："你知道叶宗耀在哪里吗？"太婆的心一下子悬了起来，那个村民支支吾吾地说："他……他刚才沿河边跑了。"解放军半信半疑地转头问另一个村民："你看见了吗？"另一个村民慌忙地点了点头，答道："看见了！"话说完没多久，解放军就往河边追去了。或许是报答平日太公劫富济贫的行为，在这紧急关头，村民默契地集体维护了太公，为他赢得了逃命的时间。

漂

从后山逃出来的太公惶恐不安地一路向北猛跑，入夜时，他在江口（源潭附近的渡口）找上船夫乘船到达广州。

刚解放没多久的广州，会集了各类人，军队、百姓、商人，到处都是人山人海。彷徨无依的太公不敢在大街上晃荡。因为解放军突然而来，太公根本来不及填饱肚子，为了缓解饥饿，他跟着几个流浪汉躲到林子里挖番薯藤和树头芯。其中一个流浪汉喃喃道："整天在这里苟且偷生有什么用吗？""我们去香港吧！"不知是谁抛出了这一句简单的话，它像是炸弹一样，引起了流浪者的纷纷议论。太公把手里的木棒狠狠一扔，坚决地说："好！我们去香港！"趁着人多杂乱，太公他们偷偷地混进了火车，一路颠簸，来到了繁华的香港。

一开始，太公的寻工之路并不顺利。他来到一间处于沙田市场的海鲜档见工。老板看见太公的穷酸样，就鄙视道："你是偷渡的？"太公点了点头，老板立即向太公挥了挥手："走走走！我们这里请不起你们这种偷渡的。"为了活命，寻工失败的太公知道不能气馁，就挨家挨户地问，直到一个水果摊的老板给了他搬货物的机会。

好景不长，太公被解雇了。为了生计他当起了小贩，整天逃避着城管（在香港常叫阿 sir）。据爷爷回忆，当年，太公多次被城管抓住，没收了不少东西，几乎血本无归。他始终过着担惊受怕的日子。但是也有一次城管来袭，太公拉着一大车东西想跑，可没跑几步，城管就追上来了。他一手钳制住太公的拉车，喝道：“别想跑！”太公见逃不了，只好停住脚步，向他哀求道：“我们这些偷渡的不容易啊！都只是为了两餐，有必要赶尽杀绝吗？”或许是太公出自肺腑的话触动了他，他松开了抓住拉车的手，什么话也没说，太公与其他同伴就在他的注视下“逃走”了。这件事让太公看到了人性的善良，勾起了他对家乡与亲人的思念。

念

太公时刻关注家乡的情况，天天在报纸上搜寻有关大陆的消息。报纸上一条条关于抓获土匪家属的消息令太公愈加担忧妻儿的安全。他苦思着：“他们会不会被抓了？他们会不会被严刑拷问？”一想到妻儿的处境，他恨不得马上跑回家里。然而当时的大陆情势依然严峻，剿匪运动尚未停息，他回去的结果不但救不了家人，也把自己白白搭上了。家乡遥不可及，太公只好每天压制自己。

由于贫困，太公与同行的偷渡者合租在一间窄小的房子里。那里会识字的人寥寥无几，太公算是其中一个。因此同住的人纷纷托他写信给自己的亲人，这让太公更加思念家人。但最初两年他还是克制不敢寄信，担心信没寄到，反而让家人遭受大难。但时间相隔越久，思念的情绪越浓，他想起自己的大女婿是认得字的，而且是村干部，应该不会被人盯着。1952 年春节前夕，太公怀着希望和不安的心情给大女婿发了第一封信，简单告知了自己的近况。

太公逃亡时，家中有七个儿女，四女三男。三个大的女儿都已经出嫁，大女儿嫁给了一个附近村子的村干部，家里条件比较好，且读过书，因此太公就把信寄给他让他代拆。排行第四的儿子（我的爷爷）跟大女儿相差了 11 岁，年仅九岁，底下还有两个更年幼的弟弟和一个妹妹。

解放军逼问几次后也没有对太婆怎样，不过之后经常来太婆家里查看太公有没有回来。当时太婆一个弱女子就撑起了一个家，也只有大儿子（我爷爷）能帮他分担一些农活。太公逃亡后，有几个隔壁村子的人经常来欺负太婆一家，听我爷爷说，那些人会抓一些火蚁来咬我太婆。同村的人也无能为力，只能替太婆可怜。

收到太公来信的那天，全家人聚在一起，但也不敢声张。太婆忍不住泪流满脸，失去联系两年了，丝毫不知道太公逃到哪里，全国局势一直不太稳定，运动一个接着一个，太婆只要听到运动就心惊肉跳，现在心终于定下来了。太婆赶紧委托大女婿给太公写信，担心太公不顾一切跑回来，信里全是报喜不报忧的话，信末自然是千叮咛万嘱咐的。

收到大女儿的回信，太公忍不住买了一瓶酒来庆祝。信中“家里一切安好，请父亲放心”的简单话语让太公的心平静下来，但信末提到“解放军仍在不时上门询问父亲去向”让太公想冒险回家的念头暂时熄灭了。虽然不能回家，但对于妻儿的平安太公还是很欣慰的。从那时起，太公就常常寄信与家人互通信息。

1958 年，在香港独立拼搏了七年多的太公终于拿到了香港永久居民身份证。太公捧着那新鲜出炉的身份证，心在扑通扑通地狂跳。他紧紧地抓住那宝贝似的身份证，掩饰不住内心的激动，心想：“这回可以回家了吧？！”

然而，天意弄人。当太公把这消息刚寄出去没多久，一份来自大陆的回信把太公打入了绝望的深渊。崩溃的泪水从太公的眼眶中涌出来，浸透了信件。他咆哮大哭道："我的儿啊！我的儿……"太公怎么也想不到，他的小儿子会因为饥饿死在那个困难时期。信中写道：二儿子也生病了，家里已经没有钱为弟弟治病了，如果他有积蓄，就寄点回来救救他的二儿子。

太公恨不得马上启程回大陆，但大女婿的信提到：村里的局势不稳定，抓了很多"右派"分子，叮嘱太公千万不要冒失回家。

太公知道，家里仅有的一点首饰和资金在他逃亡那年就被收为国有了，一大家人都靠妻子独力养活，经济肯定困难。大女儿家里尽管不算差，但也是农村，也好不到哪里去。因此，绝望的太公毫无选择，把自己的积蓄加上能借到的钱全部寄回家中；自己继续孤身一人留在异乡奋斗，赚钱给儿子治病。

为了多赚钱，他从早干到晚，曾经试过一日兼职多份工作。他不顾辛苦，到处奔波，能多赚点就多赚点。但他的努力似乎得不到回报。即使太公拼了命地赚钱，他的二儿子还是在缺医少药的情况下死于脑膜炎。

与两个儿子阴阳相隔，这种白发人送黑发人的悲剧让太公痛不欲生。对家人的思念，对儿子的愧疚，更加坚定了太公要回家的决心。

1969 年，太公用省吃俭用积攒下来的钱租了一个不到十平方米的小铺面，开起了水果摊。从那时起，太公的收入相对稳定，他寄回帮补家用的钱也逐步多起来了。

归

1978 年中国实行改革开放的消息传到香港，滞留在香港的人纷纷议论，认为大陆的政策变了，也许这是他们回家的机会了。跟太公一起偷渡过来的一个同伴抱着试试的态度，冒险回家乡去了。

一个月后，正在太公还为他的生死担忧的时候，他终于回来了。他带给了太公最大的惊喜：大陆全变样子了，现在是以经济建设为中心，国家欢迎出国的华侨回家乡参加建设，不但以往的一切不再追究，而且还给优惠政策呢。

太公激动万分，解放军不会再捉他了！但他依然不敢鲁莽行事。又等了一个月左右，发现每次回大陆探亲的伙伴都能平安归来。他立马收拾包袱，准备回家。不确定家乡的情况，他不敢随意回去，只能待在广州托同村的人把儿子和孙子带到广州南方大厦团聚。这一年，太公 71 岁，他的儿子 40 岁，大孙子也已经 15 岁了。太公一见到唯一的儿子，泪水像断了线的珠子，哗啦啦地往下掉。父子两人紧紧相拥，站在一旁的大孙子（我爸爸）惊愕地望着自己的父亲与一个陌生老人相拥，谁也不出声。几分钟后，太公一手把孙子扯了过去，用他布满茧子的手抚摸着孙子的头，喃喃道："我的孙儿……"父子孙的团聚使太公更思恋家乡与自己的妻子。一个月后，太公怀着激动的心情，终于回到了家乡的怀抱，看见了自己朝思暮想的妻子。这一刻，他等了 31 年。

从那以后，太公一年回来两三次。每一次，太公都会把最好的东西带回给自己的亲人。直到 1988 年，太公把儿子带到香港接手自己的生意后，正式返回家乡常住。1991 年，太公长眠于家中，享年 83 岁。

精彩
片段

织梦大朗

张淑/东莞市大朗一中

推开宿舍门的一刹那，几个年轻的女孩子正在房间里，有的在阳台上收衣服，有的在洗澡，有的坐在床上嗑瓜子。老板对那几个女孩说着广东话，好像在交代从今天开始她们要和你们住在同一间宿舍，那几个女孩也并没有多大的反应，只是微笑地点点头。

姑嫂二人先去拿了一条抹布，将床铺擦干净，再铺上草席，接着摆上枕头、被子、被单等，将牙刷、牙膏等洗漱用具都摆在桶里。一切准备好、洗漱完以后，已经很晚了。她们躺在床上，渐渐地进入了梦乡。她们今天还以为晚上很难过，没想到很快就睡着了。或许是一天的奔波，太劳累了吧。

一个晚上过去了。

随着鸡叫的声音，美好的一天又开始了。

她们早早地起了床，和舍友们一起洗漱好，舍友还带着她们俩一起去饭堂吃早餐，吃的是那里的特产——濑粉。第一次吃觉得很好吃，那味道似乎在口中久久回味。吃完濑粉后，她们又一起去找老板。老板分配好工作，叫了一个师傅过来。师傅长得不算老，胡子刮得很干净。

因为缝盘机满人的关系，所以老板决定让她们学拉手摇织机。师傅教得十分耐心。学了几次依然没有掌握好技术，她急哭了，但师傅还是很情愿一次又一次地教她们。她们学习认真，师傅教了不到一个星期就掌握了技术。她们很开心，因为自己能学到东西，又能赚钱。虽然有风扇，但是她们每天都站着拉着手摇横机，汗流浃背。每天早餐吃濑粉汤，但并不厌烦，因为她们认为在这么艰苦的环境中，能够填饱肚子已经非常不容易，每吃一次都觉得无比幸福。

日子持续了一个月，终于到了发工资的时候了，她们的工资差不多是 48 元，但是买饭票已经用了 24 元。领到工资，她们很开心，因为是自己努力获取的，所以在接下来的日子中，每天都省着花钱，不舍得花一分钱在不需要的东西上。

就这样，她们一直坚持着这份工作，工资越来越多，最多的一次有 80 元。她们把省下的钱，半个月就汇回家一次，也留着一点点积蓄给自己，相信总有一天，能够凑足钱回到自己的家乡，看到自己久违的亲人。远走他乡，谁都会有那么一丝牵挂。

梦回吹角连营

张嘉敏/江苏省扬州中学

在孤儿院度过了两年的生活之后，1949 年，曾舅公被征召入伍。1950 年 11 月，年仅 17 岁的他加入人民志愿军，入朝作战。

“人老喽，记忆不好，只记得一些印象深的片段。”曾舅公回忆着，“我还记得……当时我们夜里去渡江，死了很多人……”叙述的时候他看上去像沉入了梦境，沉入了一片记忆的海洋。

1951 年 5 月，曾舅公所属的 20 军 60 师 178 团来到了昭阳江边。渡江在凌晨时分开始，夜色沉沉，但并不宁静。敌机在昭阳江上空盘旋，巨大的引擎轰鸣声让人错觉飞机就在头顶。前头开路部队才入水，从对岸来的炮弹就如急雨一般打来。敌人在江边埋下了大量地雷。映着炮弹的火光，曾舅公看着前方的战友不断倒下。这是初上战场的他第一次直面战争的惨烈，年轻的他感到一股热流上涌，在胸中激荡，他随着大部队直冲上前。逼近江岸的地方敌方架设的刺网、电网，拖住了志愿军大部队向前的步伐。等大部队压到江岸，先头的战友已经在江面上拉好了绳子。昭阳江宽一二百米，水流湍急。夜里江风很大，士兵们一个个拉着绳子渡江。在湍急汹涌的水流中，曾舅公努力抓紧绳子。绳子随水流摆动，难以控制方向。时常有士兵没抓紧，被江水冲走了，前后的战友赶忙去救，救不及，人就被江水带走，吞没了。曾舅公的部队登陆后，已迫近黎明。他仔细环顾四周，发现身边一起吃、一起睡的战友，有很多都长眠在了身后滚滚的波涛之中。

微若点尘，重如泰山

——大历史的失踪者

徐亚馨/扬州中学教育集团树人学校

我的曾祖父，他原来的名字是“笑吾”，当年他们家还住在上海法租界，一天一个马车夫模样的人到他们家，说：“笑吾这个名字太消极了，改作锄平吧，铲除世间不平！”这个“马车夫”叫邓中夏。

1926年，曾祖父就带着“锄平”这个名字成了黄埔军校五期学生。1927年，北伐打响。蒋介石在北伐誓师时这样说道：“本军兴师，救国救民”，“三民主义，革命之魂”。曾祖父率领一个连，参加了龙潭战役，攻打时已退踞江苏的孙传芳。龙潭一役，堪称北伐战争最激烈、最具决定性的一场战役，孙传芳从此一蹶不振，同时此役也奠定了南京国民政府的基业。北伐军在此次战役中，伤亡不计其数，仅仅黄埔五期学生，阵亡就达 500 人之多。作为幸存军人，曾祖父参与并见证了国民革命军的胜利，自此，近代中国实现了形式上的统一。

抗战胜利后，白崇禧任国防部长，为纪念龙潭一役，他命人在龙潭山上于当年和何应钦会师处建造一会师亭。龙潭中牺牲的士兵没有谁能在史册上留下自己的名字，他们的碧血浩气却永远地被铭记在了会师亭畔。

“东南一战无余敌，党国千年重此辞。”

北伐战争结束后，曾祖父在南京首都警察所就职，在任时间恰巧是国民政府的“黄金十年”。1937 年年初，曾祖父弃政从商，投身到资本主义工商业和民族经济的振兴中。他虽身不在政坛，但在特定的历史背景下，仍关注内政外交的动向，仍坚定支持抗日事业。

国共明暗中对峙着，曾祖父欣赏共产党的有志青年，暗中保护着他们的地下抗日情报工作，其中一人就是周恩来的侄子。

很多年以后，曾祖父跟我爸爸谈及此事，爸爸与周总理的侄孙是从小交好的朋友，就去问他，侄孙竟回答未听说过有这样一个二伯，直到问了他的奶奶才知确有此人：“老二很多年未见了。”后来老人家风尘仆仆到了北京，见了邓奶奶，问及自家二儿子，邓奶奶回答道：“老二还在，去向你们不要问。”

他“失踪”了，失踪在泱泱历史的进程里。但我确信，这位可敬的爷爷一定还在未知的岗位上为党奉献着自己的热忱与生命。这已是后话。

伤痕

蒋舒洋/江苏省锡山高级中学

1967年，局部战争依旧在进行。一次小摩擦后，工程兵们又开始执行任务。大家一如往常作业，半刻钟后，他抬手拭汗，抬头向战友们一望，大家都在迅速地做着手上的工作。天空中几个小黑点在慢慢移动，大雁飞来了……他却好几年没有回家。思绪迷离了一刻，他再次看向天空，离他四五百米远水平方向，是几架战斗机！他高呼着，战友们纷纷四处躲藏。他立马蹿进地洞，那个地洞是他负责开凿的，上方一层厚土，土上盖着当地森林里的树木，一层又一层，最最上面，还是一层土。他探头，挥动着手臂呼喊着，有几个无处藏身的战友立刻向地洞奔来，七八个人抱成团。耳边是震耳欲聋的轰炸声，脸上身上落满了泥土。最可怕的，往往是心中的恐慌。最不安的，往往是那生死不明的未知。每一次轰炸，大地跟着颤抖，他的心也跟着跳动，有那么几个瞬间，脑中一片漆黑，连自己的脉搏都感觉不到，第一次感到死神是那么的近。他努力找回意识，冷静下来，回想起了学习过的所有技能。

一切又归于平静。但是走出地洞的那一刻，眼前的场面让他一生都无法忘记。那昔日同甘共苦的战友们，再也无法一起生死相随了。生存下来的，忙着跟卫生员一起搬运伤员，但更多的是尸体。洪兴沉默地和卫生员抬着担架走进树林，担架上只有一个战友的上半身和另一个战友的下半身。殷红的血迹触目惊心，他的眼眶也红了。昨天他还和他们共享一个馒头，早上还共同喝过一壶水。那些音容笑貌，永远不再了。

突然，空中响起警笛，接下来便是一阵让人头皮发麻的呼啸。不远处传来地动山摇的爆炸声，几声惨叫被巨响淹没了。他和卫生员紧张地对视一眼，对方侦察机正在上空。他们立刻躲到一丛灌木下，上空又投下炮弹，不过敌机并没有发现他们。炮弹的威力不小，四处掀起沙石和草叶。他抬头观察时，猝不及防被四溅的炮弹碎片击中喉咙。尖锐的疼痛感蔓延，鲜血四溅，眼前立刻一片漆黑。

被卫生员带回疗伤，恢复意识后，他发现那个伤口很深，只要再过去一分，世上就再也没有黄洪兴这个人了。惊吓过后，便是心有余悸。那个伤疤，伴随了他的一生。

大家一起聊家史

滴水藏海

周栩婷/东莞高级中学

“我们实在养不起了，不如卖给别人做妹仔（东莞方言：二房太太）吧，招呼好人家，欺负得别那么厉害就行了。芳儿别怪哥哥们狠心……”九岁的芳儿虽然没有受过教育，但似乎从哥哥们的眉眼中看出了端倪。“是不是我做得不够好，我可以学会做好吃的饭，我可以不去上学，我可以不要好衣服，但是，你们别不要我好不好？好不好？我以后一定都听你们的，不要丢下我，不要……”又有谁是真的想要卖掉心头肉的芳儿，可是，又有谁能够照顾她呢？

巨轮的小零件

朱韵瑶/东莞中学松山湖学校

1986年年底，舅舅调回小镇成为镇食品站的会计。他重新拾回了他的乖张与骄傲。不久，他娶了妻子，妻子在镇老街的一幢旧房开了个小饭店，手艺不算好，但乡亲都会卖些面子。他的城市梦仿佛已经成为一张过去的明信片，只能在闲暇时拿出来晒晒，然后又放回角落。他在镇上扎了根，有了“铁饭碗”，成了有幸福生活的“工人”，他甚至看不起南下广东打工的妹妹，也便是我的母亲。

母亲的东莞地图

谢麦诗/东莞中学

当时广州正是新兴的大都市，鲜活而残酷。母亲的中专学历太低，粤语则是听不懂也不会说，根本无法立足。她听别人说，东莞工厂多，对学历的要求也没有那么高，就决定前往东莞试试运气。辗转多次，终于到了满眼都是陌生人，满耳都是陌生语言的东莞。就是这样的一个契机，原本只打算出来三年的母亲开始了她在东莞的人生。谁都没想到吧，这一来就是数十载。

三个见证者

魏然/东莞中学松山湖学校

1986 年 5 月，这对老人来说是一个特殊的日子。他通过自己的努力劳动换来了人生中第一台电视机。这台 100 块的黑白电视机，只有十个频道，却是老人退休生活的最忠实的伙伴。他最爱的就是其中一个频道里播的客家山歌。黑白之间映照出人的脸庞，嘹亮的歌声，熟悉的语调，那是来自这个漂泊在外的游子最魂牵梦萦的故乡的声音啊！尽管后来有了新的彩色电视，爷爷还是念念不忘那台如同黑匣子一般的黑白电视。再后来，“黑匣子”已经完全不能用了，他还是会把旧时黑白的客家山歌影碟拿出来细细回看，有时隐约还能看到老人的眼里闪着晶莹的泪花。

因为爱情

李彦哲/山东师范大学附属中学

1949年秋季，老姥爷为自己的叔叔兼上司送他的两个孩子去台湾团聚，本以为只是短暂的分离，但没想到国民党兵败如山倒，开始大批撤往台湾，刚抵达台湾没多久的老姥爷便被困在了台湾，本是短暂的分离却几乎成为永别。

难忘那段侨情

邓海珊/华南师范大学中山附属中学

那时是乘坐桅船，航程一到三个月没有确定，快慢要靠天气。他们一大半人自携咸虾酱佐膳，日久都生了虫。抵岸时胡子几寸长，眼深而黑。海洋上浪大如山，许多人熬不过风浪，抱着桅杆，从香港哭到旧金山，得到平安上岸，恍如隔世了。那时加州有的矿区，白人发现华人采矿区采金较多，就提出要华人搬走，否则就鞭打他们，冲进矿区烧毁一切东西。白人常常抢劫谋杀华人，那时传说白人如果没有钱用就坐在路边，等华人来了就上前把钱抢来用。

不忍注视的残酷

——万福闸的往事

冯欣怡/扬州中学教育集团树人学校

老屋有些颓败，看得出上了年岁。残破的院落，古树朴拙而又幽静，正是石榴花盛开的时节，满树摇香。偶尔有野猫贪婪地伸着懒腰爬过墙头。曾外祖说平时这里很少有人住，外婆的舅舅去世没多久，他的妻子就带着女儿去了上海，没有人知道她们是否安好，漂泊在他乡的心情又是如何。连当初的学步稚子都已风烛残年，这段历史早已尘封。老屋也许久无人惊扰，一切似乎重归安宁。

走过艰难岁月，笑看人生

——从难忘的探亲经历中看时代发展

高亦凡/青岛大学附属中学

爷爷奶奶是海军，穿着蓝色海军装，这在地处中原的河南老家可是件稀罕事，老乡没见过海军战士，更没看到过女战士。"我俩一边走，路边人一边看我们，指指点点的，好奇嘛，有人还近前来问我，是不是演戏的？"奶奶说到这忍不住笑起来。那时候，老家落后又闭塞，中原地带，哪见过海军战士啊。爷爷奶奶那时候穿着军装是别样的气质。他俩后来有很多合影，但现在家里始终挂着穿这套军装的黑白合影照，至今看着还是让人忍俊不禁。

外公的五味人生

周颖莹/浙江杭州第二中学

1968年，由于“珍宝岛事件”的发生，和苏联战事紧张，空军部分队伍实行了拆编重组。外公所在的教练机中队就不幸地被拆分了，外公和另外两个队友被分到由米格-17组成的夜航中队。由于是后来插入者，外公在新队伍里长期不受重视。之前的荣誉成就都化为一场空，所有的努力最终还是得不到认可，而且又要重新学习技术；作为一个醉心于技术研究的地勤兵，却总要进行漫无止境的政治学习……

我们家的香港人

梁咏杰/东莞市厚街中学

当时我骑了一辆单车，带上几天的干粮，就往深圳去了。单车也不能骑太远，最多到公明（在东莞长安旁边），就不敢骑了，因为公明已经有人抓偷渡客了，只能选择走路去深圳，而且走路也只能在晚上，最困难的一关就是游泳到香港去！为了躲避追捕，偷渡只有选在晚上游泳，但是在香港的海上不时有直升机飞过，在岸上还有狼狗。很多人因体力不足而淹死在海里。我是幸运的，白天就游到，但不敢上岸。在海里还泡了四五个小时才敢上岸。

那些年的酸甜苦辣

洪思婷/东莞市华侨中学

因为没有合格的香港居民身份证，爷爷只能打又苦又累的黑工，住在“猪笼屋”里。所谓“猪笼屋”，也就是只有一个床位空间大小的小“屋”，从外形上看犹如农村用来装猪的猪笼，结构简陋，所以被大陆人戏称为“猪笼屋”。一分耕耘一分收获，爷爷当时在香港靠打黑工也攒下了不少钱，这是他省吃俭用攒下来的。除去基本的生活费，爷爷把所有剩下的钱都交给了在香港的大姑婆，大姑婆每两个月左右回大陆一趟给家人捎回去。家里有了爷爷捎回的钱，日子过得滋润起来，盖起了三进瓦房。

大赛评委

高　毅　北京大学历史系主任、教授
秦　晖　清华大学历史系教授
沈志华　华东师范大学历史系教授
赵世瑜　北京大学历史学系教授
熊景明　香港中文大学中国研究服务中心原主任
林　达　香港中文大学中国研究服务中心主任
马　勇　中国社会科学院近代史研究所研究员
雷　颐　中国社会科学院近代史研究所研究员
左玉河　中国社会科学院近代史研究所研究员
定宜庄　中国社会科学院历史研究所研究员
杨念群　中国人民大学清史研究所副所长、教授
陈　新　浙江大学历史系教授
朱学勤　上海大学历史系教授
章宏伟　故宫博物院故宫学研究所所长
樊建川　成都建川博物馆馆长
钱　钢　香港大学新闻及传媒研究中心中国传媒研究计划主任
张典婉　台湾地区资深媒体人、作家
赵亚夫　首都师范大学历史学院教授
秦　方　首都师范大学历史学院讲师
许知远　知名媒体人，作家，《东方历史评论》主编
姬秉新　西北师范大学教育学院教授
齐　健　山东省基础教育课程研究中心主任兼齐鲁师范学院教师教育学院副院长、教授
黄牧航　华南师范大学历史文化学院教授
韩益民　华南师范大学历史文化学院讲师

李惠军 中学特级教师，上海市晋元中学历史教师，全国历史教师教育专业委员会副理事长

王　雄 中学特级教师，江苏省扬州中学历史教师

杨祥银 温州大学人文学院副教授、温州大学口述历史研究所所长，《口述史研究》主编

郭富斌 中学特级教师，西安中学教育科学研究室主任

魏恤民 中学高级教师，广东省教育厅教研室历史教研员

张汉林 中学高级教师，北京市西城区教育研修学院历史教研员

何成刚 教育部基础教育课程教材发展中心副研究员

夏辉辉 中学高级教师，广东省东莞市教育局教研室历史教研员

张小明 中学高级教师，全国历史教师教育专业委员会常务理事

第三届全国中学生历史写作大赛获奖名单

一等奖（10名）

董　烁　北京市一〇一中学《“四个人抬一个毛”的时代》

贾志遂　南京外国语学校《老贾家的女人们》

叶妍彤　广东省清远市第三中学《一个人的回家路》

黎沛华　广东省清远市第三中学《老爹的辛酸“创业”路》

曹书航　江苏省锡山高级中学《岁月霓裳——外公吴光华的裁缝人生》

李　劼　江苏省扬州中学《第八十六年，小雪》

李知勉　山东师范大学附属中学《蒙冤校长张敏之》

黄美莹　东莞市东城初级中学《谱写奇迹》

叶晓彤　东莞市大朗一中《土改——我家的故事》

李昌锦　东莞市常平中学《他的奋斗》

二等奖（20名）

张敏男　山东师范大学附属中学《家书串联的征途》

周添琪　山东师范大学附属中学《我家住房的那些事儿》

袁楚政　东莞市第二高级中学《改革浪潮中的爷爷》

冯羿凯　无锡市大桥实验学校《146号之死》

黄疏雨　北京二中《命，不是一个人的注定》

廖泽威　深圳中学《永远的追忆》

张　冲　江苏省扬州中学《拐杖撑起的人生》

陈龙玄　江苏省锡山高级中学《七六记忆——姥爷唐山抗震回忆》

舒宇心　江苏省锡山高级中学《神秘出现的毕业册——浮出水面的一代人曾奋斗过的青春》

倪铭竹　江苏省锡山高级中学《外婆的十五年下乡之路——是不堪回首还是青春无悔》

邬欣颐　江苏省锡山高级中学《饥饿岁月里的那些人，那些事》
石梅君　深圳市福田外国语学校侨香校区《三年困难时期爷爷家的那些事》
王子尧　甘肃省天水市一中《侦破邱家血案：属于外曾祖父的传奇》
陈运策　广东省清远市第三中学《爷爷的“右派”岁月》
蒋皓月　北京第五十七中学《从江南少女到北方老太》
张贤贤　东莞市第一中学《文革中的爷爷》
罗梓鹏　东莞中学松山湖学校《青春》
王凝新　北京四中《那些不曾远去的流年》
汪苑菁　东莞市东城初级中学《红卫兵》
李俊杰　林格鲁　东莞市东城初级中学《军人回忆》（视频）

三等奖（31 名）
周栩婷　东莞高级中学《滴水藏海》
李彦哲　山东师范大学附属中学《因为爱情》
郑　好　山东师范大学附属中学《动荡年代的家庭》
江良鹏　山东师范大学附属中学《铭勋》
任思飞　山东师范大学附属中学《那些亲历者与缔造者》
王越琛　山东师范大学附属中学《大时代下的小人物》
孟凡瑶　北京二中《奶奶的大夫情结》
张雪莹　浙江杭州第二中学《大雨落幽烟》
徐琼依　浙江杭州第二中学《有两个故乡的人》
何　时　安徽省安庆一中《爷爷和学习的故事》
严牧心　北京市一〇一中学《“文艺”外公，“钢铁”专业》
李　夏　北京市一〇一中学《高考！高考！》
兰善敏　广东省清远市第三中学　《国企变革中的父亲》
冯彬彬　贵州省桐梓县第一中学《曾爷爷、爷爷、大伯与父亲》
朱韵瑶　东莞中学松山湖学校《巨轮的小零件》
孙雍晴　东莞中学松山湖学校《始终都等到一串好光景》
李靖怡　东莞中学松山湖学校《在风雨涤荡的岁月里》

陈丽丽　东莞市光明中学《一段小商贩的奋斗史》

张　淑　东莞市大朗一中《织梦大朗》

戴宁祎　江苏省锡山高级中学《光辉岁月，戎战夕拾——细听外公抗美援越的回忆历程》

张钰涵　江苏省锡山高级中学《外公“小黑屋”的经历》

陈梓仪　江苏省锡山高级中学《艰辛与荣耀——记校办小工厂的创业史》

沈平冰清　江苏省锡山高级中学《耕耘者严淡心》

原　禹　江苏省锡山高级中学《那片黑海里是我的青春——记爷爷的煤矿人生》

张嘉敏　江苏省扬州中学《梦回吹角连营》

徐亚馨　扬州中学教育集团树人学校《微若点尘，重如泰山——大历史的失踪者》

凌钰成　广东省中山市第一中学《我的外婆》

李瀚正　青岛大学附属中学《最后的倾诉——记贾氏一族的那段家史》

王苇婧　清华大学附属中学《红菜汤飘香——回味·传承》

王瑞琳　中央民族大学附属中学《相伴再走五十年》

谢　玮　黄小娟　张　栩　广东省肇庆中学《长辈眼中的文革》（视频）

优秀奖（50 名）

邱玉婷　江西萍乡芦溪中学《无法忘却的记忆》

龙海莹　广州市铁一中学《大海中的英魂》

朱蔡琳　浙江省湖州中学《一个草根女人的多彩史诗》

李杜若　深圳中学《烟月不知人事改》

陈秀芝　东莞市厚街中学《不屈的抗争——一个“地主仔”的童年回忆》

梁咏杰　东莞市厚街中学《我家的香港人》

褚蕴琦　无锡市大桥实验学校《冰山下的医客》

朴毅烘　东莞中学松山湖学校《山山金达莱，村村纪念碑》

张天旭　中央民族大学附属中学《他乡六十年》

徐延康　清华大学附属中学《姥爷的一生与新中国的发展历程》

张　叶　贵州省桐梓县第一中学《外婆的往事》

曾淑娟　广东省清远市第三中学《拖拉机、挖禾头、薯丝饭》

李蕙媛　山东师范大学附属中学《漫漫求学路》

孙咏康　山东师范大学附属中学《外婆家的“乡间民谣”》

杨天鸽　山东师范大学附属中学《动乱里走出的金婚》

赵嘉雯　山东师范大学附属中学《劳模是怎样炼成的——大姑姑的奋斗史》

刘祥哲　山东师范大学附属中学《妈妈的理发店》

王馨婷　山东师范大学附属中学《我的太姥爷与龙溪公学》

陈培如　陈培意　山东师范大学附属中学《爷爷的点滴岁月——个人在历史中的“源”与“缘”》

张明珠　山东师范大学附属中学《爷爷的峥嵘岁月》

于宝卉　山东师范大学附属中学《翻开外曾祖父记忆的相册》

田华鑫　黑龙江省齐齐哈尔市克山县第一中学《岁月无歌》

李　馨　清华大学附属中学《大舅爷的抗美援朝故事》

龚楚珺　深圳市福田区外国语学校侨香校区《逝去的岁月——那段不该被忘记的历史》

李嘉莹　东莞市第一中学《妈妈的就职故事》

莫栩敏　东莞市第一中学《照片的故事》

周裕珊　东莞市第一中学《从失落到苏醒》

陈俊鹏　东莞市常平中学《大历史下的隐藏者》

李慧清　东莞市常平中学《一生缘系那杆秤》

梁晓敏　东莞市第十高级中学《平凡的回忆 不平凡的母亲》

谢麦诗　东莞中学《母亲的东莞地图》

钟晓滢　东莞中学《岁月漫秋池》

张洁莹　东莞中学松山湖学校《“万里”寻梦路》

魏　然　东莞中学松山湖学校《三个见证者》

洪思婷　东莞市华侨中学《那些年的酸甜苦辣》

梁芷晴　东莞高级中学《那一段尘封的往事》

杨汉全　广东省肇庆中学《游泳渡江去高考》

黄子嫣　深圳市福田区石厦中学《平凡的人，不平凡的一生——细说我的外公》

冯铭钰　江苏省锡山高级中学《两个人的记忆——追寻今生今世的证据》

蒋舒洋 江苏省锡山高级中学《伤痕》

王秋阳 江苏省扬州中学《故事》

李真颖 江西省赣州中学《大历史与小人生》

周鹏杰 深圳市福田区莲花中学北校区《如梭岁月——外婆的前半生》

邓海珊 华南师范大学中山附属中学《难忘那段侨情》

雷 鸣 郑州外国语学校《逐梦风华，浮世蛹蝶》

林洁琪 深圳市福田区上步中学《草根岁月》

高紫玉 青岛大学附属中学《昨日青空已逝，满目正气长存》

周颖莹 杭州市第二中学《外公的五味人生》

李建霖 叶子钧 张嘉燕 郑嘉倩 广州市第三中学《吴医生的故事》(视频)

郭晓敏 东莞市万江中学《最熟悉的陌生人》(视频)

第三届全国中学生历史写作大赛指导奖

最佳指导奖20名

李勇琴 | 江苏省锡山高级中学

曹书航《岁月霓裳——外公吴光华的裁缝人生》 倪铭竹《外婆的十五年下乡之路——是不堪回首还是青春无悔》 戴宁祎《光辉岁月，戎战夕拾——细听外公抗美援越的回忆历程》 冯铭钰《两个人的记忆——追寻今生今世的证据》 蒋舒洋《伤痕》

孟 伟 | 山东师范大学附属中学

郑好《动荡年代的家庭》 王越琛《大时代下的小人物》 孙咏康《外婆家的“乡间民谣”》 王馨婷《我的太姥爷与龙溪公学》 陈培如 陈培意《爷爷的点滴岁月——个人在历史中的“源”与“缘”》 张明珠《爷爷的峥嵘岁月》 于宝卉《翻开外曾祖父记忆的相册》 周添琪《我家住房的那些事儿》

梅 冬 | 江苏省扬州中学

李劼《第八十六年，小雪》 张冲《拐杖撑起的人生》 张嘉敏《梦回吹角连营》

钟令彩 | 山东师范大学附属中学

李知勉《蒙冤校长张敏之》 江良鹏《铭勋》 任思飞《那些亲历者与缔造者》 刘祥哲《妈妈的理发店》

雷 鸣 | 东莞中学松山湖学校

张洁莹《“万里”寻梦路》 魏然《三个见证者》 罗梓鹏《青春》 朱韵瑶《巨轮的小零件》 李靖怡《在风雨涤荡的岁月里》

侯少龙 | 广东省清远市第三中学

叶妍彤《一个人的回家路》 陈运策《爷爷的“右派”岁月》 曾淑娟《拖拉机、挖禾头、薯丝饭》

张雪亚 | 江苏省锡山高级中学

陈龙玄《七六记忆——姥爷唐山抗震回忆》 陈梓仪《艰辛与荣耀——记校办小工厂的创业史》 沈平冰清《耕耘者严淡心》 原禹《那片黑海里是我的青春——

记爷爷的煤矿人生》

张绍彬 | 东莞市常平中学

李昌锦《他的奋斗》 陈俊鹏《大历史下的隐藏者》

王 芳 | 北京二中

黄疏雨《命，不是一个人的注定》 孟凡瑶《奶奶的大夫情结》

朱阿海 | 浙江杭州第二中学

张雪莹《大雨落幽烟》 徐琼依《有两个故乡的人》 周颖莹《外公的五味人生》

孙淑松 | 北京市一〇一中学

董烁《“四个人抬一个毛”的时代》 李夏《高考！高考！》

夷 萍 | 南京外国语学校

贾志遂《老贾家的女人们》

邓建英 | 广东省清远市第三中学

黎沛华《老爹的辛酸“创业”路》

黄颂茵 | 东莞市东城初级中学

黄美莹《谱写奇迹》

张 仑 | 东莞市大朗一中

叶晓彤《土改——我家的故事》

吴慧敏 | 深圳市福田外国语学校侨香校区

石梅君《三年困难时期爷爷家的那些事》 龚楚珺《逝去的岁月——那段不该被忘记的历史》

王 醒 | 山东师范大学附属中学

李彦哲《因为爱情》 杨天鸽《动乱里走出的金婚》 赵嘉雯《劳模是怎样炼成的——大姑姑的奋斗史》

费小建 | 北京市清华大学附属中学

王苇婧《红菜汤飘香——回味·传承》 徐延康《姥爷的一生与新中国的发展历程》 李馨《大舅爷的抗美援朝故事》

刘 强 | 江苏省锡山高级中学

陈龙玄《七六记忆——姥爷唐山抗震回忆》 张钰涵《外公“小黑屋”的经历》

邱 亮 | 无锡市大桥实验学校

冯羿凯《146号之死》 褚蕴琦《冰山下的医客》

优秀指导奖56名

李国敏 | 贵州省桐梓县第一中学

冯彬彬《曾爷爷、爷爷、大伯与父亲》 张叶《外婆的往事》

田雪莲 | 山东师范大学附属中学

张敏男《家书串联的征途》

罗少华 | 东莞市第二高级中学

袁楚政《改革浪潮中的爷爷》

徐　鹏 | 深圳中学

廖泽威《永远的追忆》 李杜若《烟月不知人事改》

胡　臻 | 江苏省锡山高级中学

舒宇心《神秘出现的毕业册——浮出水面的一代人曾奋斗过的青春》

孙　震 | 江苏省锡山高级中学

邬欣颐《饥饿岁月里的那些人，那些事》

侯国民 | 北京市第五十七中学

蒋皓月《从江南少女到北方老太》

陈家运 | 东莞市第一中学

张贤贤《“文革”中的爷爷》

周　培 | 广东省东莞市东城初级中学

汪苑菁《红卫兵》

钟小敏 | 广东省东莞市东城初级中学

李俊杰 林格鲁《军人回忆》

张　健 | 北京市一〇一中学

董烁《“四个人抬一个毛”的时代》

曹军辉 | 东莞高级中学

周栩婷《滴水藏海》

王　蓓 | 安徽省安庆一中

何时《爷爷和学习的故事》

刘小艳 | 东莞中学松山湖学校

孙雍晴《始终都等到一串好光景》

梁红建 | 东莞市光明中学

陈丽丽《一段小商贩的奋斗史》

朱活莲 | 东莞市大朗一中

张淑《织梦大朗》

王　健 | 扬州中学教育集团树人学校

徐亚馨《微若点尘，重如泰山》

唐秀娟 | 中山市第一中学

凌钰成《我的外婆》

李　鑫 | 青岛大学附属中学

李瀚正《最后的倾诉——记贾氏一族的那段家史》

袁昌顺 | 中央民族大学附属中学

张天旭《他乡六十年》 王瑞琳《相伴再走五十年》

蔡　明 | 广东省肇庆中学

谢玮　黄小娟　张栩《长辈眼中的文革》

郭华英 | 东莞市厚街中学

陈秀芝《不屈的抗争——一个“地主仔”的童年回忆》 梁咏杰《我家的香港人》

谢永诚 | 东莞市第一中学

莫栩敏《照片的故事》 周裕珊《从失落到苏醒》

倪丽侠 | 甘肃省天水市一中

王子尧《侦破邱家血案：属于外曾祖父的传奇》

张聿军 | 甘肃省天水市一中

王子尧《侦破邱家血案：属于外曾祖父的传奇》

杨志刚 | 北京四中

王凝新《那些不曾远去的流年》

徐　雁 | 北京四中

王凝新《那些不曾远去的流年》

龚骄阳 | 北京市一〇一中学

严牧心《“文艺”外公，“钢铁”专业》

张京丽 | 北京市一〇一中学

严牧心《“文艺”外公，“钢铁”专业》

杜　畅 | 中央民族大学附属中学

王瑞琳《相伴再走五十年》

肖　可 | 江西萍乡芦溪中学

邱玉婷《无法忘却的记忆》

郑　婷 | 广州市铁一中学

龙海莹《大海中的英魂》

江胜伟 | 浙江省湖州中学

朱蔡琳《一个草根女人的多彩史诗》

孙　瑛 | 东莞中学松山湖学校

朴毅烘《山山金达莱，村村纪念碑》

相龙刚 | 山东师范大学附属中学

李蕙媛《漫漫求学路》

乔永春 | 黑龙江省齐齐哈尔市克山县第一中学

田华鑫《岁月无歌》

陈敏红 | 东莞市第一中学

李嘉莹《妈妈的就职故事》

万雪文 | 东莞市常平中学

李慧清《一生缘系那杆秤》

樊远庆 | 东莞市第十高级中学

梁晓敏《平凡的回忆 不平凡的母亲》

王颖华 | 东莞中学

钟晓滢《岁月漫秋池》

林　彬 | 东莞市华侨中学

洪思婷《那些年的酸甜苦辣》

杨山坡 | 东莞高级中学

梁芷晴《那一段尘封的往事》

林萃妍 | 广东省肇庆中学

杨汉全《游泳渡江去高考》

甘立杰 | 深圳市福田区石厦中学

黄子嫣《平凡的人，不平凡的一生——细说我的外公》

方云华 | 江苏省扬州中学

王秋阳《故事》

黄　建 | 江西省赣州中学

李真颖《大历史与小人生》

晏成江 | 华南师范大学中山附属中学

邓海珊《难忘那段侨情》

林　聪 | 郑州外国语学校

雷　鸣《逐梦风华，浮世蛹蝶》

阮立影 | 深圳市福田区上步中学

林洁琪《草根岁月》

孙　龙 | 青岛大学附属中学

高紫玉《昨日青空已逝，满目正气长存》

郑　雯 | 广东省广州市第三中学

李建霖　叶子钧　张嘉燕　郑嘉倩《吴医生的故事》

张光洋 | 东莞中学

谢麦诗《母亲的东莞地图》

黄衬满 | 广东省东莞中学

谢麦诗《母亲的东莞地图》

王双燕 | 深圳市福田区莲花中学北校区

周鹏杰《如梭岁月——外婆的前半生》

李秀敏 | 深圳市福田区莲花中学北校区

周鹏杰《如梭岁月——外婆的前半生》

陈　娟 | 广东省清远市第三中学

兰善敏《国企变革中的父亲》

第三届全国中学生历史写作大赛组织奖

最佳组织奖（20 名）

山东师范大学附属中学

江苏省锡山高级中学

广东省清远市第三中学

东莞中学松山湖学校

江苏省扬州中学

东莞市东城初级中学

北京市一〇一中学

东莞市第一中学

东莞市大朗一中

东莞市常平中学

北京二中

浙江杭州第二中学

清华大学附属中学

无锡市大桥实验学校

深圳市福田外国语学校侨香校区

深圳中学

南京外国语学校

青岛大学附属中学

中央民族大学附属中学

东莞市第十高级中学

优秀组织奖（26 名）

贵州省桐梓县第一中学

东莞市第二高级中学

甘肃省天水市一中
北京第五十七中学
北京四中
东莞高级中学
广东省肇庆中学
安徽省安庆一中
东莞市光明中学
扬州中学教育集团树人学校
广东省中山市第一中学
东莞市厚街中学
东莞中学
江西萍乡芦溪中学
广州市铁一中学
东莞市华侨中学
浙江省湖州中学
黑龙江省齐齐哈尔市克山县第一中学
深圳市福田区石厦中学
江西省赣州中学
深圳市福田区莲花中学北校区
华南师范大学中山附属中学
郑州外国语学校
深圳市福田区上步中学
广州市第三中学
东莞市万江中学

鸣谢

出版众筹参与：

陈彰宁 胡媛 戴启鼓 龚洁 张玉波 聂先生 许超 李顺 张谊
江胜伟 李茹 凌晨 穆娴 陈军 魏立康 何凤勤 冯彬彬 关延平
龙曜檀 左伟健 袁少军 梁玺 王可旭 龙彩虹 吴子祺 邹黎明 彭亚文
姚华 徐巍 张逸凡 苏红霏 李喆乾 李颂 张哲伟 梁文波 孙澈
吴爽 王文然 邓晓懿 陈思羽 陈钰洁 陈逸思 侯宝玲 燕鹏程 马晓曦
刘晓恋 郭雯姝 江春雨 邓娣 王玲 耿大军 耿梓豪 庆峰 庆沁
侯宗润 黄丽红 管卉 张荃硕 李乐毅 冯春敏 周华 裴悦辰 刘程渊
李静 江濡玥 陈佳琪 唐地 王砚 王爱明 王庆 朱晓舟 张小雨
李媛 何书彬 王实 赵钟灵 舒大军 陈彬 陈素红 刘庆余 王凡帆
郑和惠 林杉 唐广杰 叶炽坤 施向明 施沛然

青年志愿者：

习楠 马超 王宁 李永博 李明洋 吴伟男 宋欣宇 杜娟 胡兆盈
刘名 王君妍 吴志斌 杨佳梅 叶亮 朱诺 邵冶 胡飞飞 张晓宇
范宇晨 沈韵之 吕杨 王晨 张天一 张兹欣

（以上排名不分先后）

感谢上述诸位的参与和支持。因为你们，公益写史活动得以延续。